그림책으로
쓰는

자서전
수업

'손잡고 국어수업' 시리즈를 펴내며

아름다운 수업

교사라면 누구나 아름다운 수업을 꿈꿉니다. 그래서인지 수업 사례를 다룬 책이나 연수가 쏟아지고 있습니다. '수업 디자인'이라는 말도 유행합니다.

    디자인이 뭐냐는 물음에 누군가는 이렇게 답했습니다. "인문학적 상상의 공학적 실현". 그러면서 "디자인은 손재주가 아니에요. 사람들의 삶을 어떤 방향으로 바꾸고 싶다는 인문학적 상상이 먼저입니다."라고 덧붙였습니다.

    교육공학을 전공한 교수님도 그와 비슷한 얘기를 했습니다. "수업 방법은 다음 문제예요. 어떤 수업을 하고 싶은지, 왜 그런 수업을 하고 싶은지 그걸 먼저 생각해야 합니다. 그에 따라 수업 방법이 결정되기 때문입니다."

국어 교사 단톡방에서 오가는 대화

    "○○와 □□의 차이가 뭔가요?"
    "△△는 어떻게 가르치면 되나요?"

국어 교사들이 모인 단톡방에 가장 많이 올라오는 질문입니다. 당장 내일 해야 할 수업을 앞에 놓고 막막한 마음에 올린 질문이겠죠. 오죽 답답하면 이런 질문을 하셨을까요? 그런데 조금만 여유를 가지고 '왜?'라는 질문을 먼저 던져보면 어떨까요? 그러면 '어떻게?'에 대한 답은 자연스럽게 따라오지 않을까요?

왜?

새는 두 날개만으로 날지 않습니다. 물고기는 지느러미로만 헤엄치는 게 아닙니다. 머리를 돌려 올바른 방향을 잡는 일이 먼저입니다. 그래서 이 책에서는 '왜?'라는 질문으로 시작합니다. 이 물음은 '삶' 또는 '성장'과 맞닿아 있습니다. 가르치고 배우는 사람이 더불어 성장하는 수업을 하려면 '왜?'라는 질문을 붙들어야 합니다.

나는 왜 이걸 가르치는가?
이걸 배워서 우리 아이들이 어떤 방향으로 성장하기를 바라나?

공자님께서도 "學而不思則罔(학이불사즉망)"이라고 하셨습니다. '망(罔)'은 그물입니다. 그물에는 구멍이 숭숭 뚫려 있습니다. 속 알맹이가 없죠. 열심히 가르치고 배우지만 수업이 끝나면 허망할 때가 많습니다. '왜?'라는 질문이 빠졌기 때문입니다. 성긴 그물 사이로 삶의 알맹이가 죄다 빠져나가고 빈껍데기만 남았기 때문입니다.

'왜?'에 대한 답을 찾으려면 찬찬히 관찰해야 합니다. 교육과정에서는 어떤 목표를 제시하고 있는지, 교과서에서는 어떻게 구현하고 있는지, 학생들은 어떤 수준과 상황인지, 학생들이 살아갈 우리 사회는 어떻게 변하고 있는지……. 처음에는 어려울 수 있지만 자꾸 연습하면 꼬리에 꼬리를 물고 해답이 따라 나옵니다. 고구마 줄기처럼.

어떻게?

교사가 아무리 선한 의도와 간절한 열망을 가졌다 해도 수업이 그저 되지는 않습니다. 열심히 날개를 퍼덕이고 지느러미를 움직여야 합니다. 인문학적 상상을 실현할 공학적 실천이 필요합니다.

공자님께서는 이어서 말씀하십니다. "思而不學則殆(사이불학즉태)". '태(殆)'는 위태롭다는 뜻입니다. 흐물흐물해서 제대로 설 수 없는 상태죠. 아무리 멋진 생각이 있어도 그걸 어떻게 실현할지 모른다면 소용이 없습니다. 올곧게 실천하려면 힘써 가르치고 배워야 합니다. 방법이나 요령이 필요합니다.

이 책에서는 이미 현장에서 실천해 본 사례를 몇 가지 소개합니다. 당연한 말이지만 이 사례를 곧이곧대로 베끼면 안 됩니다. 이 사례들은 '다만 하나의 몸짓'에 지나지 않습니다. 선생님들의 빛깔과 향기를 덧입혀 주세요. 선생님의 '왜?'라는 질문에 맞춰서 어떻게 적용할지 선택하셔야 합니다.

손을 내밀어 주세요

이 책은 더 아름다운 수업을 꿈꾸는 선생님들을 위한 책입니다. 선생님께서 국어 수업의 길을 찾으실 때 그 손을 잡아드리고자 이 책을 기획하게 되었습니다. 우리 책을 실마리 삼아 선생님만의 '왜?' '어떻게?'라는 질문을 얹어 더 아름다운 수업을 구상하시기를 기대합니다.

　더 나아가 저자로 모시고 싶습니다. 선생님께서 실천하신 값진 수업 사례를 책으로 만들어주세요. 아직 완전하지 않아도 좋습니다. 그걸 책으로 엮는 과정에서 더 단단하게 틀을 다질 수 있기 때문입니다. 선생님께서 용기를 내신다면 또 다른 누군가에게 따스한 손길이 되리라 믿습니다. 선생님의 연락을 기다립니다.

　손잡고 걸으면 외롭지 않습니다.
　우리가 가르치고 배우는 일도 그랬으면 좋겠습니다.
　함께 손잡고 '왜, 어떻게 가르칠까?' 길을 찾고자 합니다.

머리말

우리 교육 현장에서 '나'를 생각하고 표현할 기회는 여전히 부족하다. 학생들은 자신에 대해 깊이 생각하고 자신에 대해서 알기도 전에 사회적 요구에 따라 진로를 결정한다. 어른들 대부분은 '나는 누구인가?', '나는 어떤 삶을 살고 싶은가?'와 같은 질문은 대학 입학하고 나서 해도 늦지 않다고 말한다. 이러한 질문에 대한 성찰을 미룬 채 학생들은 입시를 앞두고 허겁지겁 자기소개를 준비하며, 자신의 모습을 과장하거나 포장하기도 한다.

 자신에 대해 진지하게 생각 한번 하지 못하고 대학에 진학한 학생들은 '대2병'을 경험하기도 한다. '대2병'은 대학생이 되었지만 삶의 목표를 몰라 학업에서 의욕을 잃고 방황하는 현상을 이르는 말이다. '이십춘기', '제2의 사춘기'라는 신조어도 등장했다. 이렇듯 10대가 겪는 사춘기를 20대에 경험하면서 정체성 혼란을 겪는 것이다. 어쩌면 이러한 현상은 청소년기에 충분한 자기 탐색의 시간이 주어지지 않았기 때문이 아닐까?

 이러한 고민 속에서 학생들이 자신과 대화하고 관계 맺는 법을 배우는 수업, 자신의 삶을 주체적으로 생각하며 그것을 글로 표현하는 수업이 필요하다고 생각했다. 국어 수업은 단순히 글을 읽고 쓰기만 하는 시간이 아니라, 학생들이 자신만의 이야기를 발견하는 시간이 되어야 하지 않을까? 이러한 생각을 바탕으로 자서전 쓰기 수업을 꾸준히 실천했다.

하지만 평가 시스템이 작동하는 교육 현장에서 학생들이 자신을 깊이 들여다보고 성찰할 수 있는 시간을 마련하기는 쉽지 않다. 코로나 시기 이후 학생들의 사회·정서 교육이 강조되고 있지만, 매일 해결해야 할 과업들 때문에 학생들도 교사도 여유가 없다. 또한 정작 자서전 쓰기 수업을 하더라도 많은 학생이 과거를 떠올리는 것조차 어려워하고, 자신의 경험에 의미를 부여하는 데도 익숙하지 않았다. 게다가 자서전은 교육과정에도 명시적으로 제시되어 있지 않아 다른 장르에 비해 학생들이 접할 기회가 적을 뿐만 아니라, 학생들은 글쓰기 자체에 부담을 느끼기도 한다.

그래서 시작한 것이 그림책을 활용한 자서전 쓰기 수업이다. 그림책을 통해 학생들은 희미했던 과거 기억을 떠올리고 자신의 경험에서 의미를 발견했다. 그림책으로 시작하는 것은 자서전 쓰기에 대한 부담을 줄여줬고, 그림책이 주는 감동은 긴 여운을 남겼다. 그림책을 통해 학생들은 자신만의 이야기를 구축해 나갔고, 국어 시간은 그러한 이야기를 나누는 장이 되었다. 학생들은 자서전을 쓰면서 자신의 삶을 돌아보고, 자신의 경험을 이해하고 해석하는 힘을 길러 나갔다. 수업을 진행하면서 학생들의 삶을 만나고 응원해 줄 수 있는 자리에 있다는 것으로 행복한 시간을 보냈다.

이러한 행복을 나누기 위해 서울국어교사모임의 소모임에서 선생님들과 함께 자서전을 쓰는 자리를 마련했다. 코로나로 인해 직접 만날 수 없었던 시기라서 온라인으로 만났지만, 그림책을 함께 읽고 자서전을 쓰면서 삶을 깊이 나누었다. 선생님들은 이러한 경험을 학생들도 했으면 하는 바람으로 수업에 적용했고, 자연스럽게 '그림책으로 쓰는 자서전' 수업 적용 과정을 공유하는 자리가 되었다. 이렇게 함께 자서전을 쓰고, 수업 적용을 고민하고, 수업 사례를 나누었던 선생님들과 함께 이 책을 기획했다.

1부에서는 자서전 쓰기가 필요한 이유, 자서전 쓰기에 그림책을 활용하는 이유, 그림책으로 쓰는 자서전 수업의 특징 등을 제시했고, 2부에는 그림책으로 자서전 쓰기 수업을 하기 위해 준비할 것들과 수업 사례들을 자세히 설명했다. '내가 한 권의 책이 된다면'은 다양한 방법으로 자료를 수집하고, 자신의 삶을 해석할 수 있는 주제를 담은 수업 사례이다. '누구나 쓸 수 있는 미니 자서전'은 글쓰기에 대한 부담을 줄이면서 학생들이 자신의 감정과 가치를 탐색할 수 있도록 유도한 수업이며, '가족 이야기로 시작하는 자서전 쓰기'는 가족이라는 주제를 통해 자신을 이해하고 성찰하는 과정에 초점을 맞춘 수업 사례이다. 중학생부터 고등학생까지 다양한 학교급에서 그림책으로 이야기를 나누고 자서전을 쓰면서 학생들과 의미 있는 수업을 해나간 이야기가 생생하게 담겨 있다.

교사들이 만나는 학생들과 교실의 상황은 조금씩 다르겠지만, 의미 있는 국어 수업을 고민하는 선생님, 자서전 수업을 고민하는 선생님, 학생들이 자신만의 삶을 살아가기를 응원하는 선생님들에게 작은 길잡이가 되었으면 한다.

호민애

차례

'손잡고 국어수업' 시리즈를 펴내며 　　　　　　　4

머리말 　　　　　　　8

1부 그림책으로 쓰는 자서전 수업, 왜?　　　14

1. 자서전 쓰기가 필요한 이유
2. 자서전 쓰기의 어려움
3. 그림책으로 쓰는 자서전 수업

2부 그림책으로 쓰는 자서전 수업, 어떻게?

수업 사례 1

내가 한 권의 책이 된다면 호민애　　　　　　　35

　1. 자서전 쓰기 목표 세우기

　2. 인생 연도표 만들고 목차 세우기

　3. 인터뷰로 쓰는 자서전 – 출생과 성장

　4. 시와 노래 그리고 추억 속 보물로 쓰는 자서전

　5. 수다로 완성하는 자서전

　6. 오감으로 쓰는 자서전

　7. 사진으로 쓰는 자서전

　8. 질문으로 쓰는 미래 자서전

9. 마지막으로 내가 기억할 여름은?

수업 사례 2
누구나 쓸 수 있는 미니 자서전 정유정　　　　　　　　　　　151

- **1차시** 내 인생의 첫 번째 질문
- **2차시** 타인과 나를 이해하는 순간들
- **3차시** 완벽을 넘어 성장으로
- **4차시** 내일의 나에게 건네는 감정 음료
- **5차시** 나만의 도전 마주하기

수업 사례 3
가족 이야기로 시작하는 자서전 쓰기 고은정　　　　　　　227

- **1차시** 나를 키운 어른의 유산
- **2차시** 우리 집 특유의 분위기
- **3차시** 함께 크는 형제자매
- **4차시** 미래의 가족과 나
- **5차시** 가족과의 이별
- **6차시** 나의 사랑하는 독립생활

에필로그　　　　　　　　　　　　　　　　　　　　　　　298

1부

그림책으로 쓰는 자서전 수업, 왜?

1. 자서전 쓰기가 필요한 이유

2. 자서전 쓰기의 어려움

3. 그림책으로 쓰는 자서전 수업

1. 자서전 쓰기가 필요한 이유

학기 초, 학생들에게 자기소개를 해보라고 하면 대부분 막막해하며 어려워한다. 나를 표현하는 단어 하나조차 쉽게 떠올리지 못하는 경우가 많다. 이는 학생들만의 문제가 아니다. 교사들에게도 나를 나타내는 단어 세 개를 골라보라고 하면 머뭇거린다. 바쁜 일상에서 '나는 누구인가?'라는 질문을 진지하게 고민할 기회를 갖지 못했기 때문이다. 그 결과, 자기 자신을 표현하는 일이 낯설고 어색하게 느껴진다. 많은 사람들이 '나답게 사는 것'이 중요하다고 말하지만, 정작 '나다운 것'이 무엇인지를 쉽게 말할 수 있는 사람은 많지 않을 것이다.

학생들은 자신의 장점, 특기, 취미, 진로 희망을 적을 때, 먼저 자신이 누구인지를 생각하기보다 대학 진학에서 유리한 평가를 받을 수 있는 단어를 찾는 데 집중한다. 자신에 대한 깊은 성찰 없이 외부의 평가에 맞춰 생활기록부 기재를 관리하고, 자신을 학교와 학과가 요구하는 역량에 끼워 맞춘다. 결국 자신을 탐색할 기회를 잃고, 대학 생활에 적응하지 못하고 방황하게 된다. 고등학교까지는 정해진 목표에 따라 달려왔지만, 대학에서는 스스로 길을 찾아야 하는 상황을 혼란스러워 하기도 한다.

또한 최근에는 20대 중후반에 접어든 청년들이 정체성 혼란을 겪고 있는 현상을 의미하는 '이십춘기' 또는 '제2의 사춘기'라는 용어도 등장했다. 20대 중후반이 되었는데도, 직장 생활을 하고 있는데도, 현실적인 문제 앞에서 자신이 진정 원하는 삶이 무엇인지 몰라 방황한다.

이는 사회적 성취가 우선시되는 사회 환경에서 자아 탐색의 기회를 충분히 얻지 못한 결과이기도 하다. 그러나 자아 정체성 탐색은 나이가 들었다고 자연스럽게 확립되는 것이 아니다.

학생들에게는 자신의 삶을 조망하고 방향을 설정하는 시간이 필요하다. '나다운 것'이 무엇인지를 생각할 여유와 기회가 필요하다. 그런데 교육과정에서는 '자서전'에 대한 직접적인 언급이 사라졌다. 2007 교육과정 8학년 '쓰기'에서 "여러 가지 표현 방법을 활용하여 자신의 삶이 잘 드러나게 자서전을 쓴다."라는 내용이 제시되면서 자서전 쓰기가 수업 시간의 정규 활동으로 자리를 잡았다. 그러나 2009 교육과정에서는 해설에서만 '자서전'이라는 용어가 제시되었고, 2015 교육과정부터는 '자서전'이라는 말이 사라졌다. 요즘 성인을 대상으로 한 자서전 쓰기가 열풍을 일으키고 있는 것과 대조적으로, 교실에서는 개별적인 교사의 실천 중심으로 명맥을 유지하고 있을 뿐이다.

물론 자기표현과 성찰을 할 수 있는 수필, 일기 같은 장르가 있다. 그러나 이러한 장르는 주로 특정 사건이나 하루 동안의 일을 기록한다. 반면 자서전은 삶의 여러 장면을 일정한 기준에 따라 재구성하면서 삶을 연속적으로 파악하고 앞으로 어떻게 살아갈 것인지를 생각해 볼 기회를 제공한다. 그렇다면 학생들이 자서전을 써보는 것은 구체적으로 어떤 유용성이 있을까?

자기 이해

자서전 쓰기는 단순히 과거를 기록하는 것이 아니라, 지나온 삶을 되돌아보고 자신을 이해하는 과정이다. 자서전은 다른 문학 장르보다 형식과 관습에 크게 얽매이지 않고, 자신의 경험을 자유롭게 서술할 수 있다. 글을 쓰면서 과거의 중요한 순간들을 되새기고 그 과정에서 자기의 모습을 발견할 수 있다.

자서전 쓰기는 회상한 과거를 단순하게 나열하기보다 이야기로 구조화하는 과정이다. 이를 통해 자신의 경험을 평가하고 재구성하며, 중요하게 생각하지 않았던 경험에서 새로운 의미를 발견할 수도 있다. 또한 자신이 미처 인식하지 못했던 자기 모습을 인식하는 기회가 되기도 한다. 이는 곧 '나는 어떤 사람인가?', '지금의 나는 어떻게 만들어져 왔는가?'에 답하는 과정이다. 독일 철학자 빌헬름 딜타이(Wilhelm Dilthey)는 "자서전은 인간이 자신의 삶을 파악하고 해석하는 가장 완성된 형태의 글쓰기"라고 말했다.

이러한 자기 이해 과정은 청소년 시기에 특히 중요하다. '2024년 초·중등 진로교육 현황조사'를 통해 학생들이 선호하는 희망 직업을 살펴보면, 학교급별로 차이가 있긴 하지만 교사, 운동선수, 의사, 간호사, 군인, 경찰관 등이 높은 순위를 차지했다. 대체로 안정적이거나 높은 소득이 보장되는 직업들이다. 물론 이러한 결과는 시대 상황을 반영하는 것일 수도 있지만, 학생들이 자신을 이해하거나 자신이 어떤 존재인지를 인식한다면 진로와 직업에 대한 선택도 달라질 수 있다.

인생을 살아온 날이 길지 않은 학생들이 자서전을 쓰는 것이 적절하지 않다는 의견도 있다. 그러나 자서전은 어느 시기에 써도 자신의 삶을 재구성하고 나아갈 방향을 생각할 수 있다. 자신의 지난날을 돌아보고 기록하는 것을 통해 자신을 인식하고 이해하는 것은 중요하며, 이는 청소년기에 필요한 경험이다.

자아 성찰과 자기 수용

자서전은 자신의 삶을 사실적으로 기록하는 글이다. 사실을 기록하고, 자신의 경험과 행동과 내면을 들여다봄으로써 자신을 객관적으로 바라볼 수 있다. 자신의 행동을 되돌아보며, 그 당시에는 생각하지 못했던 행동의 이유나 주변의 영향 등에 대해서 생각해 볼 수 있다. 이러한 과정에서 자신의 내면을 점검하고 성찰할 수 있다.

학생들은 자신의 감정을 더 명확하게 표현하고 정리하는 경험도 하게 된다. 글을 쓰면서 기뻤던 순간뿐만 아니라 슬픔, 분노, 후회, 아쉬움 등 다양한 감정을 돌아보게 되고, 그때 느꼈던 감정을 다시 마주함으로써 자신이 왜 그렇게 느꼈는지를 성찰하고 정리한다. 이러한 과정을 통해 감정을 언어로 표현하는 능력이 향상되면 자신의 감정을 보다 깊이 이해할 수 있고 건강하게 다룰 수도 있다.

때로는 과거의 힘든 순간을 떠올리는 것이 고통스럽게 느껴질 수도 있다. 그러나 이러한 순간까지 떠올려야 자신을 성찰하고 의미를 찾아갈 수 있다. 과거로 돌아가 자신을 위로하고 격려하고 용기를 북돋워 줄 수도 있다. 이렇게 함으로써 과거의 부정적인 경험을 상처로만 생각하는 것을 끊어버리고, 그것을 의미 있게 받아들이면서 자신을 있는 그대로 수용하는 경험을 하기도 한다. 이렇듯 자서전을 쓰는 것이 과거의 아픔을 새로운 시각에서 바라볼 수 있는 기회가 된다는 것을 인식한다면 치유로 이어진다.

자서전 쓰기는 한 번의 활동으로 끝나는 것이 아니라, 살아가면서 지속적으로 자신을 돌아볼 수 있는 습관을 형성하는 과정이기도 하다. 학생들이 과거를 이해하고 자신을 성찰하고 받아들이는 힘을 기르는 경험은 자신만의 삶의 방향을 설정하고 의미 있는 삶을 살아가는 데 밑거름이 될 것이다.

인생의 방향 설정과 미래 설계

자서전은 과거와 현재, 그리고 미래를 연결하는 서사 구조를 가진다. 자서전을 쓰면서 자신의 삶을 기록할 때, 단순하게 과거만 나열하는 것이 아니다. 개별적인 사건들을 줄거리로 만들면서, 어떤 이야기는 강조하고 어떤 이야기는 축소하거나 배제한다. 같은 실패의 경험이라고 하더라도 '좌절의 순간'으로 기록할 것인지, '성장을 위한 과정'으로 기록할 것인지는 글을 쓰는 사람이 선택한다. 이렇게 자신의 삶을 이야기로 만들면서 자신의 삶을 능동적으로 구성하며, 과거의 경험에 대한 성찰은 미래의 모습으로 연결된다.

　자서전을 쓰면서 이루어지는 성찰은 단순한 과거 반성에만 머무르지 않고, '내 삶은 어디로 가고 있는가?'라는 질문을 스스로 던지는 계기가 된다. 학생들은 흔히 미래를 생각할 때 '어떤 대학을 갈 수 있는지, 어떤 직업을 가질 수 있는지' 등을 중심으로 생각한다. 하지만 자서전 쓰기를 통해 '나는 어떤 삶을 살고 싶은가?', '내가 진정 원하는 것이 무엇인가?'라는 근본적인 질문을 탐색하게 된다. 이 과정에서 타인의 시선이나 사회적 기준이 아닌 자신의 이해에 뿌리를 둔 인생 목표와 삶의 방향을 설정하면서 자신의 가능성을 맘껏 그려볼 수 있다.

　미래를 보다 구체적으로 설계하기 위해 '미래 자서전 쓰기' 활동을 진행해 볼 수 있다. 미래 자서전은 현재에서 바라본 미래의 자신을 상상하며 글로 써보는 것이다. 과거와 현재의 연결을 통한 자신의 이해에 뿌리를 둔 미래 자서전은 충분히 가치가 있다. 학생들은 자신이 원하는 삶의 모습을 구체적으로 그려볼 수 있으며, 이를 바탕으로 실질적인 목표를 세우고 동기도 강해진다. 또한 예상하지 못한 상황에 직면했을 때도, 자신의 정체성에 혼란이 올 때도, 이를 직면하고 자신의 목표와 방향을 다시 떠올리며 스스로 재정립하고 나아갈 힘을 기를 수 있다.

타인에 대한 이해와 공감 능력 향상

자서전 쓰기는 자신을 이해하는 과정이기도 하지만, 타인을 이해하는 과정과도 연결된다. 자신의 삶을 돌아보고 정리하는 과정에서 학생들은 '같은 사건이라도 사람마다 받아들이는 방식이 다를 수 있으며, 다른 사람도 역시 저마다의 이야기가 있음'을 깨닫게 된다.

자신의 경험을 글로 풀어내면서 사건 속에서 느꼈던 감정을 되돌아보고, 다른 사람들의 입장에서도 사건을 해석하는 능력을 기를 수 있다. 갈등의 순간에 자신이 느꼈던 감정과 상대방이 가졌을 감정의 차이를 인식하며, 당시에는 보지 못했던 새로운 관점을 발견할 수도 있다.

또한 가족이나 주변 사람들의 삶을 돌아보는 기회도 갖게 된다. 평소에는 당연하게 여겼던 부모님의 말과 행동을 다시 생각해 보거나, 형제자매와의 관계에서 미처 이해하지 못했던 부분을 발견하는 등 자신과 가까운 사람들을 바라보는 태도에도 변화를 가져올 수 있다.

자서전 쓰기 수업에서 학생들은 자신의 이야기를 쓰는 것뿐만 아니라 친구들의 자서전을 읽고 피드백을 주고받는 과정을 통해 서로를 알아가는 경험을 한다. 같은 반 친구라 하더라도 일상적인 대화만으로는 상대방을 깊이 이해하기 어려울 때가 많다. 그러나 글을 통해 친구의 출생 과정, 성장 과정 등을 구체적으로 알게 됨으로써, 친구를 이해하게 되고 공감 능력이 자연스럽게 확장된다.

이처럼 자서전 쓰기는 자신의 경험을 돌아보고 정리하는 과정에서 타인의 감정과 입장을 고려하는 태도를 배운다. 이러한 경험은 타인과 깊이 있는 인간관계를 맺고 원활하게 소통하는 데 도움을 준다.

사고력과 국어 능력 향상

자서전을 쓰는 과정에서 자신의 경험을 떠올리고 의미를 부여하는 활동을 통해 사고력을 키울 수 있다. 자서전은 과거의 경험을 단순히 나열하는 것이 아니라, 이를 구조화하고 논리적으로 전개해야 하며, 이러한 과정을 통해 학생들의 사고가 깊어진다. 학생들은 자신이 겪은 사건을 분석하고 해석하면서 의미를 창조하고 재구성하는 능력을 기르게 되며, 자신을 객관적으로 인식하고 다양한 관점에서 바라보면서 자기 성찰 및 메타인지 능력도 키울 수 있다.

글쓰기는 인지적 사고 과정이 수반되는 문제 해결 과정이다. 학생들은 자기 탐색 과정과 더불어, '계획하기 – 내용 생성하기 – 조직하기 – 표현하기 – 수정하기'의 회귀적 과정을 거치면서 자서전을 완성해 나간다. 특히 자신의 경험을 서사로 풀어내려면 이야기 구조, 글 전개 방식 등을 이해하고 있어야 하며, 이러한 이해를 바탕으로 더 적절한 구성과 표현을 고민하고 해결해 나가면서 글쓰기 능력을 발전시킬 수 있다.

또한 자서전을 쓰는 과정은 학생들의 듣기, 말하기, 읽기, 쓰기 등 종합적인 언어 사용 능력을 길러준다. 학생들은 자료를 수집하고, 인터뷰를 진행하며, 친구들과 피드백을 주고받는 활동도 경험하게 된다. 이러한 과정에서 다른 사람의 의견을 경청하고 자신의 의견을 표현한다. 또한 동료와 피드백을 주고받는 과정에서 문장 구성과 표현을 더욱 정교하게 다듬을 수 있다.

　이렇듯 자서전 쓰기를 하면서 학생들은 스스로 사고하는 힘을 기를 수 있으며, 이는 실제 삶에서 정체성을 갖고 삶을 주체적으로 설계하는 기반이 될 수 있다.

2. 자서전 쓰기의 어려움

자신의 삶을 글로 써본 경험이 거의 없는 학생들에게 자서전 쓰기는 결코 쉬운 일이 아니다. 평소 일기나 감상문을 써본 경험이 있더라도, 자신의 삶을 돌아보고 정리하는 글을 쓰는 것은 또 다른 차원의 과제이다. 처음 기대와 달리, 수업이 형식적인 활동으로 그치지 않으려면 학생들이 어떤 어려움을 느끼는지 살펴보는 것이 필요하다.

첫째, 학생들은 자신의 삶에서 무엇을 써야 할지 막막해한다. 자신을 탐색하는 과정이 익숙하지 않기 때문에, 자신을 주제로 글을 쓰는 것을 어려워한다. "저는 특별한 경험이 없어요.", "어떤 내용을 써야 할지 모르겠어요."라고 하소연한다. 자서전을 쓰기 위해서는 자신이 누구인지 고민하고 삶을 돌아보며 중요한 사건을 선정해야 하는데, 이러한 과정이 학생들에게는 익숙하지 않은 것이다.

둘째, 어린 시절의 기억을 떠올리는 것에 어려움을 겪는다. 중·고등학생들에게 유년 시절의 경험을 떠올려 보라고 하면 의외로 많은 학생들이 '기억이 잘 안 난다'고 한다. "유치원은 생일 파티 한 것만 기억나요.", "초등학교 때는 더 기억이 안 나요."라고 말하는 학생들의 이야기를 들으면 교사들은 당황할 수밖에 없을 것이다. 그러나 평소 자신의 경험을 회상하고 성찰한 경험이 많지 않기 때문에 이러한 반응은 당연하다.

셋째, 자기 삶과 감정을 솔직하게 드러내는 것을 두려워한다. 자기 삶과 감정을 드러내는 것에는 용기가 필요하다. 이러한 용기와 마주하기 전에, 학생들은 누군가가 자신의 글을 평가한다는 두려움을 먼저 가진다. 이러한 생각 때문에 깊이 있는 성찰을 피하고 피상적으로 글을 쓰기도 한다. 자신의 실패나 아픔을 다룰 때는 주저하거나 감정을 구체적으로 표현하지 않는다.

넷째, 자신이 떠올린 기억에 의미를 부여하지 못하고 사건을 단순하게 나열한다. 자서전이 의미 있는 기록이 되려면, 떠올린 과거 사건을 통해 자신을 이해하고 사건의 의미를 구성해야 한다. 그러나 학생들은 단편적으로 떠올린 과거 기억을 서술하고 단순히 분량을 채우는 것에 급급하기 일쑤다. 자신의 삶을 전체적으로 조망하고, 자신의 경험을 분석하여 의미를 부여하는 과정을 경험해 보지 않았기 때문이다.

다섯째, 미래 자서전을 쓸 때 자신의 미래를 기획하는 것을 어려워한다. 미래이기 때문에 이상적으로 써야 한다는 생각 때문에 글을 잘 써 내려가지 못한다. 반대로 지나치게 허황한 이야기를 가득 채우는 경우도 많다. 그렇다 보니 자서전 자체가 자신의 과거, 현재와 연결된 유기적인 이야기로 구성되지 못하고 비슷한 미래들이 서술되기도 한다.

여섯째, 글쓰기 자체에 부담을 느낀다. 학생들은 평소 자기 생각을 표현하는 글쓰기를 해본 경험이 적고, 글쓰기는 어렵고 재미없는 것이라고 인식하는 경우가 많다. 글쓰기와 관련하여 긍정적인 경험이나 성취감을 느낀 적이 없다 보니, '자서전을 왜 쓰는지, 어떻게 표현해야 더 좋은 글이 될 수 있는지' 등에 대한 고민이 부족하기 때문이다.

3. 그림책으로 쓰는 자서전 수업

자서전 쓰기의 어려움을 덜기 위해 적용한 것이 '그림책 읽기' 활동이다. 자서전을 쓸 때 중요하지만 어려움을 느끼는 '과거 회상하기'와 '경험에 의미를 부여하기'를 돕기 위해 삶이 담긴 그림책을 활용한 것이다. 그렇다면 자서전 수업에서 그림책이 왜 필요하며, '그림책으로 쓰는 자서전 수업'의 특징은 무엇일까?

자서전 수업에 그림책이 필요한 이유

자서전 쓰기의 첫 단계는 '기억하기'다. 과거의 기억을 떠올릴 수 있어야 '나의 과거'를 글로 풀어나갈 수 있다. 그림책은 이러한 기억을 소환하는 데 중요한 역할을 한다. 유년 시절의 경험, 성장 과정에서 겪는 일들, 일상의 순간들이 그림책 속에 녹아 있기 때문이다.

그림책으로 발달 이론을 연구한 히로코 사사키는 '어린이의 마음을 이해하기 위한 그림책 데이터베이스' 작업에서 관련 주제를 280개나 선정하며, 그림책에는 다양하고 풍부한 삶의 모습이 담겨 있다고 설명했다.

그림책 작가들은 어린 시절의 경험을 바탕으로 다양한 글과 그림의 세계를 표현한다.《괴물들이 사는 나라》의 작가인 모리스 센닥은 "만약 나에게 보통 사람 이상의 재능이 있다면 그건 다른 게 아니라 다른 사람들은 잊어버린 여러 가지 것을 기억하고 있는 것일 뿐입니다. 어린 시절의 구체적인 감정, 다시 말해 소리와 감각과 이미지를 기억하고 있다는 말입니다."라고 말했으며,《프레드릭》을 쓴 레오 리오니도 "솔직히 어린이들을 위해서 책을 만들고 있는 것이 아닙니다. 우리 안의, 다시 말해 나 자신과 조금도 변하지 않은 내 친구들 안에서 지금도 어린이인 부분을 위해서 책을 만드는 것이 나의 진심입니다."라고 밝혔다. 이처럼 그림책 작가들은 어린 시절을 그대로 기억하고 그것을 작품으로 표현하는 경우가 많다.

따라서 그림책을 읽는 독자들은 잃어버렸던 과거의 경험을 떠올릴 수 있다. 우리는《괴물들이 사는 나라》를 읽으면서 엄마에게 야단맞았던 과거 경험을 떠올리고 그림책 주인공에게 공감하면서 계속 자신의 과거를 추억한다. 이러한 과정에서 단편적이고 파편화되어 있는 각각의 기억은 이야기 구조로 연결된다. 학생들은 과거 기억을 떠올리는 것에만 멈추지 않고, 이를 자신만의 이야기로 재구성할 수 있는 실마리를 얻게 되는 것이다.

또한 그림책은 단순하게 기억만 떠올리게 하는 것이 아니라 과거 경험에 대한 의미를 발견하는 것도 돕는다. 그림책은 글과 그림이 어우러진 예술 장르로, 예술은 우리에게 다양한 감정을 불러일으키는 힘이 있다. 특히 그림책은 짧은 분량에 핵심 내용을 담아내기 때문에 일부 내용이 생략되기도 하고, 이야기 전체가 메타포인 경우도 많다. 따라서 어떤 문학 장르보다 독자의 의미 해석이 적극적으로 일어난다. 이때 의미를 해석하는 원천은 독자 각자의 과거 경험이나 가치관 등이며, 독자는 그림책을 읽으면서 소환된 과거 기억을 지금 '나'의 관점에서 해석하고 의미를 발견한다. 그림책은 독자들 간의 소통도 강화한다. 그림책은 직관적인 장르로, 여러 독자가 공유하며 대화를 나누기가 쉽다. 그림책과 관련된 경험이나 의미를 서로 이야기 나누고 소통하면서, 교실 안 이야기는 점점 더 풍부해진다.

그뿐만 아니라, 그림책 형식을 활용하여 자서전을 작성하면 학생들의 글쓰기에 대한 부담감을 줄일 수 있으며, 다양한 방식으로 표현하는 기회가 제공되어 학생들의 흥미를 더욱 높일 수 있다.

그림책으로 쓰는 자서전 수업의 특징

'그림책으로 쓰는 자서전 수업'은 학생들이 그림책을 통해서 자유롭게 자신의 경험을 생각하고 주도적으로 참여하는 수업이다. 수업은 크게 '그림책 읽기 – 질문 선정하기 – 자서전 쓰기' 3단계로 이루어지며, 구체적인 진행 방법은 다음과 같다.

① 그림책을 읽고 그림책에 대한 소감을 나누면서 그림책과 관련된 경험을 이야기한다. 이를 바탕으로 자서전에 쓸 거리를 질문 형태로 제시한다. 이때 질문은 여러 개를 제시하여 학생들이 희망하는 내용으로 글을 작성한다.

② 자서전이라고 해서 일생의 전체를 담을 필요가 없으며 일부분만 담아도 된다. 자서전의 종류는 포괄적 자서전, 주제별 자서전, 편집 자서전으로 분류할 수 있다. 어렸을 때부터 인생 전체를 다루는 것은 포괄적 자서전이고, 삶의 한 측면에 대해서만 집중해서 다루는 것은 주제별 자서전이며, 편집 자서전은 특정 목적에 따라 관련 경험만을 취사선택하는 자서전이다. 따라서 학생들이 쓰는 자서전도 주제를 잡

아 학창 시절과 관련된 이야기, 친구 이야기, 여행과 관련된 이야기 등을 중심으로 쓸 수 있다.

③ 학생들에게 자서전은 앞으로도 계속 쓰는 과정임을 강조한다. 지금 쓰고 있는 것은 인생 전체를 담을 자서전 중 일부분이며, 지금 쓰고 있는 것은 시리즈 중 하나임을 강조한다. 앞으로도 지속적으로 자신만의 책을 완성하길 바란다는 당부도 덧붙인다. 이를 통해 자서전 쓰기의 부담감을 낮추면서도 인생 전체를 조망할 수 있는 기회를 제공해 줄 수 있다.

④ 다양한 장르나 양식과 혼합하여 학생들이 자서전 쓰기에 흥미를 느낄 수 있도록 한다. 내용을 마련할 때만 이미지를 활용하는 것이 아니라, 자신의 이야기를 표현할 때 이미지나 사진을 활용해도 좋다. 또한 시, 소설, 그림책 일부 또는 전체를 인용하거나 필사 또는 패러디해도 좋고, 편지 형식이나 일기 형식 등 다양한 방식으로 자신의 삶을 기록하는 즐거움을 느끼게 한다.

이러한 특징은 '어떻게 하면 학생들이 부담을 느끼지 않으면서 자신의 삶을 기록할 수 있을까?'를 고민한 결과이다. 그림책이라는 매체를 가져오게 된 것도, 교사가 뭔가를 설명해야 한다는 부담에서 벗어나 학생들이 중심이 되어 자연스럽게 이야기를 나눌 수 있도록 하기 위한 방편이었다. 따라서 이 수업은 그림책에만 한정하지 않는다. 학생들이 더욱 자유롭게 자신의 이야기를 펼칠 수 있도록, 시와 노래, 그림 등 다양한 매체도 활용할 수 있는 열린 수업이다. 무엇보다도 정해진 방식대로만 진행하는 것이 아니라 교사와 학생이 각자의 속도와 색깔로 함께 만들어가는 수업이다.

이를 바탕으로 실제 교실에서 적용한 다양한 수업 사례를 소개한다. 먼저 '내가 한 권의 책이 된다면'은 오랫동안 학생들과 함께 그림책을 활용해 자서전 쓰기를 시도하며 다듬어 온 수업 사례이다. 학생들이 자신의 삶을 다각도로 돌아보고, 다양한 방법으로 기억하고 표현할 수 있도록 구성되었다. '인터뷰로 쓰는 자서전', '수다로 완성하는 자서전', '오감으로 쓰는 자서전', '사진으로 쓰는 자서전', '질문으로 쓰는 미래 자서전'은 그림책을 읽고 다양한 방법으로 자료를 수집하고, 삶을 해석하는 과정에 중점을 둔 활동들이다. '시와 노래, 그리고 추억의 보물을 쓰는 자서전'과 '마지막으로 내가 기억할 여름은?'은 자서전의 내용을 더욱 풍부하게 만들고, 의미 있게 쓸 수 있는 내용으로 구성된 수업이다. 제시된 수업 사례를 참고하면 자서전 쓰기 수업을 다양한 활동형 수업으로 설계하는 데 도움이 된다.

'누구나 쓸 수 있는 미니 자서전'은 글쓰기 경험이 없는 학생도 자서전 쓰기에 도전할 수 있도록 설계된 수업이다. '나를 둘러싼 세상과 행복 정의하기', '타인과 나를 이해하기', '완벽을 넘어 성장으로', '나에게 건네는 감정 음료', '나만의 도전' 등의 주제를 활용하여 학생들이 삶에서 마주하는 감정과 자신의 가치 등에 대해서 탐색하고, 삶을 보다 긍정적으로 바라볼 수 있는 기회를 마련했다. 이 수업은 정규 수업 시간 안에서 평가로 진행하면서도 학생들이 글쓰기에 대한 부담을 덜 느낄 수 있도록 구성했다. 제시된 수업 사례를 참고하면 글쓰기 자체에 어려움을 갖고 있는 학생들의 적극적인 활동 참여를 유도하는 수업을 구성하는 데 참고가 될 것이다.

'가족 이야기로 시작하는 자서전 쓰기'는 가족을 통해 나를 이해하는 과정에 초점을 맞춘 수업 사례이다. '나를 키운 어른의 유산', '우리 집 특유의 분위기', '함께 크는 형제자매', '미래의 가족과 나', '가족과의 이별', '나의 사랑하는 독립생활' 등 여섯 가지 주제로 학생들이 가족과의 관계를 돌아보며, 가족이 자신의 삶에 어떤 의미를 지니는지를 성찰하도록 수업을 구성했다. 이 수업에서는 그림책을 활용하여 학생들이 관련된 기억을 떠올릴 수 있도록 돕고, 예시 글도 제공하여 글감을 보다 구체적으로 작성할 수 있도록 했다. 또한 글쓰기 수업에서 교사들이 겪는 어려움에 대처할 수 있는 방법도 함께 제시한다. 따라서 가족이라는 주제를 통해 자신을 깊이 있게 탐색하는 자서전 쓰기 수업을 설계할 때 도움이 될 것이다.

(2부)

그림책으로 쓰는
자서전 수업,
어떻게?

수업 사례 1 내가 한 권의 책이 된다면
호민애

수업 사례 2 누구나 쓸 수 있는 미니 자서전
정유정

수업 사례 3 가족 이야기로 시작하는 자서전 쓰기
고은정

수업 사례 1

내가 한 권의 책이 된다면

호민애

수업 개요

자서전 수업의 시작은 작고 소박했다. 자서전 전체를 완성한다기보다는 자신의 삶 가운데 일부분이라도 기록하는 것에 의미를 두었다. 완성보다 '진행 중'에 초점을 맞췄다. 우리 삶은 현재 진행형이지 않은가. 중요한 것은 학생들이 잠시라도 자기 자신에 대해서 생각할 수 있는 시간을 갖게 하는 것이었다. 최소한 자신을 찾아가는 여행의 출발선에 설 수 있게 하자는 것이 이 수업의 목표다.

그러나 이렇게 작은 목표도 무너질 때가 많다. 기대는 실망으로 돌아왔다. 학생들은 자신의 어린 시절을 잘 기억하지 못한다. 그리 오래되지 않은 일도 '잘 기억나지 않는다'며 한두 줄로 마무리하는 경우가 많다. 글을 쓰기 전에 모둠을 구성하여 친구들과 이야기를 나누게 해보았지만, 학생들은 대화 소재가 금방 바닥나는 모습을 보였다. 자서전 쓰기를 지속적으로 이어가게 하려면 학생들이 기억을 풍부하게 떠올리게 할 방법이 필요했다.

그림책을 읽으면서 '어린 시절과 관련된 그림책을 활용하면 어떨까?'라는 아이디어가 떠올랐다. 인간의 성장 과정을 비유적으로 그린 《내 이름은 자가주》를 함께 읽으면 학생들과 자연스럽게 어린 시절에 대한 이야기를 나눌 수 있을 것 같았다. 그러나 '학생들이 비유적인 의미를 잘 이해할 수 있을까?' 하는 걱정, 학생들 반응이 없으면 어쩌나 하는 염려도 되었다. 하지만 걱정과 달리, 학생들은 그림책에서 펼쳐지는 장면이 바뀔 때마다 즉각적으로 반응했고, 나누는 이야기도 끝이 없었다. 이러한 시도를 계기로 고등학교 특강 수업에도 그림책을 활용해 보았다. 그림책을 읽을 때와 읽지 않을 때, 학생들에게서 이끌어낼 수 있는 이야기의 폭과 깊이가 달랐다. 그림책을 통해 자연스럽게 흘러나오는 학생들의 이야기가 수업을 풍성하게 만들었다. 이렇게 자서전과 그림책의 만남은 시작되었다.

 자서전 쓰기 수업을 계획할 때, 자서전을 쓰는 학생들의 나이와 수업 차시를 고려하여 자서전 글감을 생각하고 그림책을 골랐다. 경우에 따라서는 그림책을 먼저 선정하고 자서전 글감과 수업 주제를 정하기도 했다. 어떤 주제로 자서전 쓰기를 진행할 것인지는 학생들의 상황에 따라 정할 수 있지만, '어린 시절 – 학창 시절 – 미래'의 시간 흐름이 드러나도록 구성했다. 그래야 학생들이 인생의 흐름 속에서 자신의 모습을 파악해 볼 수 있기 때문이다.

 자서전 쓰기 수업을 진행할 때는 6~8차시 정도를 확보했다. 자서전에 담을 모든 내용을 다룰 필요는 없지만, '과거 – 현재 – 미래' 자서전 형태를 갖추기 위해서는 이 정도의 시간이 필요하다. '자서전 쓰기의 목적 세우기' 활동부터 시작하여 평소보다는 긴 호흡의 글을 쓸 준비를 했다. 특히 미래 자서전 쓰기는 살아온 날보다 살아갈 날이 많은 학생들에게 꼭 필요한 활동이라고 생각한다. 미래의 삶을 글로 써보면서 '자신이 원하는 것이 무엇인지, 자신이 누구인지'를 구체적으로 탐색할 수 있기 때문이다.

 다음은 중학생과 고등학생을 대상으로 교과 수업 및 교내 프로그램으로 운영했던 '그림책으로 쓰는 자서전 수업' 주요 내용이다. 보통 한 차시는 한 권의 그림책으로 90분 동안 진행했는데, 글쓰기 시간을 어떻게 부여하느냐에 따라 운영 시간이 달라질 수 있다. 또한 다양한 수업 설계를 돕기 위해 여러 그림책을 제시했으므로, 수업의 상황과 학생의 상황에 맞게 선택하면 된다. 수업 진행 순서는 자서전 쓰기의 목표를 세우는 활동과 연대표를 만드는 활동을 제외하고는 인생의 시간 순으로 배열했는데, 꼭 지켜야 하는 순서는 아니므로 수업 순서 또한 다르게 구성해도 된다.

순서	내용 및 주제	활용한 그림책
1	• 자서전 쓰기 목표 세우기 • 나에게 쓰는 편지	나(조수경)
2	• 인생 연도표 만들기	100 인생 그림책
3	• 인터뷰로 쓰는 자서전 – 나의 출생과 성장 과정	내 이름은 자가주 / 최고의 이름 / L부인과의 인터뷰
4	• 시와 노래, 그리고 추억의 보물로 쓰는 자서전 – 내가 좋아하던 것에 대하여 – 어린 시절 나를 보여주는 시	안녕, 나의 보물들 / 오랜만이야! / 만돌이
5	• 수다로 완성하는 자서전 – 나의 학창 시절, 성장과 실패에 대하여	이까짓 게! / 나의 붉은 날개
6	• 오감으로 쓰는 자서전 – 나만의 공간에 대하여 – 소리와 냄새로 기억하는 시간	나만 아는 아무 데 / 눈이 들려주는 10가지 소리 / 계절의 냄새
7	• 사진으로 쓰는 자서전 – 가족과 친구 이야기 – 미래 가족과 친구 이야기	금요일엔 언제나 / 나의 소중한 인생 친구
8	• 질문으로 쓰는 미래 자서전 – 은퇴 이후 내가 꿈꾸는 것, 미래 일기 쓰기	진짜 내 소원 / 인생은 지금 / 미스 럼피우스
9	• 마지막으로 내가 기억할 여름은? • 가져가고 싶은 물건은?	마지막 여름 / 할아버지의 마지막 여름 / 여행 가는 날

수업을 시작하기 전에

1. 그림책 선정하기

자서전 쓰기 수업에 활용하기 좋은 그림책은 어떻게 고를까? 먼저, 인간의 일상적인 삶을 담고 있는 그림책을 선정하는 것이 좋다. 일상생활의 경험을 소재로 전개되는 이야기, 아이들의 성장이나 갈등을 다룬 이야기, 부모·조부모·자녀·친구 등 다양한 인간관계와 관련된 이야기가 담긴 그림책 등을 활용하면 과거의 경험을 떠올리는 데 도움을 준다. 그러나 경험을 떠올리는 것에 그쳐서는 안 된다. 그 경험의 의미를 생각할 수 있어야 한다. 학생들은 등장인물이 일상의 경험에서 겪는 변화나 성장을 살피면서 그 의미를 발견하게 된다.

또한 일상이나 인간의 삶과 관련된 내용을 비유적으로 제시한 그림책도 학생들의 이야기를 풍부하게 할 수 있다. 비유적인 내용의 그림책은 일상 경험의 구체성은 떨어지지만, 비유적인 의미를 독자가 다양하게 해석할 수 있다는 것이 장점이다. 그러나 학생들은 비유적인 의미를 통해 자신의 삶을 들여다보는 데 어려움이 있을 수 있으므로, 교사가 먼저 비유적인 의미와 관련된 자신의 경험을 제시해서 방향을 안내해 줄 필요가 있다.

마지막으로 자서전 쓰기에 활용하기 좋은 그림책은 우리 인생의 전반을 담은 그림책이다. 《100 인생 그림책》처럼 인간의 일생을 병렬식으로 구성한 그림책을 활용하면 미래 자서전 쓰기의 글감을 마련하는 데 도움이 된다. 학생들이 아직 경험하지 못한 미래의 삶을 구체적으로 상상해 볼 수 있기 때문이다.

다음은 이러한 기준에 따라 자서전 쓰기 수업에서 활용했던 그림책을 시기 및 주제로 분류해 본 것이다.

시기 및 주제	그림책 제목
출생과 성장 과정	최고의 이름 / 내 이름은 자가주
어린 시절	만돌이 / 이까짓 게! / 나 홀로 버스 / 나만 아는 아무 데 / 안녕, 나의 보물들 / 오랜만이야!
학창 시절	나의 붉은 날개 / 내가 예쁘다고? / 난 잘 도착했어
중장년기	L부인과의 인터뷰 / 너의 숲으로 / 내 이름은 자가주
은퇴 이후, 노년기	인생은 지금 / 미스 럼피우스
나에 대한 탐구	진짜 내 소원 / 나 / 민들레는 민들레 / 나는 기다립니다 / 주름 때문이야
가족 관계	눈이 들려주는 10가지 소리 / 금요일엔 언제나 / 진정한 챔피언
친구·형제 관계, 반려동물	알도 / 나의 소중한 인생 친구 / 달라질 거야 / 걷는 사이 / 모모와 토토
죽음 및 주변 사람의 죽음	할아버지의 마지막 여름 / 그날은 / 마지막 여름 / 여행 가는 날
인생 전반	100 인생 그림책 / 삶의 모든 색 / 봄은 또 오고 / 오늘 상회

그림책 읽기와 자서전 쓰기에 활용하기

'그림책으로 쓰는 자서전 수업'의 첫 단추는 그림책을 통해 다양한 이야기가 오고 가는 것이다. 그림책을 통해서 학생들의 다양한 생각을 이끌어내려면 먼저 그림책을 제대로 읽게 해야 한다.

그러기 위해 맨 먼저 하는 것이 '그림책 표지로 내용 예측하기' 활동이다. 그림책 제목과 표지 그림을 통해 어떤 이야기가 펼쳐질 것인지 자유롭게 이야기를 나누면서 능동적으로 읽을 준비를 하는 것이다. 이때 학생들이 표지를 적극적으로 관찰해야 한다. 적극적인 관찰을 유도하기 위해서는 학생들이 내용을 예측할 때마다 표지의 '무엇'을 보고 예측했는지 물어본다. 이렇게 질문하면 학생들은 친구가 답한 것을 관찰함과 동시에 새로운 것을 관찰하려고 노력한다.

두 번째 방법은 여러 번 읽기 과정을 수업으로 설계하는 것이다. 그림책을 여러 번 반복해서 읽으면서, 읽을 때마다 새롭게 보이는 시각적 요소와 의미를 찾아야 그림책 읽기의 재미를 느낄 수 있다. '낭독하기, 묵독하기, 공감되는 부분 발표하기, 짝에게 읽어주기, 역할 나눠서 낭독하기, 교사가 읽어주기' 등 다양한 방법을 활용하여 여러 번 읽는 기회를 마련한다.

세 번째는 혼자 읽으면서 그림책을 꼼꼼하게 읽도록 유도하는 것이다. 이때 '가장 마음에 와닿는 문장 찾아보기, 공감되거나 공감되지 않는 부분을 생각하면서 읽기, 가장 인상 깊은 장면을 선정하면서 읽기' 같은 과제를 준다. 그래야 학생들이 그림책을 대충 읽지 않게 된다. 이렇게 읽고 나서 모둠 내에서 발표하고 다른 모둠원의 이야기를 들으면 그림책을 더 잘 이해할 수 있다.

이렇게 그림책을 이해한 다음에는 그림책과 관련된 경험을 나눈다. 교사가 질문을 통해 이야기를 나누도록 해도 되고, 가장 공감되는 내용을 서로 이야기하게 해도 된다. 일상생활과 관련된 그림책의 경우,

공감되는 이유를 말하다 보면 자연스럽게 자신의 경험과 연결된다. 이렇게 그림책과 관련된 경험을 나눈 뒤에는 그림책 내용과 관련하여 초점을 맞춰 쓸 수 있는 쓸거리를 질문으로 제시한다. 이때 한 개만 제시하지 말고 3~5개 정도 제시하여 학생들이 쓰고 싶은 주제를 고를 수 있게 하는 게 좋다.

그림책과 관련된 쓸거리를 질문으로 만들 때는 그림책에 담겨 있는 일상 경험이나 삶을 기록하는 데 적합한지, 자신을 돌아볼 수 있는 내용인지 생각해 보고 이를 질문 형태로 제시한다. 수업을 하다 보면 교사가 준비한 질문과 다른 내용들이 학생들의 발표에서 나올 수 있다. 이때는 학생들의 반응을 수용하고 학생들의 발표 내용과 관련된 질문을 추가로 만들어서 제시하면 된다.

자서전 쓰기를 위한 자서전 읽기

자서전 쓰기를 할 때 자서전 읽기를 함께 진행하면 자서전 장르에 대한 이해도를 높일 수 있다. 자신의 이야기를 어떻게 전개해 나가는지, 어떤 방식으로 서술하는지 등 자서전의 다양한 표현 방식을 경험할 수 있다. 학생들이 읽을 자서전은 스스로 선택하게 한다. 자서전은 개인의 역사이기 때문에 인물에 대한 관심이 있어야 읽는 데 집중할 수 있기 때문이다.

그런데 자서전마다 요구하는 배경지식의 수준이 다를 수 있다. 인물 자체에 관심이 있더라도, 시대적 배경이나 사회적 맥락에 대한 이해가 부족하면 내용을 제대로 소화하기 어렵다. 이 때문에 읽기에 몰입하지 못하는 학생이 있다면 좀 더 쉬운 자서전으로 바꿔 읽도록 하는 게 좋다.

자서전 읽기 활동으로는 '멋진 문장 찾아보기, 인상적인 부분을 표시하고 모둠 내에서 발표·공유하기' 등을 추천한다. 부담스럽지 않은 독후 활동인 데다가 자서전 쓰기에도 활용할 수 있기 때문이다. 학생들이 자서전을 읽으면서 마음에 드는 문장이나 문단 등을 찾으면 이를 모방하여 글을 써볼 수 있다. 자서전 속에서 발견한 표현 방식이나 문장 구조를 직접 적용해 보면서 자연스럽게 문장의 흐름과 구성 방식에 대한 감각을 익힐 수 있으며, 자신만의 문체를 찾아가는 연습을 할 수 있다.

자서전을 다 읽고 난 뒤에는 자신이 읽은 자서전을 친구들에게 소개하는 활동도 해볼 수 있다. 각자 자서전을 읽고 느낀 점을 공유하면 진로 탐색에도 도움이 될 뿐만 아니라, 자서전이 단순한 사건 나열이 아니라는 점도 자연스럽게 이해하게 된다.

학생들과 함께 읽은 자서전이 20여 권인데 그 목록을 참고할 수 있게 제시해 두었다. 초등학교 고학년 대상 자서전도 포함했으며, 에세이로 발표된 책이라 하더라도 글쓴이의 인생 전반을 다룬 것이라면 선정했다. 또 남학생들의 흥미를 고려하여 운동선수의 자서전도 포함했다. 운동선수의 자서전이나 에세이는 다른 자서전보다 읽기가 쉬워서 해당 운동선수에 관심 있는 학생들에게 추천하면 좋다. 제시한 자서전 읽기 목록 가운데 읽기를 어려워하는 학생들도 무난히 읽을 수 있는 것은 별(★) 표시를 했다.

연번	자서전 제목 (인물)	비고
1	어린이와 청소년을 위한 백범일지 (김구)	★
2	어린이를 위한 안중근 자서전 (안중근)	★
3	청소년을 위한 나는 말랄라 (말랄라 유사프자이)	★
4	사흘만 볼 수 있다면 (헬렌 켈러)	★
5	제인 구달의 내가 사랑한 침팬지 (제인 구달)	★
6	박지성 마이 스토리 (박지성)	
7	축구를 하며 생각한 것들 (손흥민)	★
8	이대호, 도전은 끝나지 않았다 (이대호)	
9	아직 끝이 아니다 (김연경)	★
10	언가디스 – 스카티 피펜 자서전 (스카티 피펜, 마이클 애커시)	
11	아르센 벵거 자서전 (아르센 벵거)	
12	10대를 위한 슈독 (필 나이트)	
13	테슬라 자서전 (니콜라 테슬라)	
14	무채색 삶이라고 생각했지만 (김동식)	★
15	아서 코난 도일 자서전 (아서 코난 도일)	
16	애거서 크리스티 자서전 (애거서 크리스티)	
17	부시 파일럿, 나는 길이 없는 곳으로 간다 (오현호)	★
18	프랭클린 자서전 (벤자민 프랭클린)	
19	안중근 의사 자서전 (안중근)	
20	백범일지 (김구)	
21	청소년을 위한 빅터 플랭클의 죽음의 수용소에서 (빅터 플랭클)	
22	어느 수학자의 변명 (고드프리 해럴드 하디)	
23	내가 확실히 아는 것들 (오프라 윈프리)	

자서전 쓰기를 위한 안전지대 만들기

자서전에는 평소 말하지 않았던 개인적인 이야기나 비밀이 담기기 마련이다. 자신의 삶을 기록하는 과정에서 학생들은 성장의 순간, 기쁨과 아픔, 후회와 다짐을 솔직하게 글로 표현하게 된다. 또 그림책에는 다양한 경험, 상처, 아픔 등이 담기기에 그림책의 의미를 자신의 경험과 연결하는 과정에서 예상치 못한 개인적인 이야기가 자연스럽게 공유될 수도 있다. 따라서 자서전 쓰기 수업에서는 먼저 서로를 존중하고 보호할 수 있는 안전지대를 만드는 것이 필요하다.

안전지대를 만들기 위해서는 개인적인 경험을 존중하는 태도를 가지게 하는 것이 우선이다. 타인의 경험을 가볍게 여기거나 단순한 흥밋거리로 여기지 않아야 한다. 또 친구가 자신의 경험을 모둠 내에서 발표했다고 하더라도 다른 곳에서 이야기하지 않아야 하며, 다른 사람의 삶에 대해서 함부로 평가하지 않도록 해야 한다.

둘째, 자서전이나 경험 등은 자신이 원할 때만 공개해도 된다고 안내한다. 자서전은 개인적인 기록이기 때문에 학생이 원하지 않을 경우 본인의 이야기를 공유하지 않아도 된다. 또 모둠 내에서 발표하는 것을 부담스러워한다면 이를 강요하지 말고, 이야기할 수 있는 범위 내에서 이야기하도록 한다. 그뿐 아니라 글을 제출한 뒤에도 공개 여부와 공개 범위를 스스로 결정할 수 있도록 한다.

셋째, 평가에 대한 부담을 줄인다. 평가에 대한 부담이 크면, 학생들은 자신의 이야기를 검열하고 솔직하게 기록하지 않을 수 있다. 따라서 자서전 을 평가에 반영할 때는 글 내용 자체보다는 자기 성찰과 기록하는 과정에 초점을 두고 평가하는 것을 추천한다.

자서전 쓰기 과정에서 자신의 이야기를 편안하게 표현할 수 있는 환경이 조성될 때 학생들은 솔직하게 자신을 돌아보고 자신의 이야기를 통해 성찰과 성장의 기회를 얻게 된다. 이러한 안전지대를 만드는 방법을 교사가 안내할 수도 있지만, 학생들끼리 약속을 정하는 활동을 진행할 수도 있다.

1. 자서전 쓰기 목표 세우기

첫 시간에는 자서전의 개념을 익히고 자서전을 쓰는 목표를 설정한다. 자서전 쓰기는 한두 번의 글쓰기로 끝나는 것이 아니라, 오랜 시간을 들여 자신의 삶을 정리하고 기록하는 과정이다. 그러다 보니, 처음에는 의욕적으로 시작하더라도 시간이 지나면서 중도에 포기해 버릴 수 있다. 또한 끝까지 완성하더라도 과거 사건이나 경험을 단순하게 나열하는 데 그칠 수도 있다. 따라서 자서전을 쓰는 첫 단계에서 자서전이 무엇인지 이해하는 것과 함께, 자서전을 '왜' 쓰는지 고민하고 자서전을 쓰는 자신만의 목표를 설정할 필요가 있다.

자서전 장르를 이해하고 자신만의 목표를 설정하는 것은 자신을 탐색하고 성장하는 기회가 된다. 자서전 쓰기의 목표를 세우면 다음 세 가지 질문에 답할 수 있다.

- 나는 자서전에 어떤 내용을 기록하고 싶은가?
- 자서전을 쓰는 것이 나에게 어떤 의미가 될까?
- 자서전을 완성하고 난 후, 나는 어떤 변화를 기대하는가?

이러한 질문에 답을 찾는 과정은 글쓰기를 의미 있게 만든다. 목표 없이 글을 쓰면 기억나는 사건을 단편적으로 적으며 분량을 채우는 데 급급할 수 있다. 반면에 명확한 목표가 있으면 글쓰기가 방향성을 갖게 되고, 자신의 경험을 더 깊이 성찰할 수 있으며, 나아가 미래를 구체적으로 그려볼 수 있다.

　학생들이 자서전 쓰는 것의 의미를 탐색하고 자신만의 목표를 세우기 위해 조수경의 《나》라는 그림책을 활용했다. 이 그림책을 읽고 이야기를 나누면서 자서전이란 단순한 과거 기록이 아니라 과거의 나와 미래의 나가 만나는 과정이라는 점을 깨닫게 된다. 그리고 자신만의 목표를 설정하고 이를 바탕으로 글을 써 내려가게 된다.

그림책 표지를 펼치면 안에 두 권의 책이 있는 형태이며, 판형이 독특한 그림책이다. 어린 '나'가 미래의 '나'를 만나는 이야기, 어른인 '나'가 어린 '나'를 만나는 이야기가 펼쳐진다. 어린 '나'와 어른인 '나'는 각자 현재의 삶에서 어려움을 느끼고 있다. 그러나 어린 '나'는 미래의 '나'를 통해, 어른인 '나'는 과거의 '나'를 통해 삶의 의미를 깨닫게 된다.

그림책 첫 장면에서 어린 '나'와 어른인 '나'가 선으로 연결되어 있는 모습을 확인할 수 있다. '왜 선으로 연결되어 있을까? 선이 의미하는 것은 무엇일까?' 등의 질문을 통해 자서전 쓰기가 단순한 과거 회상이 아니라 자신의 삶을 조망하고 미래를 그려보는 과정임을 이해할 수 있다.

자서전 장르 이해하기

자서전 쓰기를 시작하기 전에 자서전이 무엇인지, 어떤 특징이 있는지를 이해하는 과정이 필요하다. 이를 통해 자신의 이야기를 어떻게 풀어나갈지 구상할 수 있다. 따라서 자서전을 쓰기 전에 자서전이 무엇인지 안내하고, 자서전과 비슷한 글의 종류와 비교하여 자서전에 대한 이해를 돕는다.

학생들에게 자서전이 무엇이라고 생각하는지 자유롭게 이야기해 보게 했다. 자서전을 읽어본 경험이 있는지 묻고, 자서전을 쓴다면 어떤 내용을 담을 것인지 이야기를 나누면서 자연스럽게 개념을 정리할 수 있다.

표준국어대사전에서는 자서전을 "작자 자신의 일생을 소재로 스스로 짓거나 남에게 구술하여 쓰게 한 전기"라고 정의하고 있다. 즉 자서전은 자신의 삶을 기록하는 글이며, 사실을 바탕으로 서술된다는 점이 가장 중요한 특징이다. 소설과 달리 허구적 요소나 상상이 포함되지 않으며 사실을 중심으로 작성된다. 학생들과 쓰는 미래 자서전의 경우는 상상력을 발휘할 필요가 있는데, 이때는 소설과 달리 자신의 과거와 현재의 흐름을 기반으로 작성한다는 점을 강조한다.

이 일지를 기록하여 전하는 것은 너희들에게 나를 본받으라는 뜻이 결코 아니다. 나는 너희들이 역사상 많은 위인들을 배우고 본받기를 원한다. 나를 본받을 필요는 없지만, 너희들이 성장하면 아비의 삶을 알 길이 없겠기에 이 일지를 쓰는 것이다. 오래된 사실들이라 잊어버린 것이 많아 유감스럽지만, 일부러 지어낸 것은 없으니 믿어주기 바란다.

― 김구, 《백범일지》 서문에서

지금 와서 생각하면 할아버지는 운이 참 좋은 사람이었단다. 이런 결정을 하는 과정이 인생 여정에서 즐거운 부분이 되었지. 할아버지한테는 확실한 길이 없었지만, 결과적으로는 상당히 좋은 것으로 드러난 길이 있었거든. 그리고 이 길을 너희와 함께 공유하는 것이 좋을 거라는 생각이 들었어.

- 필 나이트, 《10대를 위한 슈독》 서문에서

위의 자서전 서문들을 보면 자서전의 특징을 쉽게 이해할 수 있다. 《백범일지》는 두 아들에게 자신의 이야기를 들려주기 위해 썼음을 알 수 있다. 또한 사실을 기반으로 썼음을 강조하기도 한다. 자서전을 쓰다 보면 일기와 헷갈린다는 학생들이 있다. 물론 자서전과 일기는 개인의 삶을 기록한다는 점에서 비슷해 보인다. 하지만 글 쓰는 목적과 독자의 유무라는 점에서 차이가 있다. 자서전은 독자가 읽을 것을 염두에 두고 자신의 일생을 기록하는 글이다. 일기는 개인적인 기록으로, 독자를 염두에 두는 것이 아니라 자신의 감정을 솔직하게 표현하는 글이다. 그래서 일기는 자서전보다 더 자기 고백적이며 주관적인 글이라 할 수 있다. 따라서 학생들이 자서전을 쓸 때 일기처럼 자신의 감정만을 쏟아내는 글이 되지 않도록 주의할 필요가 있다.

그리고 두 서문을 보면 후손들에게 자신의 삶을 남기려는 의도를 알 수 있다. 보통 자서전은 후손에게 남기는 경우가 많으므로, 학생들도 자서전을 쓸 때 독자를 누구로 할 것인지 정해두고 쓰게 하면 일기처럼 쓰지는 않을 것이다.

학생들에게 익숙한 글쓰기 가운데 '자기소개서'가 있다. 학생들은 자기소개서와 자서전을 비슷하게 생각할 수도 있기 때문에 둘을 비교해 보는 것도 필요하다. 자기소개서는 자신의 경험을 기록한다는 점에서 자서전과 공통점이 있다. 그러나 자기소개서는 진학이나 취업을 목적으로 작성되며, 제출하는 기관이나 평가자가 명시적으로 존재한다. 명확한 목적이 존재하다 보니 정해진 양식이 있는 경우가 많고, 제출하는 기관에서 요구하는 경험과 역량을 중심으로 서술해야 한다. 반면 자서전은 자기소개서보다 자유로운 형식으로 작성되며, 특정한 목적에 맞춰 서술할 필요가 없다. 자서전은 진솔한 목소리로 자신만의 삶의 여정을 담아내면 된다.

　자서전 장르에 대한 이해가 부족한 학생들은 자신의 과거 이야기를 창작하거나 과장할 수 있다. 따라서 자서전은 사실을 기록하는 장르임을 강조하면서 사실을 바탕으로 진실되게 써야 한다는 점을 안내한다. 또한 단순히 과거 경험만을 나열하는 것이 아니라 그 경험이 자신에게 어떤 의미가 있었는지 고민하고 성찰한 내용도 포함되어야 한다는 것도 강조한다. 자서전을 쓰는 시간은 자신의 경험을 객관적으로 바라보고, 그것이 어떤 의미인지 고민하고 성찰하며 자신을 발견해 가는 시간이기 때문이다.

나만의 자서전 쓰기 목표 세우기

자서전의 장르적 특성을 이해한 다음에는 학생마다 자서전 쓰기에 대한 구체적인 목표를 세우게 한다. 만약 학생들이 목표를 적는 것에 주저하거나 어려워한다면, 자서전 쓰기를 통해 자신이 얻고 싶은 것이 무엇인지를 생각해 보게 한다.

> 교사: 자서전을 쓴다는 것은 여러분의 삶이 한 권의 책이 되는 거예요. 너무 멋지지요? 유명한 사람들만 자서전을 쓴다고 생각하지만, 최근에는 누구나 자신의 일생을 기록하면서 자신의 삶을 책으로 만들 수 있답니다. 나를 한 권의 책으로 표현한다면 어떤 점이 좋을지, 어떤 이야기들을 들려주고 싶은지를 생각해 보세요.

자서전 쓰기의 가치를 실감할 수 있는 실제 사례를 제시하는 것도 도움이 된다. 최근에는 '어르신 자서전 쓰기 프로젝트'를 진행한 영상이나 일반인이 자서전을 쓰고 인터뷰한 영상을 쉽게 찾을 수 있다. 이러한 영상들을 찾아서 학생들에게 보여주면 자서전을 쓰는 것이 특별한 경험이 될 수 있음을 깨닫게 된다. 또한 이전에 수업한 학생들의 후기를 공유하면 동기부여에 효과적이다.

다음은 학생들이 자서전 쓰기를 통해서 자신들이 얻고 싶은 것을 적은 내용이다.

- 자서전을 쓰면서 내 삶을 되돌아보는 시간을 가져보고 싶다.
- 나를 돌아본다는 것이 나에게 생소한 일이기도 하지만, 나의 역사를 책으로 기록한다는 것은 멋진 일인 것 같다.
- 내 삶에 대해서 생각해 보고 글로 적어보고 싶다.
- 자서전을 쓴다면, 지금까지 살아온 삶을 되돌아보고 앞으로 어떻게 살아갈 것인지를 좀 더 구체적으로 정할 수 있을 것 같다.

- 한 번도 생각해 본 적 없는 내 이야기를 이번 기회에 돌아보는 시간을 가져보고 싶다.

학생들이 적은 목표는 자서전 쓰기 수업이 진행되는 동안 지속적으로 상기시켜 준다. 자서전 쓰기의 동력을 유지하는 데 중요한 역할을 하기 때문이다. 목표를 잊지 않고 글쓰기를 이어갈 수 있도록 교사는 중간중간 학생들에게 목표를 떠올리게 하고, 자신만의 이야기가 가치 있는 기록이 될 수 있음을 강조한다.

과거의 '나'에게 편지 쓰기

이제 그림책을 읽으면서 자서전 쓰는 의미를 생각해 보고, 활동을 통해 직접 경험해 보는 시간이다. 먼저 그림책의 의미를 파악하는 활동을 진행했다. 그림책 《나》는 일상의 이야기가 담겨 있지만, 상징적인 의미도 내포하고 있다. 그래서 그림책을 함께 읽고 공감되는 부분과 공감되지 않거나 이해되지 않는 부분, 흥미로운 부분에 대해서 이야기를 나눴다. 그리고 더 초점화해서 이야기할 수 있도록 다음과 같은 질문을 던졌다.

- 만약 미래의 '나'가 찾아온다면 어떤 모습일 것 같나요?
- '난 너의 미래다. 네가 쌓여서 내가 된단다.'라는 말은 무슨 의미일까요?
- 그림책에서 어린 '나'는 미래의 '나'를 만나서 어떤 변화가 있었나요?

- 어린 시절의 '나'를 만난 어른인 '나'는 왜 환하게 웃게 되었을까요?
- 어린 시절의 '나'를 생각해 본다는 것은 무슨 의미일까요?
- 사막 한가운데 '오아시스'는 무엇을 의미하는 것일까요?
- 미래와 과거의 '나'는 왜 '숲'으로 표현되어 있을까요?
- 표지에서 어린 '나'와 어른인 '나'는 왜 선으로 연결되어 있을까요?
- 파란 선은 무엇을 의미하는 것일까요?

이러한 질문을 통해 그림책의 의미를 다양하게 발견하는 시간을 갖고, 과거의 '나'에게 편지 쓰는 활동으로 연결했다.

> **교사:** 미래의 '나' 아저씨가 어린 '나'를 데려간 곳을 다시 그림책에서 확인해 볼까요? 바다, 오아시스, 노을의 풍경을 볼 수 있는 곳, 우주…… 이러한 곳을 다니면서 어린 '나'는 위로를 받기도 하고, 자신이 어떤 존재인지 깨닫고 있어요.

어린 '나'와 어른인 '나'의 이야기는 비슷한 구조로 전개된다. 삶의 무게와 고민, 미래의 '나'를 만나고 과거의 '나'를 만나는 이야기, 그리고 시간을 넘어선 '나'와의 만남을 통해 '나'를 찾고 살아갈 힘을 얻는다. 이러한 이야기 흐름을 그림책을 다시 보면서 확인하고 과거의 '나'에게 편지를 쓰게 했다.

> **교사:** 어린 '나'에게 찾아온 미래의 '나' 아저씨 덕분에 '나'는 다시 웃음을 찾았어요. 지금 여러분은 과거의 '나'에게는 미래의 '나'입니

다. 그림책 속 어른인 '나'처럼 과거의 '나'에게로 가볼까요? 몇 살의 '나'에게로 가고 싶은가요? 언제가 힘들었는지 기억을 떠올려 볼까요?

학생들이 기억을 떠올리기 어려워한다면 몇 살 때의 자신으로 돌아갈 것인지 예시를 들어준다. 고등학교 2학년 학생들은 고등학교 입학 후 겪었던 좌절에 대한 경험을 많이 떠올린다. 중학생들은 초등학교 4, 5학년 시기가 많은 편이다. 사춘기가 시작되면서 관계의 갈등을 겪기도 하고, 교과 내용이 어려워져서 힘들어하거나 학원을 많이 다니기 시작하는 학년이기 때문이다. 코로나 시기에 힘들었던 경험도 많이 이야기하는 편이라 코로나와 관련된 내용을 단서로 제시해 주어도 좋다. 이렇듯 교사가 학생들의 삶을 잘 관찰하여 상황에 맞게 예시를 제시해 주면 학생들은 자신의 경험을 좀 더 쉽게 떠올릴 수 있다.

"저는 코로나 때 많이 울었던 기억이 있어요. 그때 동생이 코로나에 걸렸는데 너무 아파서, 혹시나 무슨 일이 일어날까 봐 계속 울었어요."

"저도 코로나 때 너무 힘들었어요. 집 밖에도 나가지 못하고, 아무도 못 만나고, 그런데 온라인 수업은 어렵고…… 답답하고 힘들었어요."

"저는 코로나 때는 별로 안 힘들었고, 초등학교 5학년 때가 힘들었어요. 갑자기 학원도 다니고, 친구들이 예전과는 달라진 느낌이 들어서 낯설고 적응하기가 어려웠어요."

그림책 내용처럼 삶의 무게는 어른이나 아이나 똑같다. 교사가 물꼬를 터주면, 학생들은 힘들었던 시간에 대해서 이야기하기 시작한다. 학교 적응의 어려움, 학교 친구와 겪은 갈등, 학업에 대한 부담감 등에 대한 이야기가 끊임없이 이어진다.

> 교사: 자, 이제 그 시절의 '나'를 만나러 갈까요? 여러분은 과거의 '나'에게는 미래의 '나'입니다. 그림책처럼 과거의 '나'에게 가서, 그때는 몰랐지만 지금 알게 된 것도 알려주면서 위로를 해주면 어떨까요?

이렇게 안내해도 학생들은 자신에게 편지를 쓴다는 것이 어색하여 어떻게 시작할지 막막해한다. 그런 학생들에게 다음처럼 '딱 두 줄'만 작성하게 한다.

> 교사: 너무 고민하지 말고, 딱 두 줄만 써볼까요? 자, 이렇게 우선 공책에 써봅시다.
> ○살의 □□에게
> 안녕? 나는 14살의 너야.

이렇게 두 줄을 쓰면 놀랍게도 그다음부터는 술술 글을 써나간다. 두 줄을 써도 멈춰 있는 학생들이 많이 보이면, '지금 ~ 때문에 힘들지?'라는 문장을 추가로 써준다. 그러면 또 집중해서 글을 써나간다. 글을 쓰면서 표정의 변화도 보인다. 웃기도 하고 진지한 표정을 짓기도 한다. 편지를 완성하고 나면 모둠 내에서 낭독하고 전체 발표도 진행한다. 낭독할 때 조용한 음악을 틀어줘도 좋다. 처음에는 학생들이 어색해하지만, 낭독 활동은 꼭 하기를 권한다. 낭독을 하게 되면 활자로만 존재했을 때 느끼지 못했던 감정들을 느낄 수 있다. 조금 장난처럼 시작했어도, 힘들었던 과거의 '나'를 위로해 주는 말을 하는 순간 분위기는 무르익는다.

과거의 '나'에게 편지 쓰는 활동이 끝나면 다시 그림책 표지를 보면서 자서전의 의미와 연결해 보고 수업을 마무리 짓는다. 그림책《나》의 표지에는 어린 '나'가 파란 선을 들고 있다. 표지를 펼치면 파란 줄은 뒤에 있는 미래의 '나'와 연결되어 있다.

> **교사:** 그림책에서는 어느 날 갑자기 어린 '나'에게 미래의 '나'가 찾아오고, 어른인 '나'에게 과거의 '나'가 찾아왔지만, '과거 – 현재 – 미래는 이렇게 연결되어 있는 것이 아닐까?' 하고 생각해 보았어요. 여러분이 과거의 '나'에게 위로의 편지를 쓰는 순간, 여러분의 표정이 다양하게 변화했어요. 아마도 과거의 자신과 연결되었기 때문에 그때의 감정이 되살아나서 그랬을 것 같아요. 이렇게 우리는 글을 쓰면서 과거의 '나'도 만날 수 있고, 미래의 '나'도 만날 수 있어요. 우리가 앞으로 본격적으로 자서전을 쓰게 될 텐데, 자서전을 쓰는 것은 과거의 '나'를 만나서 그때는 몰랐던 의미를 생각해 보기도 하고, 나는 어떤 사람인지 생각해 보면서 미래의 '나'를 구체적으로 생각해 보는 과정이기도 합니다. 여러분이 세웠던 목표들을 잘 생각해 보면서, 자서전을 쓰는 것은 어떤 의미인지를 자서전

쓰는 동안 기억하면 좋겠습니다.

'나에게 편지 쓰기'는 과거의 '나'를 만나는 경험을 위해 구상한 활동이지만, 학생들의 반응이 좋다면 추가로 '미래의 나에게 편지 쓰기'나 '미래의 가족에게 편지 쓰기' 같은 활동을 해볼 수 있다.

미래의 '나' 또는 가족에게 편지를 쓸 때는 '느린 우체통' 이야기를 들려주면 좋다. 2009년에 영종대교 휴게소에 설치된 느린 우체통은 편지를 넣으면 1년 후에 보내주는 특별한 우체통이다. 이런 우체통이 실제로 있다는 것을 사진으로 보여주고, ○○년 뒤의 자신이나 가족에게 보내는 편지를 쓴다. 또 미래의 배우자나 자녀에게 보내는 편지를 쓰면서 자신이 꿈꾸는 가정의 모습을 생각해 볼 수도 있다.

이렇게 편지를 쓰면서 학생들은 위로받기도 하고, 자신이 오늘을 어떻게 살아야 할지 힘을 얻기도 한다. 그리고 자서전 쓰기에 대한 동기부여도 될 수 있다.

2. 인생 연도표 만들고 목차 세우기

이번 수업에서는 인생 연도표와 목차를 작성하고, 자서전에 담을 내용을 발굴하며, 이를 구조화하는 연습을 한다. 자서전을 쓰기로 결심했더라도 막상 글을 쓰려고 하면 무엇을 어떻게 써야 할지 막막할 수 있다. 자신의 경험 중 어떤 이야기를 선택할지, 어떻게 구성해야 할지 고민되기 마련이다. 따라서 이번 활동은 인생 연도표를 통해 삶의 흐름을 정리하고, 자서전의 큰 틀을 구상하는 데 초점을 둔다.

연도표를 작성해 보면 자신의 삶을 거시적인 관점에서 바라볼 수 있다. 단편적으로 떠오르는 과거 기억에만 머무르는 것이 아니라, '과거 – 현재 – 미래'가 연결된 흐름 속에서 자신의 삶을 바라볼 수 있도록 돕는다. 또한 기억을 더듬어 떠올린 순간들이 자신에게 어떤 의미를 가지는지 탐색할 수 있고, 미래 연도표를 작성하면서 삶의 방향을 고민하게 된다. 이렇게 정리한 연도표는 자서전에 담을 내용을 구체적으로 선정하는 목차 구성 작업의 바탕이 된다.

인생 연도표와 목차 작성을 위해서 인생 전체의 흐름을 조망할 수 있는 그림책을 골랐다. 《100 인생 그림책》은 0세부터 100세까지, 각 연령대에서 경험할 수 있는 일들과 그 의미를 제시하고 있다. 이 그림책은 학생들이 자신의 삶을 연도별로 정리하는 데 영감을 줄 수 있다. 《100 인생 그림책》을 통해 학생들은 자신의 인생을 시간의 흐름 속에서 되돌아보고, 아직 경험하지 못한 미래를 상상해 보며 자서전에 담을 내용을 구상할 수 있다.

《100 인생 그림책》은 태어나서 죽는 순간까지 인간이 경험할 수 있는 보편적인 삶의 이야기를 구체적인 의미로 전달하는 그림책이다. 0세부터 99세까지 각 나이를 하나의 페이지로 구성했다. 병렬적 구성이지만, 애벌레와 나비의 장면을 통해 큰 이야기 줄거리가 연결된다. 책에 제시된 마지막 질문 "살면서 무엇을 배웠을까?"를 읽고 다시 앞으로 돌아가면, 우리의 일생은 살아가는 동안 계속 새로운 것을 배우고 알게 되는 여정임을 깨닫게 된다. 다양한 인생의 장면을 통해 작가가 제시한 인생의 의미에 공감하면서, 또는 나만의 새로운 의미를 발견하면서 읽을 수 있는 그림책이다.

이 그림책만으로 자서전 수업을 꾸려나갈 수 있을 정도로 많은 이야기가 담겨 있다. 인생 연도표나 목차 세우는 활동에도 활용할 수 있지만, 읽고 난 뒤 공감되는 부분과 관련된 자신의 이야기를 쓰는 활동으로도 활용할 수 있다.

브레인스토밍으로 연도표 만들기

자서전을 작성하기 전에 자신의 삶을 체계적으로 정리할 수 있도록 인생 연도표를 만들어본다. 연도표를 작성하면 자신의 성장 과정과 변화를 한눈에 조망할 수 있고, 자서전에 담을 내용을 선정하기 좋다. 연도표에는 학력과 직업의 변화, 가족 관계의 변화, 영향을 받은 주요 사회적 사건, 그리고 개인적으로 의미 있는 경험 등을 기록할 수 있다. 연도표는 한 번에 완성하지 않고 자서전을 쓰는 과정에서 수시로 수정할 수 있다.

출생부터 현재까지 삶을 순서대로 차근차근 써나가기는 어려울 수 있다. 그래서 인생 연도표를 만들 때는 먼저 브레인스토밍을 활용하여 자유롭게 떠오르는 것부터 정리한다. 또 인생 연도표 예시를 보여주고, 본격적으로 자서전을 쓰기 전에 자신의 인생 연도표를 완성할 것임을 안내한다. 그리고 붙임쪽지에 생각나는 과거의 사건을 하나씩 적게 한다. 이때 붙임쪽지 하나에 한 가지 사건만 적어야 한다. 이렇게 하면 생각나는 대로 적었다가 나중에 시간 순서대로 배열할 수 있고 내용을 추가할 수도 있다.

학생들이 기억나는 사건을 붙임쪽지에 적는 속도가 느려지면 교사는 기억을 더 쉽게 떠올릴 수 있는 질문을 한다. 학생들은 그 질문에 대답하거나 서로 이야기를 나누면서 기억을 떠올린다. 학생들에게 제시한 질문은 다음과 같은 것들이다.

- 초등학교와 중학교 졸업은 언제 했나요?
- 학교에서 가장 기억에 남는 순간이 있나요? 학교 행사 중 특별한 추억이 있다면 적어주세요.
- 가장 큰 성취를 한 경험은 무엇인가요? 대회에서 1등을 했거나, 하지 못했던 일을 하게 된 경험이 있나요?
- 어렸을 때, 인상 깊었던 뉴스나 사회적 사건이 있었나요?
- 가족에게 중요한 변화가 생긴 적이 있나요? 동생이 생겼거나, 조부모님이 돌아가셨거나?
- 이사를 가거나 전학을 한 경험이 있나요?
- 가족과 여행을 간 기억이 있나요? 언제인가요?

학생들이 어느 정도 붙임쪽지에 적었다면, 그 붙임쪽지들을 시간 순서대로 배열하게 한 뒤 비슷한 나이대로 분류하도록 한다. 만약 10년 단위로 분류하면 두 개로만 분류해야 한다. 그래서 이보다는 조금 더 세분화하여 5세 단위로 나누거나, 아니면 학교(유치원/ 초등학교/ 중학교)나 학년 단위로 분류한다. 예를 들어, 중학생이라면 '5세 이전/ 6~10세/ 10세~현재' 정도로 나누어서 과거 경험을 분류하게 하고, 분류하는 과정에서 기억하지 못했던 사건들이 떠오르면 추가하여 적도록 했다.

과거 연대표를 어느 정도 작성하고 분류했다면, 이제는 미래 연도표를 만들어본다. 미래는 아직 일어나지 않았기 때문에 '자신이 하고 싶은 일, 되고 싶은 것, 목표하는 것' 등을 자유롭게 적게 한다. 미래 연도표를 작성할 때도 교사는 다음과 같은 질문을 하여 학생들의 생각을 도울 수 있다.

- 10년 후, 20년 후, 나는 무엇을 하고 싶은가요?
- 어른이 되면 꼭 하고 싶은 것이 있나요?
- 어떤 직업을 가지고 싶나요?
- 가족에는 어떤 변화가 있을까요?

학생들이 너무 현실과 무관한 내용을 적는 것이 우려스러울 수도 있다. 그러나 붙임쪽지에 적은 내용들은 자서전을 쓰면서 수정하거나 추가할 수 있으므로, 브레인스토밍 단계에서는 제한을 두지 않고 적게 한다.

그림책으로 연도표 만들기

브레인스토밍으로 기본적인 연도표를 작성한 후, 그림책을 활용하여 연도표를 더욱 구체화하는 작업을 진행한다. 연도표 만들기 활동에서는 자신의 인생을 전반적으로 조망하는 데 도움이 되는 그림책을 활용한다. 《100 인생 그림책》은 0세부터 100세까지 인생의 연속선에서 각 나이에 해당하는 순간을 포착하여 그 순간이 가지는 삶의 의미를 제시하고 있다. 학생들은 이 그림책을 읽으면서 자신이 겪어온 시간을 떠올리고, 앞으로의 삶을 상상해 볼 수 있다.

먼저 그림책과 자신의 경험을 연결할 수 있는 장면이 있는지 살펴보게 했다. 그림책에 등장하는 나이에 해당하는 시기를 떠올리며, 비슷한 경험이 있었거나 기억나는 사건을 연도표에 추가한다. 이렇게 그림책에서 제시되는 연령별 순간들을 참고하면서 연도표를 보다 구체적으로 정리해 나갈 수 있다.

그림책을 활용하면 미래 연도표를 만드는 데도 도움이 된다. 미래는 학생들이 아직 경험하지 못했기 때문에 막연할 수밖에 없지만, 그림책에 제시된 보편적인 인간의 삶을 통해 자신의 삶을 어떻게 설계할 것인지 아이디어를 얻을 수 있다.

> **교사:** 그림책을 읽으면서 나의 미래는 어떤 모습일지 상상해 보세요. 그림책에는 여러분이 아직 경험하지 못한 삶이 제시되어 있습니다. 개인의 삶은 특별하지만, 보편적인 삶의 흐름도 존재해요. 이러한 보편적인 인간의 삶을 생각해 보면서, 마음에 와닿는 부분이 있다

면 붙임쪽지에 적어보겠습니다.

보편적인 인간의 삶을 떠올리는 데는 주변의 어른이나 유명한 인물들의 삶을 참고하는 것도 좋은 방법이다. '내가 본 20대, 30대, 40대, 50대는 어떠한 삶을 살고 있는가? 이 연령대에서 가장 중요한 사건이나 변화는 무엇일까?'를 생각해 보게 한다. 또한 교사가 그림책을 천천히 읽어주면서 그림책의 내용을 기반으로 구체적인 질문을 던지며 상상을 유도할 수도 있다.

교사: 사람들과 가족이 길을 가고 있는 모습이네요. 누군가는 아이를 안고 가고, 누군가는 부모님을 모시고 가고 있습니다. 여러분이 만약 40대가 된다면, 40대에 책임져야 할 가족은 누구일까요? 나의 가족은 어떤 모습일까요? 이런 상상을 해보면서 적고 싶은 연도표가 있다면 붙임쪽지에 적어주세요.

이처럼 보편적인 인간의 삶을 생각해 보고, 교사가 그림책을 천천히 읽어주면서 안내하면 학생들은 그림책 속 장면과 자신의 미래를 연결하여 생각하게 된다.

미래 연도표가 단순한 꿈으로만 끝나는 것이 아니라 구체적으로 자신의 인생을 설계하고 방향성을 찾아가는 과정이 되기 위해서 다음과 같은 질문에 대해 생각해 보게 했다.

- 나는 어떤 가치를 중요하게 여기는가?

- 삶에서 이루고 싶은 목표가 무엇인가?
- 목표를 이루기 위해 나는 어떤 과정을 거쳐야 하는가?

이러한 질문에 대해 생각해 봄으로써 미래 연도표 작성이 단순히 미래의 희망을 나열하는 데 그치지 않고, 자신의 가치관과 연결된 목표를 세우고 그 목표를 이루기 위한 구체적인 계획을 세우는 과정이 될 수 있다.

자서전 목차 세우기

인생 연도표를 완성한 뒤에는 자서전의 목차를 세운다. 연도표 작성이 인생의 전체 흐름을 파악해 보는 작업이라면, 목차 구성은 자서전을 구체적으로 기획하고 책의 설계도를 그리는 일이다. 이는 단순히 연도표에 나열되어 있는 사건을 정리하는 것이 아니라, 어떤 경험을 선택하여 글을 작성할 것인지를 가늠해 보는 과정이다.

아직 글을 본격적으로 쓰지 않은 상황에서 목차를 구성하는 것이 막막할 수도 있다. 하지만 책을 완성하고 싶어 하는 학생들에게는 설레는 과정이 되기도 한다. 자신이 쓴 글이 책으로 출판될 상상을 하면서, 꼭 끝까지 해내고 말겠다고 다짐하는 학생들도 있다.

교사: 여러분이 수업 시간마다 쓴 글을 합쳐서 한 권의 책으로 만들 거예요. 책에는 목차가 있죠? 목차는 독자에게 글의 흐름을 보여주고,

작가에게는 여러 글을 하나의 책으로 엮는 역할을 합니다. 목차를 작성하면서 인생의 연도표 중 어떤 경험을 자서전에 담을 것인지, 그리고 어떤 순서로 책에 담을 것인지 생각해 보세요.

학생들은 인생 연도표를 작성하는 것과 목차를 작성하는 것을 구분하지 못할 수도 있다. 그래서 이미 출판된 자서전의 목차를 참고하도록 했다. 기존의 자서전들이 목차를 어떤 방식으로 구성했는지 분석해 보면 자신의 자서전 목차를 구성하는 데 도움이 되기 때문이다.

교사: 여러분, 글을 써보지도 않은 상태에서 목차를 작성하려니까 막막할 수도 있을 거예요. 출판된 자서전 목차들이 어떻게 구성되어 있는지 함께 살펴보겠습니다. 이렇게 연도별로 구성한 자서전이 있고, 나이대별로 주요 사건을 구성하면서 소제목을 붙인 자서전도 있습니다. 또 인생을 살았던 나라, 공간으로 소제목을 표현한 자서전도 있습니다.
여러분은 목차를 어떻게 구성할지 생각해 보세요. 소제목은 어떻게 붙일지, 나이대로 구성할 것인지, 공간으로 구성할 것인지…… 어떻게 구성할 것인지 큰 틀을 생각해 보고 목차를 작성해 봅니다.

학생들에게 《슈독》, 《프랭클린 자서전》, 《백범일지》 목차를 보여주면서 다양한 구성 방식에 대해 설명했다. 그리고 시간순으로 서술할 것인지, 주제별로 서술할 것인지 등을 스스로 결정하게 했다. 시간 순서대로 목차를 짠다면 출생부터 시작해서 현재 그리고 미래까지를 나이대로 나누어 목차를 구성할 수 있다. 주제별로 짠다면 주제와 관련된 키워드나 문장 등으로 목차를 구성할 수 있다. 이렇게 목차를 구성하는 과정을 통해 학생들은 자신만의 이야기를 의미 있게 구성하고 정리하게 된다.

목차 세우기 활동을 위해서 만든 안내 페이지

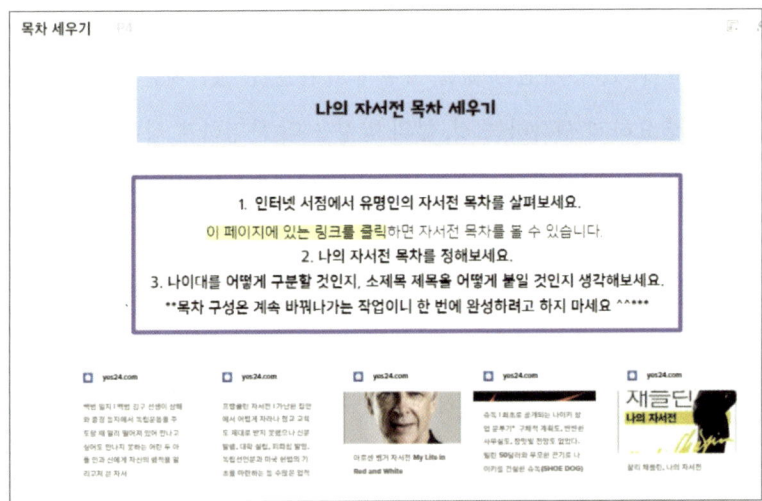

ALLO 도구를 활용하여 자서전 목차를 자료로 제공했다.

학생들은 아직 인생 전반을 산 것이 아니기 때문에 목차 구성이 더 어려울 수 있다. 목차도 인생 연도표처럼 계속 수정해 나갈 수 있으므로, 목차 세우는 데 너무 많은 시간을 들이지 않도록 한다. 학생들이 써 나갈 자서전의 큰 그림을 그리는 것만으로도 충분하다.

교사: 지금 목차를 구체적으로 완성하는 것이 어렵다면, 우선은 큰 흐름만 구성해 보아도 좋습니다. 글을 쓰면서도, 쓰고 나서도 계속 수

정하고 추가해도 됩니다. 한 번에 완성하지 않아도 되니 편안하게 큰 구성 위주로 작성해 보세요.

자서전의 목차를 완성한 뒤에는 자서전의 제목도 함께 정해보도록 했다. 제목을 정하는 과정에서 학생들은 자신의 삶을 대표할 수 있는 단어나 문장을 고민하는데, 그러면 자서전의 의미를 더욱 구체적으로 다듬어갈 수 있다. 자신의 삶을 어떻게 표현할 수 있는지를 생각하면서 자신이 중요하게 생각하는 것, 삶의 방향을 더 분명하게 생각하게 된다. 제목을 정하는 과정에서 다음과 같은 질문을 던질 수 있다.

- 내 인생을 한 단어로 표현한다면?
- 가장 소중하게 여기는 가치나 신념은?
- 자서전을 통해 예상 독자에게 전달하고 싶은 메시지는?
- 내 인생에서 가장 인상적인 순간을 함축할 수 있는 단어는?

수업 상황에 따라서는 자서전의 표지를 직접 만들어보거나 표지를 간단한 그림으로 계획해 보는 활동도 추가할 수 있다. 자신이 원하는 표지 디자인을 구상해 보면 자서전 출판에 대한 기대감을 높일 수 있고, 이는 자서전 완성에 대한 동기로 이어질 수 있다. 마지막으로 학생들이 완성한 제목, 목차, 표지 등 기획한 내용들을 공유한다.

3. 인터뷰로 쓰는 자서전 — 출생과 성장

이번 수업에서는 인터뷰를 활용하여 자서전에 담을 출생과 성장의 이야기를 기록한다. 자서전은 자신의 기억을 바탕으로 쓰지만, 기억이 닿지 않는 시기가 있다. 특히 출생 과정, 영아기와 유아기 시절은 기억하기 어려워서 부모님이나 자신을 키워준 어른들을 인터뷰하여 그때의 이야기를 기록하는 과정이 필요하다. 그래서 인터뷰를 통해 자신의 출생 과정과 초기 성장 이야기를 탐색하고, 이를 바탕으로 자서전을 작성하게 했다.

인터뷰를 활용하면 자신의 출생 과정과 성장 이야기를 다양한 관점에서 바라볼 수 있다. 당시 가족의 분위기와 감정, 가족의 전통, 시대적 배경 등 자신을 둘러싼 다양한 이야기를 담을 수 있다. 그럼으로써 자신이 어떤 환경에서 태어나고 성장했는지 이해하게 되고, 자신의 정체성을 탐색하는 기회가 된다. 또한 부모님의 기대와 사랑, 부모로서의 어려움과 기쁨 등과 관련된 이야기를 들으면서 부모님의 사랑을 다시금 깨닫는 계기가 되기도 한다.

인터뷰로 쓰는 자서전 활동을 위해 그림책《최고의 이름》,《내 이름은 자가주》,《L부인과의 인터뷰》를 활용했다.《최고의 이름》은 자녀의 이름에는 부모의 바람과 사랑이 담겨 있음을 깨닫게 한다.《내 이름은 자가주》는 출생과 성장 과정에서 가족의 역할과 의미를 생각하게 하며, 자신이 어떤 존재로 자라왔는지 발견하는 기회를 주는 그림책이다.《L부인과의 인터뷰》를 통해서는 자녀 양육에 대한 어머니의 입장을 이해할 수 있다. 이렇듯 출생과 성장 과정의 이해를 돕는 그림책을 활용하면, 학생들이 부모님에게 어떤 질문을 하면 좋을지에 대한 아이디어를 얻을 수 있다.

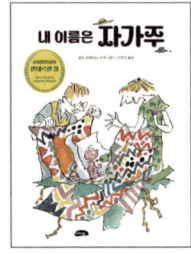

《내 이름은 자가주》는 한 아이가 성인이 되기까지의 성장 과정을 동물에 비유하여, 아이가 성장하는 과정에서 부부가 경험하게 되는 상황을 유쾌하게 그려낸 그림책이다. 자신의 어린 시절을 어떤 동물로 비유할 수 있는지, 그때 부모님은 어떤 심정이었을지를 이야기 나누면서 자신의 성장 과정과 함께 부모님의 서사를 생각해 볼 수 있다. 또한 미래 자서전을 쓸 때, 자신의 결혼이나 육아와 관련된 모습을 구체적으로 상상하는 데에도 도움이 된다.

《최고의 이름》은 귀한 자식이 오래 살았으면 하는 소망을 담아 긴 이름을 지어준 '김수한무 거북이와 두루미 삼천갑사 동방삭' 이야기를 패러디한 그림책이다. 자녀의 이름에는 부모의 바람이 담겨 있기 마련. 이러한 부모님의 바람을 이해하고 공감할 수 있다.
이 그림책은 눈으로 읽을 때보다 함께 낭독할 때 더 재미있어서, 역할을 나눠 낭독하기를 권한다.

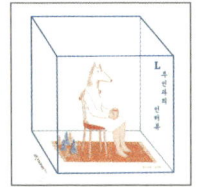

《L 부인과의 인터뷰》는 인터뷰 형식으로 진행이 되는 그림책이다. L 부인은 한때 용맹한 사냥꾼이었지만, 매일 집안일을 하면서 자신을 잊은 채 살아간다.
이 그림책을 통해 학생들은 부모의 입장에 대해서 생

각해 볼 수 있으며, 자녀의 출생으로 부모의 삶이 어떻게 달라졌는지에 대한 인터뷰 질문도 만들어볼 수 있다.

학생들이 부모님을 인터뷰하는 게 의미 있는 활동이긴 하지만, 학생들마다 개인적인 상황이나 가정의 상황이 다르기에 조심스럽기도 한 활동이다. 중학생이나 고등학생쯤 되면 부모님과 사이가 다소 멀어지기도 하고, 부모님과 떨어져 지내는 경우도 있어서 학생들이 부담을 느낄까 봐 걱정되었다.

그래서 차라리 이러한 교사의 고민을 솔직히 이야기하고 학생들에게 이 활동의 의미를 말해주었다.

> **교사:** 여러분! 어머니, 아버지와 요즘 자주 대화하나요? 다소 서먹해지거나 바빠서 이야기 나눌 시간이 없기도 하죠?

학생들의 답은 다양했다. 그래도 부모님과 자주 이야기한다는 학생부터, 엄마와 아빠가 바빠서 얼굴 보기 힘들다는 학생, 부모님에게 혼이 나서 말 걸기가 어렵다는 학생도 있었고, 부모님 중 한 분이 외국에 있거나 다른 지역에 계신다는 학생도 있었다.

> **교사:** 이번 활동은 부모님을 인터뷰하는 거예요. 부모님과 만날 시간이 부족해서, 혹은 지금 사이가 서먹해서 인터뷰하기가 어려울 수도 있겠다는 생각이 들어 걱정되지만, 여러분이 태어난 과정을 부모님께 들어보면 좋겠어요. 혹시 어머니나 아버지께 들어본 적 있나

요? 어머니가 여러분을 임신하셨을 때 어떤 마음이셨고, 태어났을 때 어떠셨는지? 이번 기회에 들어보고 그것을 자서전에 담아보면 좋겠어요.

여러분이 더 커서 시간이 지나면 부모님 기억이 흐려질 수도 있으니, 지금 인터뷰해서 적어두면 의미가 있을 거예요. 부모님께 말 걸기가 어렵다면 학교 숙제니까 시간을 좀 내달라고 말씀드려 보거나, 그래도 어렵다면 핸드폰 메신저로 대화해도 됩니다. 그리고 부모님을 인터뷰하는 것이 어려운 상황이라면 조부모님이나 가까운 친척도 가능합니다.

이렇게 학생들에게 부모님과의 인터뷰가 필요한 이유를 설명하고 선택할 수 있는 대안도 제시한 뒤 그림책 읽기를 진행했다.

나의 출생과 성장 과정 인터뷰하기

《내 이름은 자가주》는 주인공 자가주가 성장해 나가는 과정을 동물에 비유한 그림책이다. 자가주는 성장하면서 새끼 독수리, 새끼 코끼리, 멧돼지, 못된 용, 박쥐, 낯선 털북숭이로 변한다. 사람의 성장 과정에서 나타나는 특징을 포착해 그에 걸맞은 동물에 비유한 만큼, 학생들도 공감하면서 재미있게 읽을 수 있다.

먼저 학생들과 그림책을 함께 낭독하고 그림책에 나온 동물들의 특징이 자신에게도 있었는지 이야기를 나누었다.

"평소 부모님이 말씀해 주신 것과 너무 비슷해요. 아이의 울음소리를 번개로 비유한 것도 너무 재미있었어요. 제가 아기였을 때, 여기저기 어지럽히고 밤에 잠을 안 자서 고생하셨던 이야기를 많이 하셨던 것이 기억났어요."

"자가주가 멧돼지가 되어 집을 휘젓고 다니고, 코끼리가 되어 물건을 부수는 장면이 나와서 많이 찔렸어요."

"못된 작은 용은 중학생이 되어서 사춘기가 된 저의 모습과 비슷하다고 생각했어요. 왠지 짜증이 나고, 그러면 화를 내곤 했는데, 못된 용의 모습을 보니 요즘의 저와 비슷한 것 같아요."

평소 부모님께 어린 시절 이야기를 들었던 학생들은 자신의 어릴 때 모습과 비슷하다고 말하기도 했고, 지금은 멧돼지나 작은 용 같은 모습이 있다고도 했다. 자신의 모습과 너무 비슷해서 소름이 돈다고 한 학생도 있었다. 이처럼 학생들은 그림책 속 자가주의 모습에서 자신의 어린 시절을 떠올리며 공감하거나 현재 자신의 모습과도 연결 지었다. 어떤 학생은 부모가 아이를 키우는 것이 얼마나 힘든지 이해하게 되었다고 말하기도 했다.

"아이에서 어른이 되기까지 많은 변화가 있다는 점이 인상 깊었어요. 부모님이 평소에 '언제 사람 될 거니?'라고 말씀하신 게 어떤 의미인지 알 것 같아요."

"나는 아들 시점에서만 나를 생각했었는데, 부모님의 시점으로 나를 보게 되니까 말썽을 부리지 말아야겠다는 생각이 들었어요."

마지막에 부모가 펠리컨이 된 것에 집중한 학생도 있었다. 왜 부모가 펠리컨이 되었는지 궁금해서 펠리컨에 관한 내용을 찾아보기까지 했다. 그러고서 부모는 자식이 어른이 될 때까지 아낌없이 주는 존재임을 새삼 깨달았다. 이렇게 펠리컨을 이야기하는 학생의 발표를 들은 학급에서는 부모님의 입장을 한 번 더 생각하는 분위기가 조성되었다.

어떤 학급은 부모가 펠리컨이 된 것에 전혀 관심을 두지 않았는데, 이런 학급의 경우는 교사가 마지막 부분을 확인하도록 안내했다.

교사: 여러분, 마지막 장면 보셨나요? 마지막에 털북숭이가 청년이 되고 나서 부모님은 어떻게 되었나요? 작가는 왜 부모님을 마지막에 펠리컨에 비유했는지 생각해 볼까요?

이러한 안내를 통해 부모가 자식을 키울 때 어떤 어려움이 있을지 생각해 보고 인터뷰 질문을 만들도록 했다. 학생들이 인터뷰 질문 만드는 것을 어려워하면 교사가 예시를 보여주고 참고하도록 하면 된다.

다음은 학생들이 부모님을 인터뷰하기 위해 만든 질문들이다.

- 내가 제일 말썽을 피울 때는 언제였나요? 그때 나와 가장 비슷한 동물은 무엇이었나요?
- 내가 태어났을 때부터 지금까지 가장 행복했던 때와 힘들었을 때는 언

제인가요?
- 아기였을 때, 가장 크게 난 사고는 무엇이었나요?
- 내가 중학생이 되면서 많이 달라졌나요?
- 지금까지 나를 키우면서 가장 기억에 남았던 사건은 무엇인가요?
- 내가 어렸을 때 고집이 세거나 떼를 많이 썼나요?
- 내가 걷기 시작할 때, 집 안의 물건을 망가뜨리거나 부순 적이 있나요?
- 아기였을 때, 나의 성격은 어땠나요?
- 내가 유치원 다닐 때 어떤 순간이 가장 기억에 남나요?
- 내가 처음으로 걸음마를 했을 때의 상황이 기억나시나요?
- 내가 어렸을 때 했던 위험한 행동에는 어떤 것이 있나요?
- 나를 동물에 비유한다면 어떤 동물에 비유할 수 있나요?

이러한 질문들을 통해 학생들은 자신의 출생과 초기 성장 과정을 부모님께 들으면서 자신의 존재가 가족에게 어떤 의미인지, 자기 모습이 어떠했는지 등을 새롭게 알게 된다. 이를 통해 앞으로 어떤 모습으로 성장해 나갈지 한 번쯤 생각해 볼 수 있다.

자신의 출생과 성장 과정뿐만 아니라 이름의 의미를 탐색하는 활동도 함께 진행하면 더욱 의미 있는 시간이 될 수 있다. 《최고의 이름》은 부모가 아이의 이름에 자신의 소망을 담는 이야기다. '나의 이름에는 어떤 소망이 담겨 있는지, 내가 태어날 때 부모님의 마음은 어떠했는지'를 인터뷰 질문으로 만드는 데 활용하기 좋은 그림책이다.

먼저 《최고의 이름》 앞표지를 보고 내용을 예측하게 해본다. 어느 정도 학생들이 이야기한 다음에는 뒤표지(아빠 곰이 아기 곰을 안은 모습)

를 보여주고 아빠 곰이 등장한다는 것을 안내한다. 그리고 역할을 정해 그림책을 낭독해 본다. 낭독자를 정하기 전에, 교사가 간단하게 스토리를 이야기해 주고 아기 곰의 긴 이름을 낭독하는 것을 시범으로 보여준다. 역할을 나눠서 그림책을 다 낭독한 다음에는 다시 표지로 돌아온다. 학생들은 그림책을 읽었기 때문에 곰의 이름과 관련된 소품들이 눈에 띌 것이다. 그러한 소품들이 다 이름과 관련된 것이고, 그것이 결국 아빠 곰의 소망과 연결되어 있다는 것을 확인하고 활동 과제를 안내했다.

교사: 여러분, 등장인물 곰순이가 왜 이러한 옷을 입고 장미를 들고 있었는지 이해가 되었나요? 그런데 아빠 곰은 왜 곰순이에게 이러한 긴 이름을 붙였을까요? 아마도 곰순이가 인생을 멋지게 살았으면 해서, 좋은 이름 중 어느 하나도 빼고 싶지 않았을 것 같아요.
여러분은 여러분 이름의 뜻을 알고 있나요? 모르는 사람도 있을 것이고, 알아도 대강 아는 사람도 있을 거예요. 이번 기회에 부모님이 여러분을 처음 가졌을 때 태명이 있다면 무엇이고, 왜 그렇게 지었는지, 처음 여러분이 찾아온 소식을 들었을 때 어떤 심정이었는지, 여러분의 이름을 어떻게 지었는지 등을 인터뷰해 보면 좋겠어요.

그리고 나서 인터뷰 질문 예시를 들어주었다. 학생들 중에는 자신의 이름을 작명소에서 지어서 부모님의 소망이 담기지 않았을 것이라고 생각하는 학생도 있었다. 그래서 추가 질문으로 '이름을 짓는 과정'을 넣었다. 작명소에서 지었더라도 부모님이 선택하는 과정과 작명소에서 이름을 짓게 된 이유가 있을 것이기 때문에 그러한 내용을 인터뷰하면 된다고 안내했다.

- 나의 태명은 무엇이고, 어떤 의미를 담고 있나요?
- 나의 이름에 담긴 부모님의 소망은 무엇이었나요?
- 나의 이름을 짓는 과정은 어떠했나요?
- 나의 이름을 새롭게 짓는다면 어떻게 짓고 싶은가요? 그 이유는 무엇인가요?

이러한 질문을 통해 학생들은 자신의 이름에 담긴 의미를 탐색하고, 부모님이 자신에게 품었던 기대와 소망을 이해할 수 있다. 이는 단순히 이름의 뜻을 아는 것을 넘어 자신의 정체성을 이해하는 데 도움이 된다. 더 나아가 자신의 이름을 새롭게 해석해 보거나 자신이 원하는 이름으로 다시 지어보는 활동을 통해 '나'에 대한 이해를 확장할 수도 있다.

엄마와의 인터뷰

《L부인과의 인터뷰》는 숲속의 용맹한 사냥꾼이었던 늑대 부인이 결혼과 육아로 야생성을 잊은 채 살아가는 이야기다. 이 그림책을 통해서 학생들은 자신의 출생과 성장 과정이 부모님의 삶에 어떠한 영향을 미쳤는지를 생각해 볼 수 있다. 출생 과정을 생생하게 말해줄 수 있는 대상이 엄마이기 때문에 엄마를 인터뷰 대상자로 선정했지만, 상황에 따라서는 아빠나 어린 시절 자신을 양육해 준 조부모님을 인터뷰해도 된다. 다음은 엄마를 인터뷰하기 위해 학생들이 만든 질문이다.

- 내가 태어났을 때 기분은 어땠나요?
- 나의 태명은 무엇이고, 그렇게 지은 이유는 무엇인가요?
- 나를 임신했을 때 처음으로 든 생각은 무엇이었나요?
- 내가 아들(딸)이라는 것을 알았을 때 기분이 어땠나요?
- 출산할 때 어떤 느낌이었나요?
- 나를 낳은 것을 후회한 적이 있나요?
- 나를 출산하고 키우면서 엄마의 삶은 어떻게 달라졌나요?
- 내가 학교에 가고 난 뒤 엄마는 무엇을 하나요?

학생들이 인터뷰 질문 목록을 만든 다음에는 이에 따라 인터뷰를 진행하고 인터뷰 내용을 정리해 오게 했다. 부모님을 인터뷰하는 것을 학생들이 부담스러워할 수도 있지만, 자서전 쓰기에서 매우 의미 있는 작업이라고 생각한다. 부모님을 인터뷰한 학생들의 소감을 읽고 이런 생각에 더욱 확신을 가지게 되었다.

부모님 인터뷰 후 학생들의 소감

인터뷰를 하기 전에 솔직히 귀찮기도 했고 부모님께 질문하는 것이 쑥스럽기도 했지만, 막상 해보니 내 질문에 호응도 잘 해주시고 답도 잘 해주셔서 감사했다. 엄청 어릴 때 기억은 잘 나지 않았는데, 부모님께서는 내가 태어난 순간부터 모두 알고 계신 것이 대단하다고 생각했다. 또 나를 진심으로 아끼고 사랑하는 느낌이 들어 기뻤다. 질문이 다 끝나고도 부모님은 어릴 적 나에 대한 에피소드를 수도 없이 알려주셨다. 그 덕분에 내 추억들도 되살아난 기분이 들었고, 내가 인터뷰 질문들을 만들며 궁금했던 것도 알게 되어 좋았다. 이번 활동은 여러모로 많은 것을 배울 수 있었던 좋은 시간이었다!

엄마는 내가 어릴 때부터 블로그에 육아일기를 써오셔서, 나의 어린 시절이 거기에 거의 다 담겨 있다. 엄마는 기분이 안 좋을 때 가끔 본다고 하시는데, 재미있었던 일이 있으면 나를 불러서 "너 이랬다." 말하곤 하셨다. 면담할 때도 블로그를 보면서 했는데, 기억이 하나도 안 났지만, 엄마의 이야기를 들으면서 블로그를 보니 웃기기도 하고 신기하기도 했다.

이번 면담을 통해서 어린 시절의 나를 다시 한번 돌아보는 계기가 되었다. 어린 시절의 내가 몰랐던 사건에 대해 알게 되었고, 부모님이 나를 키우면서 얼마나 힘들었는지도 알게 되었다. 무엇보다도 어린 시절의 내 사진을 보니 어릴 때의 기억이 새록새록 나서 기분이 좋았다. 엄마와의 면담을 통해서 많은 대화를 나누고, 어릴 때부터 엄마가 만들어놓은 앨범의 사진을 한 장 한 장 보면서 추억을 얘기하다 보니 시간 가는 줄 모르게 빠져들었고, 아빠랑도 같이 대화를 나누는 좋은 시간이 되었다.

이렇게 학생들이 부모님 인터뷰를 하고 오면, 몰랐던 것을 알게 되어서인지 다들 수다쟁이가 된다. 앞다투어 자신의 태명을 알려주거나 자신이 새로 알게 된 사실들을 이야기했다.

인터뷰를 통해 자신이 새롭게 알게 된 사실을 모둠에서 이야기 나누도록 하고, 각 모둠에서 대표 학생을 선정하여 전체 발표를 하게 했다. 상황에 따라서는 교사가 모둠을 순회하면서 이야기를 활발하게 하는 학생 중심으로 발표자를 선정하기도 했다. 이렇게 인터뷰 내용을 공유하는 이유는 학생들이 자신만의 특별함을 더 느낄 수 있는 기회를 주고자 함이다. 학생들은 자신만의 이야기가 얼마나 특별한지 잘 모른다. 친구들이 자신의 이야기에 관심을 갖는 모습을 보면서, 나와는 다른 친구들의 이야기를 들으면서 그러한 사실을 깨달을 수 있다.

인터뷰한 내용을 함께 나누고 난 뒤에는 각자 자신의 자서전을 작성하게 했다. 《L부인과의 인터뷰》처럼 질문과 대답 형식으로 작성해도 되고, 인터뷰 내용을 서술 형식으로 작성해도 된다. 학생들에게 특정한 방법을 강요하지 않았고, 자신의 이야기를 가장 편하고 자연스럽게 풀어낼 수 있는 방식으로 작성하게 했다.

인터뷰 후 작성한 글

나는 엄마한테 나를 동물로 표현하면 어떤 동물이냐고 물어보았다. 엄마는 셰퍼드 같다고 말했다. 정말 많은 동물이 있지만, 그 중에서 셰퍼드를 생각할 거라고는 상상하지 못했다. 그걸 들은 나는 왜 그런지 궁금해 이유를 물어봤다. 내가 셰퍼드처럼 차분하고 듬직하고 뭐든지 끝까지 해내려고 노력하는 모습이 비슷하다고 이야기해 주었다. 이 말을 듣고 나는 정말 기분이 좋았다. 엄마 말처럼 앞으로도 차분하고 듬직하고 뭐든지 끝까지 해결해 나갈 수 있게 노력할 것이다.

나는 제왕절개 수술로 태어날 뻔했으나 다행히도 원래 위치로 돌아와서 수술하지 않고 나를 낳을 수 있었다고 한다. 나를 낳기 전에 엄마가 태몽을 꿨는데, 태몽에서 엄청 크고 푹신푹신한 하얀 곰이 나왔다고 한다. 그래서 딸이 나올 줄 알았는데 아들이 나왔다고 하셨다. 원래 딸일 줄 알고 이름까지 정해놓으셨다고 한다. 만약 내가 딸로 태어났다면 한글 이름이 지어졌을 텐데, 당시에 지으려던 이름을 들어보니 그 이름은 그 이름대로 놀림을 받을 것 같았다.

원래 부모님이 내 이름을 한글로 지으시려고 했는데 할아버지께서 작명소에 가서 지어주셨다고 한다. 할아버지께서 지어 오신 여러 이름 중 '이아형' 같은 이상한 이름이 섞여 있었는데, 그 중에서 엄마가 선택한 이름이 지금의 내 이름이다. 만약에 다른 이름으로 지었다면 어감이 이상해서 좀 놀림을 당했을 것 같다. 엄마가 이 이름을 택한 게 너무 다행이다.

4. 시와 노래 그리고 추억 속 보물로 쓰는 자서전

이번 수업에서는 어렸을 때 좋아했던 노래, 시 그리고 소중하게 여긴 물건을 활용하여 자서전을 작성한다. 특정한 노래나 시를 다시 접하면 그 시절의 감정과 고민, 꿈이 떠오르면서 추억이 몽글몽글 피어난다. 또한 어렸을 때 좋아했던 물건을 통해 어린 시절 자신이 무엇을 소중히 여겼는지도 알 수 있다.

노래(음악)와 시는 일종의 타임캡슐과 같아서 그때 당시의 감정, 경험, 고민, 가치관이나 세상을 바라보는 태도 등이 담겨 있다. 보물처럼 소중하게 여긴 물건도 마찬가지다. 그것에는 기쁨이나 안정감을 느낀 순간들이 담겨 있다. 하지만 시간이 지나면 내가 좋아하는 것들이 바뀐다. 이처럼 어릴 적 좋아했거나 소중하게 여겼던 것들, 그리고 그것들이 지금의 나에게 지니는 의미 등을 기록해 보면서, 자신이 어떻게 성장하고 변화하고 있는지를 발견할 수 있다.

이러한 활동을 하기 위해서 그림책 《안녕, 나의 보물들》, 《오랜만이야!》, 《만돌이》를 활용했다. 《안녕, 나의 보물들》, 《오랜만이야!》는 어린 시절 좋아했던 물건, 장난감 등에 대한 기억을 꺼내는 데 도움이 되는 그림책이다. 윤동주의 시를 그림책으로 창작한 《만돌이》는 어린 시절의 경험과 시를 연결해서 생각해 볼 수 있다. 학생들은 그림책과 함께하는 과거로의 추억 여행을 통해 단편적인 기억의 조각들을 풍성한 이야기로 채워나가게 된다.

《안녕, 나의 보물들》 속 주인공은 가족들 몰래 자기만의 비밀 장소에 자신의 보물을 간직하고 꺼내 보는 것을 좋아한다. 그러나 부모님이 집수리를 하면서 더 이상 보물을 만날 수 없게 된다. 자신의 보물을 통해 상실, 성장을 경험하는 주인공의 이야기가 아름답게 그려지는 그림책이다.

그림책을 읽고 어렸을 때의 비슷한 경험이나 소중한 물건과 관련된 추억을 자서전으로 쓰는 활동을 해볼 수 있다.

《오랜만이야!》는 벼룩시장에 참여하기 위해 다락방을 정리하던 주인공이 어린 시절 가지고 놀던 물건들을 찾으면서 시간여행을 하는 이야기다. 주인공은 물건을 통해 기억나는 어린 시절의 추억을 떠올리며 다시 어린 시절로 돌아간다. 어떤 물건도 버릴 수 없다고 생각한 주인공의 모습이 사랑스럽다.

어렸을 때 자주 갖고 놀던 장난감이나 여전히 간직하고 있는 물건이 있다면 어떤 것인지 소개하고 자서전으로 쓰는 활동에 활용할 수 있다.

《만돌이》는 윤동주의 동시가 생동감 있게 펼쳐지는 그림책이다. 실감 나는 등장인물의 표정, 다섯 개의 돌재기를 던지면서 일어나는 사건 등이 생동감 있게 그려진다. 마지막 부분, 아름다운 노을 속에서 공 차는 모습과 시험을 보는 익살스러운 표정의 만돌이 모습을 통해 순수한 동심의 세계도 느낄 수 있다.

시 그림책을 감상하고, 어렸을 때 좋아했던 시나 어렸을 때의 모습을 보여주는 시를 선정해서 자서전에 담을 수 있다.

나의 보물, 내가 좋아했던 것들에 대하여

먼저《안녕, 나의 보물들》표지를 보여주면서 어렸을 때 좋아했거나 소중하게 여긴 것들에 대해서 간단히 이야기를 나눈다. 학생들은 자신이 좋아했던 장난감, 피규어, 반려동물 등에 대해서 자유롭게 이야기를 꺼냈다. 자신들이 좋아했던 것이 비슷하거나 같으면 교실은 그야말로 이야기꽃이 핀다.

《안녕, 나의 보물들》을 읽으면, 어렸을 때 좋아하던 것들이 대단한 것이 아닌 작고 소소한 것들이며 좋아하는 이유도 별것 아니라는 것을 알 수 있다. 또한 주인공처럼 보물을 잃어버릴 수 있지만, 그러한 경험을 통해 변화되거나 성장할 수 있음도 확인할 수 있다. 그림책을 읽고 난 후 주인공의 감정을 더 깊이 생각해 볼 수 있도록 그림책의 장면을 다시 보면서 주인공의 감정을 유추해 보게 했다. 주인공이 보물을 생각할 때, 그것을 가지고 놀 때, 숨겨둔 보물을 더 이상 찾을 수 없게 되었을 때 어떤 감정이었는지 말해보면서, 학생들도 자신이 좋아했던 것들에 대한 의미를 발견해 나갔다. 그리고 어떤 장면이 가장 공감되었는지 이야기를 나누는 과정에서 각자 자신의 보물과 좋아했던 것들에 대한 이야기가 자연스럽게 오고 갔다.

교사: 자, 이제 다시 한번 내가 좋아했던 것들에 대해서 떠올려 볼까요? 아까 발표로 나왔던 만화 주제가도 있고, 레고 같은 장난감이나 인형, 피규어 혹은 내가 길렀던 반려견도 있겠네요. 이렇게 어렸을 때 좋아했던 것들을 생각해 보세요. 그림책을 읽으면서 떠오른 것

외에도 또 다른 것이 없었는지 생각해 보세요. 여러 가지를 떠올려 보아도 좋습니다.

자연스럽게 이야기가 오고 간 다음에는 구체적으로 사신의 보물, 좋아했던 것들을 다양하게 떠올려 보게 했다. 학생들이 좋아했던 것들이 다양했지만, 그 가운데 노래도 있었다. 노래는 교실에서 공유하기 좋을 것 같아 한번 소개해 보게 했다.

"저는 어렸을 때 〈뽕뽕이〉 오프닝을 좋아했습니다. 그 당시에는 〈뽀로로〉가 인기가 있었는데, 저는 별로 좋아하지 않았습니다. 〈뽕뽕이〉 오프닝 노래는 정말로 활기차고 재미있었습니다. 그래서 어렸을 때, 저는 시간만 나면 〈뽕뽕이〉 오프닝 노래를 부르며 다녔습니다. 아주 어렸을 적이라서 기억은 잘 나지 않지만, 아파트에서 〈뽕뽕이〉 노래를 너무 크게 불러 경비 아저씨한테 혼이 난 적도 있었습니다. 그런데 지금은 〈뽕뽕이〉 오프닝 노래가 유치하고 시시한 것 같습니다. 그때는 제가 매우 순수했던 것 같습니다."

"어렸을 때는 신나는 노래가 정말 좋았습니다. 신나는 노래만 나오면 춤을 출 정도로 좋아했습니다. 그 중에도 〈강남스타일〉을 제일 좋아해서 부모님이 나를 찍은 동영상 중에는 〈강남스타일〉 춤추는 게 정말 많습니다. 지금 생각해 보면 참 엉뚱하다는 생각밖에 들지 않습니다."

발표자의 발표를 듣고 나서는 노래를 함께 들었다. 학생들은 노래를 따라 부르면서 즐거워했다. 발표한 학생은 노래를 들으면서 또 다른 기억이 떠오르면 이야기를 덧붙이기도 했다. 이렇듯 노래는 당시 감정을 떠오르게 하는 데 효과적이고 그 감정을 함께 느낄 수 있다. 이렇게 추억 여행을 하니 학생들은 기억 너머에 있던 추억들을 하나씩 떠올렸다. 어느 정도 학생들이 추억을 떠올린 다음, 자서전에 쓸 내용을 다음과 같이 제시했다.

- 내가 어릴 때 자주 듣던 노래가 있다면?
- 내가 어렸을 때 좋아했던 만화, 영화, 장난감, 반려동물에 대하여
- 내가 어렸을 때 좋아했던 것들과 관련하여 떠오르는 추억이나 잊지 못할 장면이 있다면?

학생들은 자신이 좋아했던 것들에 대해서 구체적으로 작성하지 못할 수도 있다. 그래서 노래는 좋아한 부분을 인용해서 쓰게 했고, 좋아했던 대상은 최대한 자세히 설명하고 관련하여 기억나는 사건이 있다면 구체적으로 적으라고 안내했다.

학생 예시 글

어렸을 적 나는 공룡만 보면 정말 환장했었다. 비록 지금은 다 까먹었지만, 공룡들의 이름을 줄줄 외우고 다녔고, 항상 공룡과 관련된 책을 손에 쥐고 다녔으며, TV를 봐도 공룡과 관련된 것만 봤다. 또한 다른 아이들은 자동차 장난감을 들고 다닐 때 나는 항상 양손에 공룡 장난감을 쥐고 놀았다. 내가 공룡을 너무나도 좋아했고 책 읽는 것도 좋아해서, 부모님

께 항상 공룡과 관련된 책이나 백과사전 등을 읽어달라고 부탁했고 부모님은 그럴 때마다 읽어주셨다고 한다. 지금 부모님의 말씀을 들어보니, 그때 틈만 나면 공룡 책을 읽어달라는 나 때문에 굉장히 힘들었다고 하셨다.

하지만 그렇게 좋아했던 공룡을 지금은 별로 좋아하지 않는다. 과연 그 이유는 뭘까? 아마 그때 나는 체격도 왜소하고 힘이 없었을 때라, 다른 동물들보다 10배는 더 크고 강한 공룡들을 보고는 '나도 저렇게 크고 강하게 자라고 싶다!'라고 생각해서 좋아했던 것 같기도 하다. 지금 생각해 보니, 내가 좋아했던 것들에 내가 생각하는 이상적인 나의 모습이 투영되어 있는 것 같기도 하다.

어릴 적에 내가 가장 좋아했었던 동물은 물고기다. 나는 시간이 날 때마다 아쿠아리움에 가는 것을 좋아했다. 어쩌다 생선 가게나 횟집을 지나갈 때면 그 앞에서 물고기를 쳐다보느라고 시간 가는 줄 모르고 서 있었다. 가장 좋아하는 영화도 〈니모를 찾아서〉일 정도로 물고기를 정말 좋아했다. 작은 열대어부터 커다란 고래나 상어, 심해 생물들에게도 관심이 많았다.

나는 물고기가 정말 신기했다. 물속에서 어떻게 숨을 쉴까? 어떻게 저렇게 자유롭게 움직일까? 얼마나 많은 종류의 물고기들이 있을까? 이런 생각을 많이 했었다. 물고기에 대해서 더 많은 것을 알고 싶었고, 그래서 물고기 사전도 샀다. 사전을 읽으면서 여러 가지 물고기들을 알게 되었고, 영어로 된 물고기 이름들을 외우면서 영어 공부도 조금씩 했었던 기억이 난다.

내가 오랫동안 간직하고 있는 것에 대하여

누구나 오랫동안 간직한 물건이 있다. 소중한 기억이 깃들어 있어 일부러 보관하기도 하고, 어떤 것은 잊고 지내다가 우연히 발견되기도 한다. 그림책 《오랜만이야!》는 다락방에서 우연히 발견된 물건들, 그것들과 함께했던 기억이 떠오르며 과거로 여행하는 이야기다.

학생들과 함께 그림책을 읽고 나서, 자신이 오랫동안 간직해 온 물건을 생각해 보게 했다. 그리고 그 물건과 관련된 추억을 떠올려 보고, 관련된 의미를 탐색해 본다. 이때 교사가 시범을 보여주면 효과적이다. 자신이 오랫동안 간직해 온 물건이 무엇인지, 왜 계속 간직하고 있는지 이야기해 주고 나서 다시 그림책으로 돌아가 그림책과 관련된 이야기를 나눈다.

교사: 여러분, 주인공이 처음에 다락방에 올라갔을 때 물건들은 색깔이 있었나요? 다시 확인해 보세요. 어떤 물건이 주인공의 것인지 구분이 되지 않죠? 그런데 주인공이 자신의 장난감을 발견하고 추억을 떠올리는 장면들로 가볼까요? 어쩌면 처음에 색을 이렇게 표현한 것은 물건이 오래되어서 색이 바랜 것을 표현한 것이 아닐까 싶어요. 그런데 추억이 떠오르니 장난감들은 색이 생기네요.
여기서 색은 무슨 의미일까요? 여러분이 오래 간직했던 물건들을 떠올리면 생각나는 느낌이나 색깔, 이미지 등이 있나요? 아마도 어떤 것은 기쁨의 순간을 함께해서 밝은색이 떠오를 수 있을 거예요. 여기 그림책에서 노랑과 주황처럼요.

이렇게 물건을 통해 추억을 떠올릴 때의 감정, 오래 간직한 물건의 의미 등을 생각해 보고 학생들의 발표를 들었다.

"저는 초등학교 1, 2학년 때 쓴 일기장이 떠올랐습니다. 일기장에는 내가 꿨던 꿈을 생각나는 대로 적었습니다. 그리고 사인펜과 색연필로 그림을 그리면서 만화책을 만들었던 것도 갖고 있는데, 그것들을 보면 아주 행복했었다는 생각이 듭니다."

"저는 어렸을 때부터 갖고 놀았던 레고를 아직도 갖고 있습니다. 아마 세 살부터 갖고 놀았고, 5학년 때까지 가지고 놀았습니다. 어린 시절에는 레고가 조금 어려웠는데, 지금은 아주 잘 만들고 쉽게 조립할 수 있습니다. 레고를 볼 때마다 레고를 조립하면서 놀았던 기억이 떠오릅니다."

학생들은 자신이 갖고 놀았거나 만들었던 것을 계속 간직하고 있는 경우가 많았다. 또한 어릴 때 입었던 옷이나 물건을 간직하고 있다는 학생도 있었다.

"어린 시절부터 간직하고 있는 물건은 한 살 때 입은 옷입니다. 그 옷은 매우 작습니다. 그 옷을 보면, 기억은 나지 않지만 부모님이 입힐 때 고생하셨을 것 같다는 생각을 했습니다."

"저는 수건을 간직하고 있습니다. 초등학교 저학년 때까지 사용했던 겁니다. 그것은 제가 태어날 때 외할머니가 직접 만들어주신 꽃무늬 수건입니다. 아기 때부터 잘 때 늘 가지고 자서 그런지 습관적으로 잘 때마다 들고 잡니다. 부드러운 촉감 때문에 더 좋아했던 것 같습니다. 지금은 10년 넘게 사용해서 찢어진 부분도 있지만, 아직 잘 보관하고 있습니다."

어린 시절 자신의 관심사와 관련된 물건을 오래 간직한 학생도 있었다. 보통 좋아했던 만화 주인공이나 스포츠와 관련된 것들이었다.

"어렸을 때 초등학교 야구단이었습니다. 5학년 때 해체되긴 했지만, 그 때는 야구단에서 나의 야구 의지를 불태웠습니다. 야구단에 들어가면서 야구에 관심이 생겼습니다. 야구단에서 야구장을 갔었는데, 야구장에 들어가서 사인볼을 받아 왔습니다. 처음에는 사인볼이 굉장히 신기했습니다. 하지만 시간이 지나다 보니 관심이 사라져서 지금은 그냥 서랍 속에 있습니다."

이렇게 학생들은 자신이 오랫동안 간직해 왔던 물건들을 통해 자신이 무엇에 흥미가 있었는지, 어떤 것에 열정을 불태웠는지 등을 다시금 떠올리게 되었다.

발표를 마치고 나서 구체적인 쓸거리를 제시했다. 자신이 오랫동안 간직해 왔던 물건에 대한 것과 더불어 상상력을 발휘할 수 있는 주제를 제시할 수도 있다. 학생들에게 제시한 주제는 다음과 같다.

- 어린 시절부터 간직하고 있는 물건이 있다면 그것은 무엇인가요? 어떤 추억이 있나요?

- 내가 지금 오래도록 간직하고 싶은 물건은 무엇인가요? 그것을 오랫동안 간직하고 싶은 이유는 무엇인가요?
- 내가 오랫동안 간직해 오던 물건이 나에게 편지를 쓴다면 어떤 내용일까요? 편지를 한번 써보세요.

만약 학생들이 간직해 오던 것이 여러 가지인 경우, 추억을 구체적으로 적을 수 있는 것이나 그 의미를 생각해 보고 싶은 것을 고르게 했다. 그리고 그것을 사진으로 찍어서 자서전에 넣으면 기록의 의미를 강화하고 시각적인 효과를 줄 수 있다고도 안내했다.

시를 통해 나를 이야기하기

시 그림책을 읽고 시를 통해 자신을 표현하는 활동을 진행했다. 《만돌이》는 천진난만한 만돌이의 모습을 통해 어린 시절의 추억을 소환할 수 있는 그림책이다. 시 그림책의 경우, 그림책 작가가 시를 읽고 만들어낸 서사가 그림으로 펼쳐진다. 그래서 시를 통해서는 알 수 없는 만돌이의 생김새, 만돌이가 돌재기를 하는 상황을 구체적으로 보여줄 수 있다.

그림책을 읽기 전에 윤동주의 동시 〈만돌이〉를 먼저 읽었다. 시를 읽으면서 어떤 장면이 떠오르는지, 만돌이는 어떻게 생겼을지 상상해 보게 했다. 그런 다음 그림책 《만돌이》를 읽고 자신이 상상한 장면이나 모습과 어떤 차이점이 있는지, 어떤 부분이 가장 마음에 드는지, 시와 그림책 속 만돌이와 자신의 비슷한 점은 무엇인지 등으로 이야기를 나누었다. 그리고 다음과 같이 쓸거리를 제시했다.

> **교사:** 시와 그림책을 읽어보니, 만돌이가 매우 개구쟁이네요. 여러분도 이렇게 자신의 어린 시절 모습을 표현해 주는 시를 찾아서 소개하고, 왜 그 시를 선정했는지 자서전에 적어보려고 합니다. 지금 그림책을 읽기 전에 시를 읽고 장면을 상상한 것처럼, 어린 시절을 표현해 주는 시를 찾을 때는 장면을 상상해 보세요. 시를 통해 자신을 설명하면 평소 생각해 보지 못했던 나의 모습을 생각할 수 있을 거예요.

자서전이라고 해서 줄글 형태로만 쓸 필요는 없다. 오히려 다양한 장르를 활용하면 글 내용이 다채롭고 풍부해질 수 있다. 학생들이 어렸을 때 자신의 모습과 비슷한 시를 제시하고 왜 비슷한지 설명하면, 어린 시절의 감정과 경험을 새롭게 생각해 볼 수 있다.

자신의 어렸을 때 모습과 관련된 시를 소개하는 활동과 더불어, 좋아했던 시를 소개하는 것도 학생들이 자신을 탐색하는 계기가 된다. 자신이 좋아했던 시를 보면서 '나는 어떤 감성을 가진 사람이었는지, 어떤 생각을 했었는지'를 돌아볼 수 있다.

> **교사:** 선생님이 그림책 작가 인터뷰를 읽어보니, 작가님이 어렸을 때 집에 한용운과 윤동주 시인의 시가 합본으로 된 낡은 시집이 있었다고 해요. 어릴 때 읽어보긴 했어도 무슨 말인지 잘 몰랐는데, 나중에 어른이 되어서 이 낡은 시집을 다시 읽으면서 윤동주 시인의 시

〈참회록〉을 더 좋아하게 되었다고 하네요. 자신의 마음을 표현해 주는 것 같기도 하고, '시인도 고민하는 시간이 똑같이 있었구나.' 하는 생각이 들어 위로를 받으셨대요.
여러분도 이렇게 내가 과거에 좋아했거나 지금 좋아하는 시가 있다면 소개해 주세요. 그리고 이유도 이야기해 주면 좋겠습니다.

　여건이 된다면 시집을 교실에 비치해 두고 학생들이 시집을 읽으면서 찾는 시간을 부여해도 된다. 또는 인터넷 검색으로 시를 찾아보는 시간을 줄 수도 있다. 이때는 시간을 정해놓는 것이 좋다. 그러지 않으면 시를 찾다가 활동이 끝날 수도 있기 때문이다. 만약 정해진 시간이 가까워졌는데도 자신의 어린 시절 모습과 관련되거나 어렸을 때 좋아했던 시를 찾지 못하면, 지금 마음에 와닿는 시를 골라 발표하게 해도 된다. 지금 어떤 시가 마음에 들어왔다면, 그것을 생각해 보는 것 자체로 지금 자신을 돌아볼 수 있기 때문이다.
　시를 찾고 나서는 자신이 찾은 시를 발표하는 시간을 갖는다. 인터넷에서 시 낭송 음악을 검색하면 쉽게 찾을 수 있는데, 시를 발표할 때 잔잔한 음악을 틀어주면 낭송 분위기가 한결 좋아진다. 발표 후에는 다음과 같이 자서전에 쓸 내용을 질문으로 제시해서 학생들이 쓸거리를 정리할 수 있도록 안내했다.

- 나의 어린 시절을 보여주는 시는? 이 시를 선정한 이유는?
- 내가 좋아했던 시는? 그 이유는?
- 지금 나의 마음에 와닿는 시는? 그 이유는?

5. 수다로 완성하는 자서전

자서전을 쓰는 과정에서 학생들은 한두 번 글을 쓰고 난 후 점차 글쓰기에 대한 부담을 느끼거나 흥미를 잃어버리기도 한다. 그래서 자서전 쓰기 수업이 중반쯤에 접어들면 글을 완성하지 못하는 학생들이 늘어나기 시작한다. 수업 시간이라는 제한된 시간 동안 글을 완성하는 것이 쉽지 않고, 수업 외 시간이 있다고 하더라도 바쁜 일과 때문에 글 쓰는 시간을 내기가 어렵기 때문이다. 그런 이유로 한 번 두 번 글쓰기를 미루다 보면 점점 써야 할 글이 많아지고, 막상 다시 쓰려고 하면 막막해서 손을 놓게 돼버린다. 학생들의 글쓰기에 대한 부담을 줄이고 재미있게 이야기를 풀어나갈 수 있도록 설계한 활동이 바로 '수다로 완성하는 자서전'이다.

'수다로 완성하는 자서전'은 자서전에 담고 싶은 내용을 글이 아닌 말로 풀어보는 활동이다. 학생들은 서로의 이야기를 들으며 자극을 받기도 하고, 자신의 경험과 연결 지으며 글쓰기의 아이디어를 얻을 수 있다. 친구들과 대화를 나눈 뒤 그 내용을 정리해서 글을 써도 되고, 이야기한 것을 녹음하고 그것을 글로 옮겨도 된다. 음성을 텍스트로 바꿔주는 인공지능 프로그램이 있으니 이를 활용해서 대화 내용을 그대로 자서전에 담으면 생동감 있는 자서전이 될 것이다.

이야깃거리는 어떤 것이든 괜찮지만, 부담 없이 대화할 수 있는 주제를 제시하기 위해 그림책《이까짓 거!》와《나의 붉은 날개》를 활용했다. 두 그림책에는 학교와 관련된 일상적인 경험이 제시되어 있는데, 도전과 실패, 성장 등 경험의 의미를 탐색하기 좋다.

《이까짓 거!》는 표지의 노란색과 선명한 분홍색의 대비가 눈에 띈다. 무엇에 대해 '이까짓 거!'라고 하는지 궁금증을 유발한다. 이 그림책에는 누구나 한 번쯤 경험해 봤을 일상 경험이 담겨 있다. 주인공의 감정 변화를 따라가다 보면 어느새 미소가 번진다. 지금 고민을 겪고 있는 일이 있다면 '그래. 이까짓 거, 한번 해보자!'라는 생각이 들게 해준다.

그림책을 읽고 난 뒤 표지를 펼쳐보면 그림책에서 지나쳤던 소년을 찾을 수 있다. 이 소년은 어디에서 나왔을까? 이 소년은 왜 나타난 걸까? 이렇게 그림책의 의미를 생각해 보면서 그 의미를 자신의 삶으로 가져올 수 있다.

《나의 붉은 날개》는 어렸을 때 한 번쯤은 경험했을 고무동력기와 관련된 이야기다. 서정적인 분위기의 그림이 과거 추억과 잘 어울린다. 열심히 만든 고무동력기는 시합도 나가기 전 나무 꼭대기에 걸리고 만다. 비가 오고 계절이 바뀌고 난 뒤, 다시 날지 못할 것 같은 붉은 날개가 아이 손에 들어오

게 된다. 그리고 다시 날아오르는 붉은 날개를 향해 외치는 소리가 우리에게 강한 여운을 남긴다.

얼마나 높은 나무 꼭대기에 걸렸는지를 보여주는 장면은 우리의 꿈이 현실의 벽 앞에서 좌절되는 상황을 상징적으로 보여준다. 색감과 그림의 구도를 확인해 가면서 읽으면 그림책의 감동을 두 배로 느낄 수 있다.

'이까짓 거'에 대하여 수다 떨기

> 교사: 막상 글을 쓰려고 하니 막막하고 생각처럼 잘 안 써지나요? 그래서 완성하지 못한 글들이 있기도 하죠? 그래서 오늘은 자서전에 쓸 내용을 글로 쓰지 않고 수다를 떨어볼 거예요. 부담 없이 그냥 친구들과 이야기를 나눠보세요. 그러면 먼저, 지난 시간에 썼던 자신의 경험을 친구들에게 1분 동안 이야기해 보세요.

학생들은 지난 시간에 썼던 글을 바탕으로 1분 동안 친구들에게 이야기한다. 글을 쓸 때는 머뭇거리던 학생들이, 말로 표현할 때는 '1분은 부족하다'며 막힘없이 이야기를 이어갔다.

> 교사: 글로 쓸 때와 말로 할 때 어떻게 다른가요? 말로 하는 게 훨씬 더 편하죠? 말은 평소에도 많이 하지만 글은 자주 쓰지 않다 보니, 막상 글을 쓰려고 하면 어렵습니다. 그러나 나만 어려운 것이 아니라 작가들도 글을 쓰는 것이 어렵다고들 합니다. 그러니 포기하지 않았으면 좋겠어요. 오늘은 편하게 이야기를 나누어볼 겁니다. 친구들과 이야기를 나누는 것을 녹음해 두기만 하세요.

이 활동에서는 그림책 《이까짓 거!》를 활용했다. 이 그림책은 일상의 작은 용기를 다루며, 학생들이 한 번쯤 경험했을 법한 내용을 담고 있다. 비 오는 날, 그림책 속 주인공은 우산도 없고 마중 나오는 가족도 없다. 마중 나오는 가족이 있는 친구들 속에서 주인공은 어색하기만 하다. 이때 같은 처지인 준호를 만나면서 빗속을 달리기 시작하고, 나중에는 혼자 비를 맞으며 뛰어가면서 "이까짓 거!"라고 외친다. 이 그림책을 함께 읽고 나서 이야기 나눌 주제를 다음과 같이 제시했다.

- 비 오는 날 우산이 없었던 적이 있었나요? 그때 어떻게 했나요?
- 여러분은 "이까짓 거!"라고 말했던 경험이 있나요?
- 나에게 작은 용기가 필요했던 일은 무엇인가요?
- 나에게 승리감을 느끼게 했던 일은 무엇인가요?
- 처음에는 잘하지 못했지만, 나중에는 '이까짓 거!'라고 생각했던 경험이 있나요?

학생들은 원하는 주제를 골라 자유롭게 이야기를 나누었다. 다음은 '처음에는 잘하지 못했지만, 나중에는 '이까짓 거!'라고 생각했던 경험'에 대한 학생들의 대화 중 일부다.

학생 1: 처음에는 버스를 혼자 타지 못했는데, 계속 혼자 타보려고 노력하고 연습한 결과 초등학교 5학년 때 혼자 탈 수 있었어.
학생 2: 그때 기분이 어땠어? 그래서 이젠 버스를 다 탈 수 있어?
학생 1: 그래서 나는 노력만 하면 뭐든지 할 수 있다고 느꼈어. 뿌듯하기도 했고. 하지만 내가 아는 버스만 탈 수 있어서 좀 더 노력해야 할 것 같아.
학생 2: 나도 비슷한 경험이 있어. 6학년 때 제사를 지내러 할머니 댁에 가야 했는데, 학원이 늦게 끝나서 가족들이 먼저 출발하고 나 혼자서 지하철을 타고 할머니 댁까지 갔었어. 가기 전에는 '길을 잃지 않을까?' 생각이 들었는데, 막상 해보니 정말 쉬웠고 혼자서 길을 다녀 보니 재미있었어. 이제는 혼자서 어디를 가는 게 두렵지 않고 재미있다는 생각이 들어.

학생들이 처음에는 자신이 겪었던 일화만 말했지만, 이야기가 이어지면서 친구들의 질문을 받으며 점점 더 구체적인 감정을 떠올리고 당시의 상황을 생생하게 이야기했다.

학생 1: 나는 초4 때 학교에서 시키는 나눗셈을 못했어. 그래서 학교에서 내주는 수학 숙제를 밤 12시 넘어서 끝낸 기억이 아직도 생생하게 남아 있어.

학생 2: 그래? 진짜 힘들었겠다. 나눗셈은 언제까지 못했는데? 너 이제 수학 잘하잖아?

학생 1: 잘 기억은 안 나는데, 계속 수학 문제를 풀고 학원도 다니면서, 초5 때는 수학 선생님이 나눗셈을 정말 잘한다고 해주셔서 자신감을 얻었어.

학생 2: 나도 달리기를 하면서 자신감을 얻었어. 얼마 전에 달리기 시험을 볼 때 50m가 8초 중반대였어. 선생님이 7초 후반까지는 뛰어야 한다고 하셨는데, 나는 진짜 될 자신이 없었어.

학생 1: 근데, 너 만점 받았잖아? 어떻게 했어?

학생 2: 매일 학원 끝나고 달리기 연습을 했어. 그래서 그런지 나중에는 8초 초반이 나왔어. 그리고 또 계속 연습하고 나중에 재보니 7초

후반대가 나온 거야. 그래서 결국 마지막에는 7초 초반대가 나오면서 수행평가에서 만점을 받았어.

학생 1: 근데, 왜 포기하지 않고 연습을 한 거야?

학생 2: 그냥. 자신은 없었지만 포기하기는 싫었던 것 같아. 다른 친구들은 잘하는데, 나는 못하니까 연습이라도 한번 해보자는 생각이 들었나 봐.

학생들은 친구의 이야기를 들으며 자연스럽게 비슷한 경험을 떠올렸다. 또 자신의 경험과 비교하고 공감하면서 경험의 의미를 새롭게 발견하기도 했다. 서로의 이야기를 공유하는 과정에서 자신이 미처 인식하지 못했던 감정이나 깨달음을 얻기도 하고, 친구의 시각에서 자신의 경험을 바라보며 새로운 의미를 부여하기도 했다.

무엇보다도 글쓰기에 부담을 느꼈던 학생들도 활기차게 참여했다. 평소 한두 문장을 쓰고는 쓸 내용이 없어 괴로워하던 학생들이 말로 경험을 나누면서 이야기를 풀어나가는 방법을 깨닫게 되었다. 자신의 경험을 어떻게 서술하면 좋을지, 어떤 내용을 담아야 할지 등을 생각할 수 있었고, 글의 흐름을 구상하는 방법도 배우는 기회가 되었다.

실패의 의미 찾기

수다 시간 이후에 학생들에게 '계속 도전했는데도 실패한 경험이 있는지'를 물었다. 그런데 한 학생은 실패를 반복한 경험이 없다고 했다. 이유는 실패가 두려워서 아예 도전하지 않았기 때문이었다. 그러면서 자신이 실패를 두려워하게 된 계기를 말해주었다. 간추리면 이렇다.

어린 시절부터 검도를 배웠고, 검도 대회에 출전해서 당연히 좋은 성적을 거둘 것이라고 기대했지만 예상과 달리 경기를 망쳤다. 그때 느낀 좌절감과 실망이 너무 커서, 이후로는 실패하기 싫어서 도전 자체를 피했다. 자신이 이렇게 도전 자체를 피하는지 몰랐는데, 자서전을 쓰면서 이러한 모습이 있었다는 것을 깨달았다.

학생의 이야기를 듣고 난 후, 실패의 의미에 대해서 생각해 볼 수 있는 기회를 마련해야겠다고 생각했다. 이때 활용한 그림책이 《나의 붉은 날개》이다.

《나의 붉은 날개》는 고무동력기 대회를 준비하는 이야기다. 고무동력기를 완성한 소년은 매우 자신 있어 하며 대회 전에 시험 삼아 한 번 날렸다. 그런데 고무동력기가 그만 나무 꼭대기에 걸려버려 결국 대회에 참가하지 못하게 된다. 어느 날, 소년의 아버지는 길에서 주웠다며 고무동력기를 가져온다. 오랜 시간 동안 나무 꼭대기에 걸려 있었기에 날개가 붉어진 낡은 고무동력기. 소년은 보잘것없는 고무동력기를 열심히 고친다. 그리고 고친 고무동력기를 날리면서 소년은 이렇게 외친다. "붉은 날개, 우리 다시 날 수 있어." 그리고 이어서 말한다. "전처럼 잘 날지 않아도 돼. 그냥 마음껏 날아."라고.

교사: 선생님은 이 부분을 보면서 조금 울컥했어요. 예전에는 선생님도

어떤 일을 할 때 꼭 잘해야 한다고 생각했고, 남에게 보이는 것이 중요했던 것 같아요. 그러나 진짜 중요한 것은 그런 게 아니라 나답게 자유롭게 나는 것이라고, 그리고 포기했던 일을 다시 시작해 보라고 용기를 주는 것 같았어요. 선생님이 포기했던 일은 시를 쓰는 것이었어요. 선생님은 시를 잘 쓰고 싶어서 고등학교 때 글을 쓰는 동아리에 들어갔어요. 그런데 선생님보다 글을 못 쓴다고 생각한 친구와 선배는 상을 탔는데 선생님은 상을 타지 못했어요. 그리고 결정적으로 동아리 선생님께서 선생님이 슬픈 의미로 쓴 시를 웃긴 의미로 이해하셨어요. 그때 너무 좌절해서 시를 쓰지 않았어요. 그런데 선생님 마음에는 계속 시를 쓰고 싶은 꿈이 있답니다. 그래서 남들에게 인정받지 못하더라도 선생님만의 시를 다시 쓰려고 합니다.

여러분도 어린 시절에 포기했지만 지금 다시 시작하고 싶은 것이 있나요? 다시 시작하고 싶지 않더라도 여전히 포기한 상태인 것, 해결하지 못한 것이 있나요?

교사의 경험을 듣고 공감해 주는 학생도 있었지만 여전히 무덤덤한 학생도 있었다. 서로의 경험이 다르기 때문에 그림책으로 삶의 의미를 해석하는 데 차이가 있을 수밖에 없다. 모든 학생이 동일한 감정을 느끼는 것은 아니므로, 이럴 때 무작정 한번 써보라고 강요할 필요는 없다. 조금 더 폭넓은 질문을 던져보는 것도 좋은 방법이다.

특정한 실패 경험이 떠오르지 않는 학생들을 위해 학교생활 전반에 대한 질문이나 그림책에 등장한 어른들처럼 기억에 남는 어른들을 떠올릴 수 있는 질문을 준비했다. 《나의 붉은 날개》를 읽고 학생들에게 제시한 질문은 다음과 같다.

- 내가 계속 도전했지만 실패했던 일은 무엇인가요?
- 계속 시도했지만 실패했던 이유는 무엇이었나요?
- 실패했지만 다시 도전하고 싶은 일이 있나요? 그 이유는?
- 초등학교(또는 중학교) 시절 가장 어렵게 느꼈던 일은 무엇인가요?
- 학교 수업 외에 학교 활동에 참여했던 것은 무엇이 있었나요?
- 기억나는 선생님이 있나요? 용기를 북돋워 주었거나 좌절하게 했던 경우가 있나요?
- 내가 어려움을 겪을 때 부모님이 무엇을 해주기를 바랐나요?

자서전에는 성공한 이야기만 담겨야 한다고 생각하기 쉽다. 그러나 오히려 실패했던 경험, 어렵게 느꼈던 일들이 성장의 밑거름이 되기도 한다. 내가 실패했던 것에 대해서 성찰하면서 "이까짓 거!"라고 외치며 한 걸음 더 나아갈 수도 있고, 실패의 의미와 그것을 수용하는 자세를 배울 수도 있다.

말하기로 나만의 이야기 완성하기

수업 중에 친구들과 대화를 나누었다면, 그 내용을 그대로 자서전에 담을 수 있다. 말로 풀어낸 이야기는 솔직한 감정이 자연스럽게 녹아 있어, 글을 읽을 때도 생동감이 느껴진다. 또한 대화체를 활용하여 표현하면 자신만의 개성 있는 목소리를 살릴 수 있고, 독자에게도 친근한 자서전이 될 수 있다.

대화 내용을 그대로 적을 수도 있지만, 정리해서 기록할 수도 있다. 이때 구어체를 문어체로 바꾸거나 반복적인 표현이나 중복되는 말을 정리하고 문장도 다듬어 보다 간결하고 명확하게 표현한다.

대화를 나누고 그것을 글로 정리하는 경험을 해보았다면, 이를 평소 글쓰기에도 적용할 수 있다. 친구와 이야기를 나누듯이 자신의 생각을 녹음하고 그것을 글로 정리하면 보다 쉽게 자서전을 완성할 수 있다. 이때 음성을 텍스트로 변환해 주는 인공지능 프로그램을 활용하면 글을 정리하기가 더 수월하다.

> 교사: 글이 잘 안 써진다면 먼저 말로 해보세요. 글을 쓴다고 생각하면 어렵지만, 친구에게 이야기하듯이 편하게 말한다고 생각하면 내용이 훨씬 쉽게 떠오를 거예요. 그냥 친구에게 이야기하듯이 말하면서 녹음해 보세요. 녹음을 다시 들어보면 자신이 한 이야기 중에서 핵심적인 내용을 찾을 수 있고, 무엇을 더 추가하면 좋을지도 알 수 있어요.

친구에게 이야기하듯 말하고 그 내용을 녹음하여 다시 들어보면서 핵심 내용을 정리하고 문장을 다듬어 초고를 작성하면 보다 쉽게 자신의 이야기를 정리할 수 있다. 특히 글쓰기에 어려움을 느끼는 학생들의 부담을 덜어주고, 자신의 이야기를 좀 더 진솔하게 표현할 수 있도록 해준다. 녹음을 활용하면 언제든지 떠오르는 생각을 기록할 수 있어, 시간이 부족한 상황에서 자서전을 완성하는 데 효과적이다.

학생 예시 글

이제는 실패한 경험을 이야기하고 싶다. 나를 포함해서 누구나 실패하는 것을 좋아하는 사람은 없을 것이다. 하지만 사람은 로봇이 아니기에 절대 성공만 할 수는 없다. 그런데 나는 실패를 많이 하지 않는다. 왜냐하면 실패할 것 같은 도전은 하지 않기 때문이다. 꼭 하나 꼽아보자면 내가 검도 대회를 갔을 때이다. 이때 나는 검도를 정말 열심히 했고, 도장에서도 사부님이나 검도를 오래 하신 분들이 잘한다고 칭찬하실 정도로 정말 잘했다. 자랑 같지만, 어쨌든 이런 내가 검도 대회를 나가게 되었다. 나는 검도에서 지기 싫었다. 하지만 너무 소심하게 행동해 대회에서 1점도 못 따고 졌다. 이것이 내가 지금까지 살면서 가장 큰 실패를 겪은 경험인 것 같다.

초등학교 때는 실패할 것 같은 도전을 처음부터 하지 않았다. 그래서 실패 경험이 별로 없다.《부시 파일럿, 나는 길이 없는 곳으로 간다》라는 책을 읽어보면 정말 좋은 문구가 많지만, 그 중에서 나는 이 세 문장이 가장 맘에 들었다. 이것은 꼭 기억했으면 좋겠다. "시간은 누구에게나 평등하지만 그 결과는 절대로 평등하지 않다. 핑계를 만들지 말고 방법을 찾아라.", "두려움이란 경험의 부재가 만들어낸 환상일 뿐이다. 막상 경험해 보면 별것 아닌 경우가 많다.", "나만이 가능한 일로 남들에게 도움을 주고 누군가의 삶이 조금이라도 변할 수 있다면 무엇이든 해볼 만한 이유가 된다." 이 세 문장이 정말 나에게 도움이 많이 되었다. 지금까지의 내 모습은 잊고 새롭게 두려움 없이 무엇이든 할 수 있을 것 같은 생각이 들었고, 지금도 계속 도전하며 실패를 겪고 있다.

내가 가장 최근에 도전한 것은 학생회장 선거다. 나는 초등학교 때 학급회장이나 부회장, 전교회장 선거를 나가본 적이 없다. 그 이유는 부끄러움이 많고 자신감도 없고 실패에 대한 두려움도 많았기 때문이다. 다른 사람이 한번 해보라고 해도 계속 거절했다. 그런데 중학교 2학년 때 갑자기 전교회장 선거에 나가보고 싶다는 마음이 생겨나기 시작했는데, 나도 내 자신이 신기했다. 하지만 나는 선거에 대한 거부감이 커서 포기하고 싶었다. 그런데 친구들과 선생님, 그리고 가족들이 한 번은 나가보는 게 어떠냐고 이야기했다. 그런 말을 계속 들으니까 '그래, 한번 해보자.'라는 생각이 들어 전교회장 선거에 나가기로 마음먹게 되었다. 사실은 내가 선거에 나가게 된 건 다름 아닌 '내가 만약 이번 전교회장 선거를 안 나간다면 나중에 후회하겠지? 시도해 보지도 않고 자꾸 실패할 거라는 생각 때문에 늘 망설이게 되면 어떡하지?'라는 생각 때문이었다. 그런 생각이 들어서 한번 도전해 보기로 결심했다.

이 결정은 나에게 정말 후회 없는 결정이었다. 전교회장 선거는 떨어졌지만 나는 기분이 좋았다. '아니, 전교회장이 된 것도 아니고 특별히 얻은 것도 없는데 왜 후회 없는 결정이지?'라고 생각할 수도 있다. 하지만 나는 전교회장이 꼭 되겠다는 목적으로 선거에 나간 것이 아니다. 나의 부끄러움과 실패에 대한 두려움을 이겨내기 위해 도전한 것이다. 이 도전은 내가 계속 새로운 일에 도전할 수 있는 힘이 될 것이기 때문에 정말 후회 없는 일이었다고 생각한다.

6. 오감으로 쓰는 자서전

이번 수업에는 오감을 활용하여 희미한 기억을 보다 구체적으로 떠올리고, 이를 그림책 문장이나 묘사의 방법으로 표현하는 활동을 한다. 자서전을 쓸 때, 학생들은 과거의 경험을 단순히 나열하는 데 그치는 경우가 많다. 하지만 삶을 기억하고 기록하는 것이 의미 있으려면, 과거 사건의 나열을 넘어 그 경험이 자신에게 어떤 의미를 가지는지 탐색하는 것이 중요하다. 과거의 경험을 재해석하려면 당시의 기억과 감정을 풍부하게 되살리는 과정이 필요하다. 따라서 이번 활동은 오감을 통해 자신의 삶을 보다 풍부하게 기억하고 표현하는 데 초점을 맞추었다.

기억은 감각과 연결된 경우가 많다. 시각, 촉각, 청각, 후각, 미각의 오감을 통해 기억된 것들은 그 자극이 사라진 뒤에도 오래도록 머릿속에 남는다. 특정한 냄새가 과거의 한 순간을 불현듯 떠오르게 하고, 익숙한 음악이 들리면 오래전의 감정이 생생하게 되살아나기도 한다. 치킨을 먹는 드라마 장면을 보면서 자신도 모르게 예전에 먹었던 치킨의 맛과 그 순간의 분위기, 함께했던 사람들의 모습까지 떠오르는 것처럼, 감각은 희미한 기억을 더욱 선명하게 되살리는 구실을 한다. 따라서 오감을 활용하면 단순한 회상이 아니라 과거 상황에 몰입하는 글쓰기가 가능하다.

이러한 오감 기반 글쓰기 활동을 위해《나만 아는 아무 데》,《눈이 들려주는 10가지 소리》,《계절의 냄새》라는 그림책을 활용했다. 이 그림책들은 공간과 계절을 청각적·시각적·후각적 이미지 등을 통해 제시하고 있다. 따라서 학생들은 그림책을 읽으면서 자연스럽게 감각을 동원하고 이를 자신의 경험과 연결한다. 또 그림책 속의 단어나 문장을 활용해 글을 쓰면서 자신의 기억을 보다 구체적으로 되살리고 생생하게 표현하게 된다.

《나만 아는 아무 데》는 주인공이 아무에게도 간섭받지 않는 장소에서 자신만의 시간을 보내는 이야기를 담은 그림책이다. 어린 시절에 누구나 한 번쯤 가졌을 만한 나만의 장소, 부모님의 간섭을 받고 싶지 않았을 때 상황 등을 공감하면서 관련 기억을 떠올릴 수 있다.

그림책을 읽으면서 공감되는 것이 무엇인지 이야기를 나눠보고, 나만의 공간 또는 나만 혼자 있고 싶었던 순간 등에 관한 내용으로 자서전을 써볼 수 있다.

《눈이 들려주는 10가지 소리》는 다양한 의성어와 함께 물감으로 표현된 그림을 통해 겨울을 생생하게 느낄 수 있는 그림책이다. 소녀와 할머니의 이야기와 부드러운 느낌의 그림이 어우러져 겨울 풍경이지만 따뜻함이 느껴진다.

눈이 들려주는 10가지 소리가 무엇일지, 표지에 그려진 소녀의 뒷모습을 통해 어떤 이야기가 펼쳐질지 예측해 보고, 그림책에 제시된 의성어를 선택해서 자신의 경험이나 겨울의 추억을 표현하는 활동을 할 수 있다.

《계절의 냄새》는 한 아이가 아버지에게 계절의 냄새를 모았다고 하면서 이야기를 들려주는 내용이다. 아이의 이야기를 따라가다 보면, 아이가 성장하면서 보고 듣

고 만지고 느꼈던 경험들을 서정적인 분위기의 그림으로 만날 수 있다.
각 계절의 추억과 관련된 이야기가 펼쳐지므로, 그림책을 통해서 잃어버렸던 계절의 추억들을 떠올릴 수 있다. 계절과 관련된 자신의 경험을 냄새로 기억해 보고, 관련된 자신의 경험을 써보는 활동을 할 수 있다.

나만의 공간에 대하여

오감을 활용하여 자서전을 쓰기 전에, 오감을 통해 기억을 떠올리는 방법을 연습해 보는 활동을 먼저 진행한다. 오감으로 기억을 떠올리는 방법은 과거의 한순간에 머물러 보는 것이다. 기억하고 싶은 과거 한 순간에 머물러서 시각, 촉각, 미각, 후각, 청각으로 상황을 떠올려 본다. 등교하는 길, 아침 교실 풍경 등 최근 학생의 일상생활과 관련된 장면으로 연습해 보면 쉽게 접근할 수 있다.

> 교사: 여러분! 오늘 아침 집에서 학교 오는 길 생각나요? 눈을 감아볼까요. 머릿속으로 상상해 보세요. 집에서 나와 내가 걸어간 길. 무엇이 보이나요? 천천히 떠올려 보세요. 어떤 소리가 들리나요? 사람들 소리, 자동차 소리……. 자, 이제 교실에 들어왔어요. 무슨 냄새가 나요? 좋아요. 눈을 떠봅시다. 이렇게 우리가 기억을 떠올릴 때 무엇이 보이는지, 무엇이 들리는지, 피부로 무엇이 느껴지는지,

어떤 냄새가 나는지, 무엇을 먹었다면 어떤 맛이 나는지 등을 생각해 보면 좀 더 또렷하게 기억이 떠오를 거예요.

학생들이 떠올린 상황을 자유롭게 이야기하게 했다. 자유롭게 이야기하다 보면 서로의 발언이 단서가 되어 기억하는 내용이 더욱 풍부해진다.

학생 1: 나는 아침에 오는 길에 은행나무 잎이 노랗게 물든 걸 봤어.
학생 2: 맞아, 나도 봤어. 어제까지는 완전 노랗지 않았는데, 오늘은 완전 노랗게 물들었더라.

이렇게 서로 공통되거나 비슷한 기억이 있으면 학생들이 '그 순간'에 더 집중한다. 그리고 이러한 경험은 일상을 관찰하는 기회가 된다.

학생: 나도 매일 거기로 다니는데, 왜 못 봤지? 집에 가는 길에 봐야겠다.
교사: 좋아요. 그럼 오늘 집에 가는 길에 다시 주변을 관찰해 보고, 내일 등교할 때는 머릿속으로 자신이 길을 걷는 상황을 오감으로 표현해 보세요. 이렇게 연습하면 상황을 글로 생생하게 표현하는 데 도움이 됩니다.

이렇게 한 순간에 머무는 연습을 한 다음, 자서전에 쓸 글 주제와 관련된 그림책을 함께 읽고 기억을 떠올려 보았다. 《나만 아는 아무 데》는 공간에 대한 의미를 생각해 볼 수 있는 그림책이다. 학생들은 현재 또는 과거에 자신이 편안하게 느끼는 공간, 심리적으로 안정감을 느끼는 공간, 좋아하는 공간 등을 떠올리면서 자신의 가치관과 정체성을 탐색할 수 있다. '나만의 공간'을 떠올리면 자연스럽게 그 공간에서 겪었던 경험이나 사람들과의 추억 등이 떠오르고, 또 그 공간에서 느꼈던 자신의 감정을 인식하는 기회가 되기 때문이다.

'나만의 공간'은 물리적인 공간만을 의미하는 것이 아니라 심리적인 공간이 될 수도 있고 상상의 공간이 될 수도 있다. 《나만 아는 아무 데》는 이러한 '나만의 공간'에 대한 의미를 생각하게 하는 데 도움이 된다. 그림책을 읽고 주인공처럼 '힘들 때 찾아가는 곳, 편안하게 느끼는 곳, 혼자만의 시간을 보내면서 위로받을 수 있는 곳' 등이 있었는지 생각해 보게 했다. 그리고 그 공간에 있는 자신을 상상하고 오감을 통해 기억을 구체화하도록 안내했다.

> **교사:** 나만의 공간이라고 생각되는 곳을 떠올려 보세요. 집 안 어느 곳인가요, 아니면 집 밖인가요? 그 공간에는 무엇이 있나요? 어떤 색깔이 보이나요? 그 공간에는 어떤 물건이 있나요? 어떤 소리가 들리나요? 찬찬히 머릿속으로 나만의 공간을 그려보세요.
> 그리고 그 공간에서 경험했던 것을 떠올려 보세요. 여러 가지가 있겠지만 주로 내가 했던 행동과 관련된 경험이나 주변 사람들과의 추억이 있다면 생각해 보세요.

이렇게 머릿속으로 상상한 다음, 떠올린 공간을 비주얼씽킹으로 표현하는 활동을 추가로 진행할 수 있다. 비주얼씽킹으로 자신이 머릿속으로 떠올린 공간을 표현하고, '표현한 곳이 어떤 공간인지, 그 공간에서 어떤 추억이 있는지' 등을 간단하게 정리하고 친구들에게 발표하는 시간을 갖는다. 이렇게 기억을 여러 차례 떠올리는 활동은 글 내용을 풍부하게 만드는 데 도움을 준다. 만약 학생들이 비주얼씽킹 용어를 모른다면, 네임펜으로 간단하게 선만으로 표현하라고 해도 된다. 학생들에게 간단하게 그리라고 안내하지 않으면, 기억을 떠올리는 데 집중하지 않고 그림을 잘 그리는 데 집중할 수 있기 때문이다. 그러면 오히려 기억을 구체화하는 데 방해가 될 수도 있기 때문에 주의할 필요가 있다.

학생들은 나만의 공간으로 다양한 공간을 떠올리고 그와 관련된 내용을 자서전에 담았다. 어린 시절에 즐겁게 놀던 놀이터, 옥상, 마당 등을 이야기한 경우도 있었고, 자기 방이 생겼을 때의 감정을 표현하기도 했다.

이렇게 과거, 현재와 관련된 '나만의 공간'을 작성해 본 다음에는 미래 자서전과도 연결해 볼 수 있다. '미래의 나는 어떤 공간을 가지고 싶은가? 미래의 나는 어떤 공간에서 행복할까?' 같은 실문을 통해 공간과 연결된 미래의 삶을 구체적으로 상상하고 설계할 수 있다.

'나만의 공간'에 대한 학생 예시 글

나만의 공간이라고 하면 '안방 벽'이 생각난다. 우리 집 안방 벽에는 하얗고 네모난 창문 같은 프레임이 3개 있었다. 내가 어릴 때 잠자리에 들기 전에 엄마가 항상 짧은 이야기를 해주시고 방에서 나가셨다. 그 이야기의 끝은 항상 벽에 달린 하얀 프레임 이야기였다. 엄마와 나는 그 프레임을 '벽에 달린 창문'이라고 불렀다. 엄마는 모두가 잠든 밤에 그 창문들이 열린다고 했다. 그 창문에서는 요정들이 나오는데, 요정들은 우리에게 신나고 재미있는 꿈을 꾸게 해준다고 했다. 그런데 요정들이 나오려면 모두가 10시 안에는 잠들어야 한다고 해서, 나는 8시쯤 잠을 잤다. 내가 잠을 자려고 누우면 엄마는 10시 전까지 할 일이 많다고 하며 방에서 나가셨다. 나는 모두가 10시 전에 잠이 들어 재미있는 꿈을 꾸기를 바라며 프레임을 보다가 잠이 들었다.

나만의 공간은 아파트 뒷산의 빈 공간이다. 사실 나만의 공간은 아니고 큰누나, 작은누나, 나의 공간이다. 여섯 살 때까지 살았던 아파트에는 뒷산이 있었는데, 그 뒷산에서 조금만 더 들어가면 꽃이 조금 있는 빈 공간이 있었다. 처음 누나들을 따라서 그곳에 갔을 때, 그 공간이 너무 넓고 예쁘다고 생각했다. 무슨 꽃인지는 생각이 잘 나지는 않지만, 하얀색 꽃과 노란색 꽃이었던 것 같다. 그곳에 자주 가서 누나와 누나 친구들과 놀았다.

 누나들 따라서 거기에 있는 꽃도 따먹고 싶었는데 엄마가 와서 말렸던 기억도 있다. 옛날 집에 대한 대부분의 기억이 놀이터와 이 공간이기 때문에 이 공간을 나만의 공간으로 골랐다.

침대 밑 서랍. 거기는 나의 최애장품인 공룡을 보관했던 장소다. 유치원에 갔다 오면 무조건 공룡을 꺼내서 확인하고, 가지고 놀다 엄마가 정리하라고 하면 집어넣고 보관했던 공간이다.

 공룡은 내가 어렸을 때 가장 좋아하고 빠져들었던 것이라 항상 침대 밑에 두어서 수시로 꺼내 놀며 정리할 수 있도록 엄마가 정해준 장소다. 이 공간이 있어서 잠들 때도 공룡 꿈을 꾸고 편안하게 잠들 수 있었고, 언제든지 쉽게 정리할 수 있어서 엄마한테 혼나지도 않고 보관할 수 있는 최고로 좋은 공간이었다. 나는 이 공간에 있는 공룡을 통해 안심이 되고 행복함을 느낄 수 있었다.

서술과 묘사 연습하기

오감으로 기억을 떠올려도 떠올린 기억을 글로 표현하는 과정에서 어려움을 겪는 경우가 있다. 문단 구성을 제대로 하지 못하거나 내용을 구체적으로 전개하지 못해서, 몇 줄 쓰고는 더 쓸 내용이 없다고 하소연하기도 한다.

자서전을 쓸 때 학생들의 글에서 반복적으로 나타나는 문제는 문장을 너무 길게 쓰거나 많은 내용을 하나의 문장에 압축해서 작성하는 것이다. 그래서 학생들에게 다음과 같이 문장을 쓰는 방법을 안내하고, 자신의 글을 스스로 수정할 기회를 주었다. 이를 어려워하는 학생들을 위해 학생의 글을 하나 제시하고 그것을 수정하는 과정을 보여주기도 했다.

문장을 쓰는 방법

① 문장은 두 줄을 넘기지 않는다. 두 줄을 넘기게 되면 주어와 서술어의 호응이 맞지 않는 경우가 생기고, 내용을 구체적으로 표현하는 것이

어렵다.

② 하나의 문장에 하나의 내용만을 담는다. 되도록 두 가지 이상의 내용을 한 문장에 담지 않는다.

③ 문장을 '-는데'로 연결하지 말고, '-는데' 자리에 '-다.'를 써서 문장을 완결한다.

④ 글을 완성한 다음 소리 내어서 읽어본다.

학생들이 문단 구성을 어려워한다면 문단 구성 연습을 진행한다. 먼저, 문단은 몇 개의 문장이 모여 통일된 생각 하나를 담고 있는 짧은 이야기 토막이라고 간단하게 설명한다. 그리고 여러 개의 문장을 제시하고, 제시된 문장들의 순서를 배열하여 하나의 문단으로 구성해 보게 한다.

문장 배열 활동을 통해 문단 구성을 연습한 다음에는 문단 내용을 전개하는 데 유용한 방법을 안내했다. 대표적으로 서술과 묘사를 알려주고, 오감으로 쓰는 자서전 활동과 연결하여 묘사를 활용해 글을 쓰는 과제를 주었다.

교사: 여러분이 글을 쓸 때 보면, 몇 줄을 쓰고 쓸거리가 없어서 고민하는 경우가 많아요. 이렇게 문장과 문장을 연결해서 문단을 만드는 것을 글을 쓸 때도 기억해 보세요. 내용을 전개할 때는 서술과 묘사를 활용할 수 있어요. 서술은 직접적인 정보를 주는 설명으로, 경험을 요약적으로 전달할 수 있습니다. 간결하게 많은 내용을 전달할 수 있다는 장점이 있어요. 예를 들어, '놀이공원에 갔다. 그래

서 재미있게 놀았다.' 이렇게 결론만 제시하지 말고 이러한 결론에 도달하기까지의 과정을 여러 문장으로 작성해 주세요.

상황을 생생하게 표현하고 싶으면 어떻게 할까요? 그 당시 상황을 오감으로 표현하거나, 당시 나누었던 대화 일부를 인용해서 작성해 보세요. 놀이공원에 가서 가장 무서웠던 놀이기구 탄 경험을 쓰려고 할 때 '진짜, 무서웠다.'라고만 쓰면 글을 읽는 사람들은 상황을 잘 이해할 수 없어요. '아아악!' 이렇게 내가 소리 지른 것을 쓰거나, 타기 전, 타고 있을 때, 타고 난 후의 감정들이나 보이는 것, 들리는 것들을 구체적으로 적어주면 상황을 생생하게 전달할 수 있어요.

오감으로 글을 쓰는 연습을 하기 위해서 학생들에게 제시했던 글쓰기 주제는 다음과 같다. 자연스럽게 묘사 방법으로 글을 전개할 수 있도록 유도하기 위해서 오감과 관련된 최근의 경험을 쓰도록 했다.

- 이번 주에 가장 많이 들은 소리에 대하여
- 최근 한 달 동안 내가 가장 많이 한 말은?
- 요즘 내가 자주 보는 색깔과 풍경에 대하여

글을 쓴 다음에는 학생들이 피드백을 주고받는 시간을 갖는다. 새로운 주제로 작성한 것도 좋지만, 기존에 작성했던 글로 진행하여 글을 전개하는 방식에 대해서 연습할 수 있도록 해도 된다. 학생들이 피드백을 주고받기 전에는 글을 구체적으로 전개하는 것에 집중하도록 하기 위해서 다음과 같이 안내했다.

교사: 마지막으로 검토해 볼까요? 여러분이 경험한 것을 글을 읽는 사람이 머릿속으로 떠올릴 수 있을까요? 이제 짝의 글을 읽으면서, 이해가 되지 않거나 궁금한 것을 질문해 주세요. 혼자 글을 쓰다 보면 작성해야 할 내용도 생략하는 경우가 많아요. 짝이 내가 쓴 글을 읽고 상황이 이해되지 않아서 질문한 것이나 더 구체적으로 어떻게 되었는지를 질문하는 것이 있다면, 글에 그 내용을 추가로 작성하는 것을 고려해 보면 좋겠습니다.

그림책 문장으로 자서전 쓰기

오감으로 쓰는 자서전 활동에 많은 시간을 할애할 수 없는 경우에는 그림책 문장으로 쓰는 활동을 추천한다. 《눈이 들려주는 10가지 소리》나 《계절의 냄새》와 같이 감각을 중심으로 전개한 그림책을 활용하면 학생들도 자연스럽게 상황을 생생하게 표현할 수 있다. 《눈이 들려주는 10가지 소리》에는 다양한 의성어가 제시되어 있는데, 이러한 의성어를 활용하여 계절과 관련된 자신만의 특별한 추억을 쓸 수 있다. 또한 《계절의 냄새》처럼 특정한 계절과 관련된 냄새를 떠올려 보고, 관련 추억을 구체적으로 적는 활동도 해볼 수 있다.

먼저, 《눈이 들려주는 10가지 소리》를 읽고 겨울에 대한 추억을 자유롭게 떠올린다. 겨울에만 할 수 있었던 놀이나 경험, 특히 눈과 관련한 추억이 있는지, 혹은 그림책처럼 가족이나 조부모님과 관련된 추억이 있는지 눈을 감고 생각해 보게 한다.

> 교사: 여러분도 그림책 내용처럼 겨울과 관련된 추억을 생각해 보세요. 쓰윽쓰윽 쓱쓱 소리가 들리지는 않나요? 눈길을 걸을 때 어떤 소리가 들리나요? 뽀득뽀득 뽀드득 소리가 들리나요? 어떤 추억이 떠오르는지 그 상황에서 들리는 것에 집중해 보세요. 그리고 그림책의 단어나 문장을 넣어서 글을 작성해 보세요.

그리고 다시 그림책을 읽으면서 자신의 추억을 표현할 수 있는 의성어를 선택해 본다. 그림책에서 몇 개의 의성어를 선택한 다음에는 학생 스스로 생각해 낸 의성어도 적어본다. 이렇게 여러 개의 의성어 목록을 만들어놓은 다음, 자신이 떠올린 과거 경험을 적고 그 경험이 지금 자신에게 어떤 의미가 있는지까지 서술하도록 했다.

다음은 《계절의 냄새》와 관련된 활동이다. 먼저 책을 읽기 전에 표지를 함께 본다. 그리고 봄, 여름, 가을, 겨울에만 맡을 수 있는 냄새는 무엇이 있을지 생각해 보고, 그림책에서는 어떤 계절의 냄새가 나올지 예상해 본다.

그림책을 읽고 나서 계절의 냄새와 관련된 경험을 쓰게 했는데, 이때 교사가 먼저 자신의 경험을 들려주고 학생들끼리 자유롭게 이야기를 나누게 하는 게 좋다.

> 교사: 선생님은 여름 모기향 냄새가 기억이 나요. 선생님은 어렸을 때

한옥에 살았어요. 너무 더울 때는 대청마루에 모기장을 치고 잠을 잤어요. 그때 할아버지가 모기향을 피웠는데, 선생님은 모기향 냄새가 나쁘지 않았어요. 까만 하늘의 별을 보며 모기향 냄새를 맡으면서 잠이 들곤 했어요. 지금도 모기향 냄새를 맡으면 어렸을 때 대청마루에서 할아버지와 있었던 시간이 떠올라요. 여러분도 이렇게 계절과 관련된 추억 중 냄새로 기억나는 것이 있나요?

학생 1: 저도 여름에 시골에 있는 할아버지 댁에 가서 모기향 냄새 맡았던 기억이 있어요!

학생 2: 저는 가을에 가족과 함께 캠핑 갔을 때 나무 타던 냄새가 기억나요. 요즘은 가족이 다 바빠서 캠핑을 못 가는데, 어렸을 때 캠핑 가면 아버지가 장작 나무로 불을 피워주셨어요.

학생 3: 저도 여기 그림책처럼 바람의 냄새가 기억나는 것 같아요. 겨울에 아빠가 퇴근하고 들어오시면 바람의 냄새가 난 것 같아요. 그리고 어느 날은 아빠가 군고구마를 사 오시면 군고구마 냄새도 너무 좋았어요.

이렇게 이야기를 나누고 난 뒤에는 다음과 같이 쓸거리를 제시하고 글을 쓰게 했다.

- 그림책을 읽으면서 떠오른 계절의 냄새
- 겨울에 재미있는 놀이를 하면서 맡았던 냄새는?
- 계절과 관련된 특별한 경험이나 인상, 소리와 냄새에 대하여
- 초등학교나 중학교 입학했을 때 봄의 인상에 대하여

감각을 활용하여 기억을 떠올리고 이러한 경험을 그림책 문장을 활용하여 표현하면서 학생들은 평소 사용하지 않던 의성어와 의태어를 자연스럽게 익히고 활용할 수 있게 된다. 또한 묘사의 방법을 연습하면서 문장의 내용이 풍부해지고, 생생한 장면을 표현할 수 있는 문상 구성 능력도 기를 수 있게 된다.

7. 사진으로 쓰는 자서전

이번 수업에서는 사진을 활용하여 가족이나 친구와 함께한 특별한 순간을 기록하고, 이를 통해 관계 속에서 나를 이해하는 시간을 갖는다. 학생들의 기억 속 사건들은 대부분 가족이나 친구 등 주변 사람들과 함께한 순간이다. 따라서 학생들은 자신의 성장 과정에서 가족이나 친구와의 경험을 되돌아보면서 주변 사람들과 어떤 관계를 형성해 왔는지 성찰할 수 있다. 또 당시에는 이해하지 못했던 상황이나 감정을 새롭게 바라보는 기회를 갖게 된다.

사진은 소중한 사람들과 함께한 순간을 기록하는 도구다. 글로만 표현하기 어려운 감정과 분위기, 당시의 표정과 몸짓 등을 그대로 담고 있어 자신의 삶을 되돌아보는 중요한 단서가 될 수 있다. 사진 속 장면을 떠올리며 기억을 확장하고, 그 순간이 자신에게 어떤 의미였는지를 탐색할 수 있다.

이러한 활동을 위해 가족과 친구의 일상을 담아낸 그림책 두 권을 활용했다. 《금요일엔 언제나》는 아버지와 아들의 소중한 일상을 그린 이야기로, 가족과의 일상도 자서전에 담을 이야기로 구상할 수 있음을 보여주는 그림책이다. 《나의 소중한 인생 친구》는 친구와의 관계 속에서 만들어진 소중한 순간들이 담긴 그림책으로, 친구가 나에게 어떤 의미를 가지는지 탐색하는 데 도움을 준다. 학생들은 그림책을 읽고 자서전에 담을 사진을 선택하면서 그 사진이 자신의 삶에서 어떤 의미를 가지는지, 당시의 상황과 감정이 어땠는지 생각해 본다. 그것을 글로 표현하면 자서전의 한 장면을 완성할 수 있다.

사진은 자신만의 이야기를 담아낼 수 있는 중요한 기록이면서, 개인의 삶을 증명하고 기록의 신뢰도를 높이는 자료이기도 하다. 글로만 설명하는 것보다 사진이 함께 제시되면 기록의 생동감과 신뢰도가 높아지며 자서전의 가치도 높아질 것이다. 따라서 이전 수업에서 다루었던 내용에도 사진을 추가하여 자서전을 더욱 풍부하게 구성할 수 있도록 안내했다.

《금요일엔 언제나》는 아버지와 아들의 모습이 사랑스럽게 담긴 그림책이다. 금요일마다 아버지와 아들은 특별한 약속을 지키기 위해 일찍 집을 나선다. 과연 어디로 가는 것일까? 그림책을 한 장 한 장 넘기면서 독자의 궁금증은 커져만 간다. 평범하면서도 특별한 일상을 보내는 아버지와 아들의 모습을 보면서 우리 가족의 소중한 일상을 생각해 볼 수 있다.

그림책을 읽고 우리 가족만의 특별한 점이나 일상적인 모습을 떠올리고 가족의 의미를 생각해 보는 활동, 미래 가족의 모습을 상상하면서 미래 가족이 어떤 일상의 모습이었으면 좋을지, 어떤 작은 전통을 만들어보고 싶은지를 상상해 보는 활동을 해볼 수 있다.

《나의 소중한 인생 친구》는 친구가 나에게 어떤 존재이고 어떤 의미인지를 생각할 수 있는 그림책이다. 주인공에게는 어릴 때부터 같이 놀았고, 어른이 되어도, 갑자기 큰 어려움이 닥쳐와도 변함없이 옆에 있어주는 친구가 있다. 이러한 친구는 '막대기'의 모습으로 제시된다.

왜 사람으로 표현하지 않고 막대기로 표현했는지 이야기를 나누면서, '나의 진정한 친구는 누구인지, 내가 누군가의 친구가 되려면 어떻게 해야 하는지' 등을 생각해 볼 수 있다. 또한 성인, 노인의 삶까지 제시되어 있어서 미래 자서전 쓰기 활동에도 활용할 수 있다.

사진으로 이야기 나누기

이 수업을 하기 전에 가족과 찍은 사진, 친구와 찍은 사진을 가져오게 했다. 사진을 가져오라고 하면 꼭 못 챙겨 오는 학생이 있어서, 온라인 게시판이나 패들렛에 올리게 할 수도 있다.

사진을 선정할 때는 그림책과 연결 지어 이야기할 수 있도록 구체적인 기준을 제시한다. 가족사진의 경우, 가족이 식사하는 모습이나 일상생활이 담긴 사진을 가져오게 한다. 친구의 사진은 '자신과 가장 많은 시간을 보낸 친구, 어려움을 함께 극복한 친구, 나에게 힘을 준 친구' 등 특별한 의미가 있는 친구의 사진을 가져오게 한다.

교사: 이번 수업은 가족과 친구 관계를 통해 나를 탐색해 보는 시간이에요. 우리가 일상을 함께하는 가족이나 친구 관계를 통해서 나를 이해할 수 있어요. 그래서 오늘은 사진으로 가족과 친구를 소개하려고 합니다.

먼저 사진을 보며 내가 가족이나 친구와 어떤 시간을 보냈고, 어떤 감정을 느꼈는지 생각해 보세요. 그리고 가족, 친구 사진을 소개하면서 사진에 담긴 상황이 나에게 주는 의미, 그때의 감정, 소개하는 가족이나 친구와의 특별한 기억 등을 함께 이야기해 주세요. 가족과 친구가 나에게 어떤 존재인지, 어떤 영향을 주었는지 느끼게 되는 시간이 될 거예요.

사진을 준비한 학생들은 모둠 내에서 자신의 사진을 소개하는 시간을 갖는다. 그러면서 자연스럽게 사진 속 순간을 떠올리고, 자신에게 영향을 미친 가족과 친구에 대해서 생각하게 된다. 모둠 내에서 발표할 때는 한 사람당 발표 시간을 제한하여 사진 소개 시간이 너무 길어지지 않도록 한다.

가족의 일상 소개하기

《금요일엔 언제나》는 아버지와 아들이 금요일마다 식당에 가는 이야기를 담고 있다. 아버지와 아들의 소소하지만 특별한 약속을 통해 가족의 의미를 따뜻하게 그려낸다. 그림책을 읽고 나서 '우리 가족의 식사 시간과 관련된 이야기, 우리 가족의 아침 풍경, 아버지와 관련된 특별한 추억, 우리 가족만의 소소하지만 특별하게 지키는 약속' 등에 대해서 이야기를 나눌 수 있다.

가족의 식사 시간에 대해 질문하면, 가족끼리 식사를 거의 안 해서 쓸 내용이 없다고 말하는 학생도 있다. 아침에는 너무 분주하고, 저녁에는 귀가 시간이 다른 경우가 많기 때문이다. 이럴 때는 어머니나 아버지와 특별하게 외식을 한 경우나 둘이서 데이트한 경험이 있는지 물어볼 수도 있다. 이렇듯 교사는 다양한 사례를 예로 들어주면서 학생들이 그림책과 관련된 경험을 떠올릴 수 있도록 돕는다.

그림책을 읽으면서 나누었던 이야기를 바탕으로 우리 가족의 일상적인 식사나 특별한 추억 또는 친구를 소개하는 글을 쓴다. 학생들에게 제시한 글쓰기 질문은 다음과 같다.

- 우리 집의 일상적인 식사 시간의 모습을 소개한다면?
- 우리 가족만의 소소하지만 특별한 약속이나 추억을 소개한다면?
- 가족 구성원 중 한 명과 특별한 순간이 있다면?
- 가족과 함께 여행 간 이야기를 소개한다면?
- 우리 가족만의 특별한 전통이나 특별한 점은?

현재 가족을 소개하는 글을 작성한 후, 시점을 미래로 이동하여 자신의 미래 가족을 상상하는 활동으로 확장할 수 있다. 학생들은 현재 가족을 소개하는 글을 작성하면서 가족이 나에게 어떤 의미인지를 깨닫게 되었을 것이다. 이렇게 깨달은 의미를 바탕으로 자신이 어른이 되어서 가정을 꾸린다면 어떤 일상을 꿈꾸고 어떤 전통을 만들고 싶은지 이야기 나눠보면서 미래를 구체적으로 상상해 볼 수 있다. 미래의 가족과 관련된 글쓰기 질문은 다음과 같이 제시했다.

- 어른이 되어서 내가 이루고 싶은 가족의 모습은?
- 내가 부모가 된 이후 자녀와 함께 만들고 싶은 추억은?
- 내가 어른이 되어서 만들고 싶은 우리 가족의 전통은?

• 미래 가족과 함께 정기적으로 하고 싶은 활동이 있다면? 그 이유는?

이렇게 현재의 가족과 미래의 가족을 연결해서 생각해 보면, 자신이 꿈꾸는 가정의 모습에 대해서 더 구체적으로 상상할 수 있다. 미래 자서전은 직업이나 어떤 성취에 초점을 맞추는 경우가 많지만, 우리의 삶을 이루는 중요한 요소 중 하나는 가족과의 일상이기도 하다. 따라서 미래의 일상적인 가족의 모습을 계획해 보는 것은 자신의 가치관을 탐색하는 것과 밀접한 관련이 있으며 삶의 방향을 생각하게 된다. 따라서 미래 자서전을 쓸 때 진로뿐만 아니라 자신의 일상까지 구체적으로 그려본다면 자신이 중요하게 여기는 가치가 무엇인지를 더 깊이 이해할 수 있을 것이다.

나만의 특별한 친구 소개하기

친구는 가족과는 또 다른 의미에서 중요한 삶의 동반자로, 서로를 지지하고 공감하며 함께 성장하는 존재다. 특히 청소년 시기에 친구의 영향은 매우 크기 때문에, 내가 어떤 친구와 친하고 어떤 추억이 있는지를 생각해 보는 것은 나를 탐색하는 또 다른 과정이기도 하다.

친구를 주제로 한 다양한 그림책이 있지만,《나의 소중한 인생 친구》는 한 사람의 일생을 따라가며 소중한 친구와의 관계를 조명한다. 주인공이 어렸을 때부터 노년기까지 옆에 있어준 친구의 이야기를 담고 있어, 친구의 의미에 대해서 생각해 볼 수 있다.

그림책을 읽고 난 뒤 '과거 – 현재 – 미래'의 친구 관계를 돌아보며 쓸거리를 준비하게 한다. '나에게도 인생 친구가 있는지, 어린 시절 기억나는 친구들은 누구이고 그 친구들은 나에게 어떤 영향을 미쳤는지, 학교생활을 하면서 친해진 친구가 있는지' 등에 대해서 이야기를 나눈다. 학생들에게 제시한 글쓰기 질문은 다음과 같다.

- 어린 시절에 기억나는 친구들을 소개한다면? 어린 시절의 친구와 주로 했던 일은 무엇이고 서로에게 어떤 영향을 미쳤는지?
- 초등학교, 중학교, 고등학교 시절을 지내면서 친해진 친구를 소개한다면?
- 함께 어려움을 극복한 친구를 소개한다면? 함께 극복한 어려움은 어떤 일이었나요?
- 비밀을 털어놓았던 친구는? 그 친구와 비밀을 털어놓은 뒤 어떤 일이 있었나요?

과거와 현재의 친구 관계에 대해서 생각해 보았다면, 미래 친구와의 관계에 대해서도 생각해 볼 수 있다. 어렸을 때 친구나 지금 친구 가운데 할아버지나 할머니가 되어서도 만나고 싶은 친구는 누구이고, 만나서 무엇을 하고 싶은지에 대해서 이야기를 나눈다. 미래 자서전과 관련하여 학생들에게 제시한 글쓰기 질문은 다음과 같다.

- 지금 가장 친한 친구와 어른이 되었을 때 함께하고 싶은 경험은? 그 이유는?

- 어른이 되어서 해외여행을 함께 가고 싶은 친구를 소개한다면? 그리고 그 친구와 함께 해외여행을 간다고 생각하고 여행 계획을 짜보거나 여행한 내용으로 미래 자서전을 작성해 보세요.

친구들과의 미래를 상상할 때 해외여행을 연결하면 학생들의 관심이 매우 높아진다. 가까운 미래인 이삼십 대에 친구와 가고 싶은 해외여행 계획을 구체적으로 세워보라고 하면 저절로 미소가 번지는 학생들의 모습을 볼 수 있다.

교사: 이번 수업에서는 가족과 친구와 관련된 사진만 이야기했지만, 자서전에 추가로 넣을 만한 사진들을 다양하게 골라보세요. 사진은 삶을 보다 생생하게 기록할 수 있도록 도와줍니다. 또 자서전에 서술한 내용을 증명하고 강조하는 효과도 있습니다. 글로는 전달할 수 없는 상황이나 감정도 전달할 수 있고요. 다만 자서전이 사진첩은 아니니, 많은 사진을 넣기보다는 자서전 내용과 관련된 사진을 신중하게 선택해서 배치해야 합니다.

가족이나 친구와 관련된 자서전 쓰기 활동이 마무리되면, 사진은 자신이 작성한 글을 보완하고 의미를 더하는 요소가 될 수 있음을 안내하여 자서전에 추가하도록 한다. 다만 사진을 자서전에 넣다 보면 사진이 너무 많아질 수 있으므로, 자서전 내용과 관련하여 꼭 필요한 사진 중심으로 골라야 한다는 점을 강조한다.

[추가 활동] 내가 좋아하는 모습, 미래 모습 사진으로 소개하기

《주름 때문이야》는 '멋진 씨'가 자기 얼굴에 주름이 가득하다는 사실을 깨닫고 이를 감추려다 오히려 일상의 행복을 빼앗기게 되지만, 이를 다시 찾는 이야기다. 나의 미래 모습을 상상해 보는 활동도 할 수 있고, 내가 좋아하는 내 모습이 무엇인지 생각해 보는 시간도 가질 수 있다.

그림책 표지를 보고 어떤 내용이 전개될지 예측해 보고, 그림책을 함께 읽는다. 그림책을 읽고 난 후 다음 질문을 통해 이야기를 나누고 자서전 쓰기 활동을 할 수 있다.

- 50대나 60대의 어느 날, 주름이 가득한 나의 얼굴을 보며 나에게 하고 싶은 말은?
- 나이가 들면 나의 모습은 어떠할 것 같나요?
- 어른들은 주름이 많이 생기는 것을 왜 싫어할까요?
- 나이가 들면서 생기는 신체 변화를 자연스럽게 받아들이려면 어떻게 해야 할까요?
- 가장 좋아하는 내 모습은 무엇인가요?

그림책 상황처럼 주름이 가득한 나의 얼굴을 보면서 하고 싶은 말을 일기 형식이나 편지 형식으로 적어볼 수도 있다. 인공지능 프로그램이나 사진 애플리케이션을 활용하여 나의 늙은 모습을 미리 찍어보고 자신의 미래 모습을 생각해 볼 수도 있다. 또한 '멋진 씨'가 더 이상 주름을 신경 쓰지 않게 된 장면을 확인해 보고, 자신이 가장 좋아하는 모습이 담긴 사진을 찾아 친구들에게 소개하고 자서전으로 쓰는 활동도 진행할 수 있다.

8. 질문으로 쓰는 미래 자서전

이번 수업에서는 미래 자서전을 쓰면서 자신의 삶을 구체적으로 '기획'해 본다. 미래 자서전은 현실과 동떨어진 공상 속의 이야기를 나열하는 것이 아니라, 현실에 기반한 상상력을 바탕으로 구체적인 자신의 미래 모습을 그려야 한다. 따라서 먼저 자신을 이해하기 위한 질문을 통해 자신이 원하는 삶의 방향을 탐색할 필요가 있다. 그런 다음, 상상력을 동원할 수 있는 편지 쓰기, 미래 일기 등의 글쓰기 형식을 활용하여 미래 자서전을 완성해 나갈 것이다.

많은 학생이 미래를 꿈꾸면서도 정작 자신이 진짜 원하는 것이 무엇인지 정확히 알지 못한다. 그래서 미래 자서전을 쓸 때 '어느 대학에 갈 것인지, 어떤 직업을 가질지'와 같은 목표에만 집중하다가 글쓰기가 막히는 경우가 많다. 그러나 미래의 삶을 기획한다는 것은 대학과 직업을 넘어 '나는 누구인가? 나다운 삶이란 무엇인가? 나는 어떤 삶을 원하는가?' 같은 본질적 질문을 탐구하는 과정이다. 입시 위주의 교육 현실에서 생각해 보지 못했던 '나다움'과 '나다운 꿈과 미래'를 상상해 보는 것이다. 학생들은 자신의 꿈과 소원이 이미 이루어진 것처럼 가정하고 글을 써보면서, 자신이 정말 원하는 것이 무엇인지 발견할 수 있다.

이 활동을 위해서 질문과 대답의 형식으로 이야기가 전개되는 그림책 《진짜 내 소원》과 《인생은 지금》을 활용했다. 《진짜 내 소원》을 통해 '내가 진짜 원하는 것이 무엇인지, 나는 누구인가'를 탐색해 볼 수 있고, 《인생은 지금》을 통해서는 삶의 방향에 대해서 생각해 볼 수 있다.

학생들은 그림책 속 질문에 답하면서 막연한 미래가 아닌 자신이 진정으로 원하는 삶의 모습을 탐색하는 경험을 하게 된다.

《진짜 내 소원》은 진짜 나의 소원이 무엇인지를 질문하고 있는 그림책이다. 소원을 들어주는 지니가 나타나면 나는 어떤 소원을 말하게 될까? 그림책 속 소년은 소원을 말했지만, 그것은 자신의 소원이 아니었다. 진짜 나의 소원을 알려면 어떻게 해야 할까? 진짜 내가 원하는 것이 무엇인지 알려면 나를 제대로 아는 것이 중요하다는 메시지를 유쾌한 유머로 풀어낸 그림책이다.

《인생은 지금》은 은퇴한 노부부의 대화를 통해 '인생은 지금!'이라는 메시지를 전달하고 있는 그림책이다. 표지에는 제목의 의미를 예측할 수 없는 이미지가 있다. 왜 이 두 남녀는 다른 곳을 바라보고 있을까? 책을 읽으면서 그 의미를 파악해 볼 수 있다. 은퇴한 남녀의 대화를 통해 그동안 이들이 어떠한 삶을 살아왔을지도 예측해 볼 수 있다. 바쁜 일상 가운데 내일로 미루면서 만들어놓은 버킷리스트들에 대해서, 그리고 삶의 방향성에 대해서 생각거리를 던져주는 그림책이다.

진짜 '나'는 누구일까?

'사진으로 쓰는 자서전'이 주변 사람의 관계를 통해 나를 탐색하는 시간이었다면, 이번 수업은 오롯이 나 자신에게 집중하여 '나는 누구인가?'라는 질문에 답을 찾아가는 시간이다.

《진짜 내 소원》에는 소원을 들어주는 지니와 한 소년이 등장한다. 지니는 세 가지 소원을 들어주겠다며 소년에게 소원을 빌라고 한다. 그런데 이상한 일이 벌어진다. 소년이 소원을 빌면 엄마와 아빠의 소원이 이루어지는 것이다. 소년은 진짜 자기 소원이 무엇인지 고민에 빠지고, 어떻게 하면 진짜 자기 소원을 알 수 있는지 궁금해한다.

> 교사: 여러분의 소원은 정말 여러분의 것인가요? 그림책 속 소년처럼 혹시 누군가가 이야기해 준 대로 가지게 된 소원은 아닐까요?

그림책을 학생들에게 읽어주면서 그림책 속 지니에게 소원을 빌어 보라고 하면, 학생들은 그림책 속 소년과 비슷한 소원을 빈다. 그러고는 진짜 자기의 소원인지 질문하면 머뭇거린다. 또한 그림책에서 지니가 던지는 질문을 그대로 학생들에게 하면, 학생들 역시 답변을 잘 하지 못한다. 평소 생각해 보지 못했던 질문이기 때문이다. 처음에는 그림책을 같이 읽으면서 그림책에 제시된 질문에 대해 생각해 보고, 나아가 '나'가 누구인지를 탐색하는 질문을 함께 만들어본다. 학생들에게 예로 든 질문은 다음과 같다.

- 내가 좋아하는 것은?
- 가장 좋아하는 계절은?
- 나에게 가장 중요한 것은?
- 내가 가장 좋아하는 공간은?

- 내가 힘들어도 하고 싶은 것은?
- 내가 싫어하는 것은?
- 내가 갖고 싶은 것은?

이러한 예시 질문을 제시한 후 학생들이 직접 자신만의 질문을 만들어보게 했다. 만든 질문들을 학급 전체 학생이 볼 수 있도록 칠판에 붙이고, 각자 자신의 마음에 드는 질문을 3~5개 정도 골라 답을 생각해 본다. 자서전에 쓸 때는 자신을 인터뷰하는 형식이나 선택한 질문에 대한 답변을 서술하는 형식 가운데 하나를 택해 작성하게 했다. 이러한 과정을 통해 학생들은 타인의 기대가 아닌 자신의 진짜 마음을 탐색하게 된다. 그럼으로써 자신의 진짜 소원이 무엇인지, 그리고 진짜 '나'는 누구인지를 생각하는 경험을 하게 된다.

자신이 누구인지를 탐색한 뒤에는 자신이 미래에 하고 싶은 것을 정리하는 활동을 진행한다. 브레인스토밍을 통해 미래에 하고 싶은 것들을 자유롭게 적어볼 수도 있고, 다음과 같은 표를 제시하여 자신의 꿈, 소망, 목표 등을 정리하면서 미래를 설계하게 할 수도 있다.

시간	나이	이루고 싶은 소망(되고 싶은 것, 갖고 싶은 것 등)
현재		
5년 후		
10년 후		
20년 후		
30년 후		
40년 후		

은퇴 이후에 하고 싶은 것은?

은퇴 이후 시간을 상상해 보는 것은 진짜 '나'에게 집중해 보는 경험이 될 수 있다. 은퇴 이후는 어떤 과업을 달성할 필요도, 누군가에게 나의 삶을 증명할 필요도 없는 시기이기 때문이다. 어떻게 보면 인생에서 해야 할 숙제들을 다 끝낸 시기라고도 할 수 있다. 그래서 은퇴 이후를 생각해 본다는 것은 '해야 할 일'이 아닌 정말 '내가 하고 싶은 것'에 집중해 보는 기회가 된다. 학생들은 은퇴 이후를 상상하면서 자신이 진정으로 원하는 삶의 모습이 무엇인지 탐색할 수 있다.

《인생은 지금》을 읽기 전에 학생들에게 은퇴 이후 시간의 의미가 무엇인지 생각해 보게 했다. 그리고 역할을 나눠 그림책을 함께 읽으면서 은퇴 이후 시간의 의미를 다시 생각해 보게 한다.《인생은 지금》에서 남편은 그동안 어떤 삶을 살았는지 예측해 보고, 남편이 무엇을 하자고 하면 아내가 "뭐 하러?", "대체 왜?"라고 대답하는 이유를 생각해 본다. 하고 싶은 것들이 시간이 지나면서 바뀔 수 있다는 점과 그림책에서 노부부의 대화를 통해서 이야기하고자 하는 것은 무엇일지도 이야기를 나누어본다.

> 교사: 여러분에게도 은퇴하는 시간이 올 거예요. 지금은 '대학을 갈 수 있을까? 결혼할 수 있을까? 취업할 수 있을까?' 고민하지만, 시간은 누구에게나 평등합니다. 여러분에게도 이렇게 모든 것을 끝내고 편안하게 살 수 있는 은퇴의 시기가 옵니다. 그러면 여러분이 이렇게 은퇴한 다음에 하고 싶은 것은 무엇인지 버킷리스트를 써

보고, 버킷리스트를 쓰면서 든 생각도 적어봅시다. 자, 나에게 질문을 해보세요. 은퇴 이후에 나는 무엇을 하고 싶을까? 나는 어떤 순간에 행복을 느낄까? 정말 나답게 살 수 있을 때 나는 무엇을 하고 싶을까? 등을 질문해 보세요.

    버킷리스트를 완성한 다음에는 모둠 내에서 서로 발표한다. 그리고 발표하는 과정에서 다른 친구의 버킷리스트 가운데 마음에 드는 것이 있다면 이후에 추가해서 적어도 된다고 허용해 준다. 은퇴 이후의 미래를 상상하는 것은 쉽지 않은 일이기 때문에 친구들의 발표를 들으면서 아이디어를 얻어도 된다.
    은퇴 이후 버킷리스트는 내가 정말 하고 싶은 것에 초점을 맞추어야 한다. 내가 목표로 세웠던 것들이 진짜 나의 삶에 의미가 있는 것인지도 생각해 봐야 한다. 자신이 작성한 버킷리스트를 보면서 '나는 어떤 것에 가치를 두는 사람인지' 자신의 버킷리스트에 대한 생각도 적게 했다. 그리고 마지막으로 이렇게 강조한다. 내가 원하는 것, 그것을 꼭 미래에 해야 할 필요가 없다고. 그림책에서 이야기하듯이 내일 말고 오늘 하면 된다고.
    학생들은 버킷리스트를 작성하면서 자신이 무엇을 중요하게 생각하는 사람인지 발견할 수 있다. 하지만 먼 미래의 일이다 보니 자신을 탐색하는 것을 추상적으로 느낄 수도 있다. 그래서 버킷리스트와 더불어 재킷리스트(지금 꺼내 입지 않으면 입을 때를 놓치는 봄날의 재킷처럼, 더 늦기 전 '지금 하고 싶은 일들'의 리스트)를 작성하게 하면 지금의 '나'를 만나는 시간을 마련해 줄 수 있다.

교사: 버킷리스트라고 하면 너무 먼 미래일 것 같기도 하죠? 버킷리스트의 의미 자체가 죽기 전에 꼭 해야 할 일이나 하고 싶은 일들을 말하니까, 지금 여러분의 삶과는 무관한 것으로 느껴질 수도 있을 것 같아요. 그래서 지금은 '재킷리스트'를 작성해 보려고 합니다. 꼭 어떤 성과와 상관없더라도 작은 기쁨을 얻는 일, 혼자 하고 싶었던 일, 계속 미뤄왔던 일, 남들이 뭐라 할 수 있지만 하고 싶었던 엉뚱한 일도 좋아요. 다만 '치킨을 많이 먹고 싶다', '게임을 하루 종일 하고 싶다'처럼 지금 당장 욕구를 채우기 위한 것은 쓰지 않도록 합니다.

재킷리스트를 작성하는 활동에서 중요한 것은 단순히 목록을 나열하는 것이 아니라 재킷리스트를 통해 '나'를 탐구하는 것이다. 따라서 재킷리스트를 작성한 다음에는 작성한 것이 자신의 삶에서 어떤 의미를 가지는지 생각해 보는 시간을 갖고 모둠 활동을 진행한다. 모둠 내에서 각자 자신의 재킷리스트를 친구들에게 발표하고, 친구의 발표를 들은 다음에는 그 재킷리스트에서 느껴지는 삶의 가치를 찾아준다. 자신이 어떤 가치를 중요하게 여기는 것인지 스스로 찾기 어려울 수도 있고, 다른 사람의 관점을 통해 나를 새롭게 인식할 수 있기 때문이다.

학생들이 가치와 관련된 단어를 모르는 경우가 많기 때문에, 가치 단어 목록을 예시로 보여주거나 다음 쪽에 제시한 것과 같은 활동지를 활용하여 활동을 진행해도 좋다. 이러한 과정을 통해 학생들은 단순히 하고 싶은 일을 나열하는 것을 넘어 자신이 추구하는 삶의 방향과 가치를 탐구할 수 있다.

* _____의 '재킷리스트'에서 느껴지는 가치에 동그라미를 쳐봅시다.

친절	감사	명예	사랑	열정	인정
소신	인내	근면	책임	신뢰	신중
기쁨	여유	용기	유머	자유	진실
유머	탐구	탁월함	꿈	공평	존중
배려	친절	봉사	희망	자율	명예

친구_____의 재킷리스트에서 느껴지는 가치는_____이다.
그래서 친구_____은/는_____한 사람인 것 같다.
(예시) ○○○은 늘 노력하고 타인을 배려하는 것을 소중하게 여기는 사람인 것 같다.

미래 어느 시점의 일기 쓰기

미래 자서전을 쓰면서 자신의 삶을 제대로 설계하려면 단순히 계획을 세우는 것에 그쳐서는 안 되고, 내가 쓴 글을 통해 삶을 경험해 보는 과정이 필요하다. 글을 통해 삶을 경험해 보면 내가 진짜로 원하는 삶인지 아닌지를 알 수 있고, 내가 어떤 사람인지도 더 깊이 이해할 수 있기 때문이다.

미래 일기를 써보면 내가 상상했던 삶이 어떤 감정을 불러일으키는지, 그 순간의 상황과 느낌을 생각해 볼 수 있다. 그래서 버킷리스트, 재킷리스트, 삶의 목표 등을 정하는 것으로만 끝내지 말고, 그것이 이루어진 다음의 어느 날을 특정하여 일기를 써보면 좋다.

목표를 이루고 나서 일기를 써보면, 목표를 이루었을 때 느끼는 기쁨뿐만 아니라 예상하지 못했던 감정과 목표 달성 이후의 새로운 고민들까지 담을 수 있다. 이러한 과정을 통해 자신의 삶을 보다 입체적으로 상상하며, 삶이라는 것이 목표를 이루는 것 자체에만 있는 것이 아니라는 사실도 깨닫게 된다.

미래 일기 - 학생 예시 글

오늘은 아주 특별한 날이다. 나의 집을 새로 마련했기 때문이다. 오늘 나는 자취를 시작했다. 대학교와 너무 멀리 있지만, 없는 것 빼고 다 있는 10평짜리 집 하나를 구하게 되었다. 나의 컴퓨터 책상, 침대 등을 옮겼다. 짐을 다 옮기고 점심을 먹기 위해 음식을 만들기 시작했다. 오늘의 점심은 아주 간단한 김치볶음밥이었다. 밥을 먹고 대학교에 갔다. 내가 다니고 있는 대학교는 ○○대이다. 대학교에서 나는 많은 친구들을 사귀고 재미있는 공부를 하고 있다. 강의를 듣고 8시쯤에 집에 돌아왔다. 이사한 후 첫날이지만 이미 익숙해졌다. 집에 돌아온 나는 방을 청소한 후 컴퓨터에 앉아 친구들과 게임을 했다. 그러고 나서 집에 필요한 물건을 사기로 했다. 필요한 물건을 주문하고 나서 유튜브를 재미있게 보면서 잠을 청했다.

오늘은 2031년 1월 4일. 내가 군대를 제대한 지 석 달째 되는 날이다. 나는 군대를 제대한 후 직장을 얻기 위해 열심히 면접을 보았고, 마침내 합격하여 오늘이 첫 출근하는 날이다. 신입이라 고생을 많이 하겠지만 그래도 아주 기대가 된다. 회사 생활을 열심히 해서 빨리 진급하고 돈을 모

아 내 집을 마련하고 싶다. 내 삶은 이제부터 시작이다. 미래의 모습이 어떨지 정말 기대가 된다.

오늘은 내가 다니던 회사에 휴가를 냈다. 왜냐하면 친구들과 함께 콘서트를 보러 가기로 했기 때문이다. 태어나서 처음으로 가는 콘서트이기 때문에 설레기도 하지만 긴장도 되었다. 가까이서 노래를 들으니 훨씬 재밌었다. 콘서트가 끝난 뒤 친구들과 우리 집에 왔다. 우리는 같이 맛있는 것도 먹고 음료수도 마시며 놀았다. 먹을 것을 다 치운 뒤 우리는 같이 컴퓨터 게임을 했다. 다섯 명이 경쟁전을 돌렸는데 계속 이겨서 승급도 했다. 휴가를 낸 것이 너무 뿌듯한 하루다. 내일은 주말이니 푹 쉬고 월요일부터 다시 열심히 살아야겠다. 오늘은 지금까지 열심히 살아온 나에게 주는 꿀 같은 하루였다. 앞으로도 열심히 살아야겠다.

[추가 활동] 세상을 아름답게 만들기 위해서 내가 할 수 있는 일은?

《미스 럼피우스》는 따뜻한 그림, 아름다운 이야기가 어우러진 수채화 같은 그림책이다. 어른이 되면 하고 싶은 일이 있다고 말하는 소녀에게, 할아버지는 해야 할 일이 하나 있다고 말한다. 그것은 바로 세상을 좀 더 아름답게 만드는 일이다. 그리고 이러한 할아버지의 유산은 럼피우스를 통해 또 소년과 소녀에게 전해진다.

이 그림책을 읽으면서, 어른이 되면 하고 싶은 소원을 적어보는 활동뿐만 아니라 세상을 더 아름답게 만들기 위해 무엇을 할 수 있는지도 함께 생각해 볼 수 있다. 그림책을 읽고 난 후 다음과 같이 제시한 질문을 통해 이야기를 나누어보고 자서전 쓰기 활동을 진행한다.

- 미스 럼피우스처럼 어른이 되면 하고 싶은 일 세 가지를 정한다면?
- 미스 럼피우스가 다른 사람의 시선을 신경 쓰지 않고 자신의 꿈을 이룰 수 있었던 이유는 무엇일까요?
- 내가 어른이 된다면, 세상을 아름답게 만들기 위해서 무엇을 하고 싶나요?
- 노인이 되어서 소년과 소녀에게 이야기를 해준다면, 어떤 이야기를 해주고 싶나요?

이러한 질문을 통해 학생들은 자신의 미래를 보다 구체적으로 그려보면서 사회 구성원으로서 자신의 역할도 생각해 볼 수 있다. 개인의 삶만 설계하는 것보다 좀 더 넓은 시야로 세상을 바라보며, 자신이 사회에 미칠 긍정적인 영향이나 기여할 수 있는 방법을 고민하는 계기를 마련할 수 있다.

9. 마지막으로 내가 기억할 여름은?

이번 수업에서는 '내가 마지막까지 간직하고 싶은 기억은 무엇일까?'라는 질문을 통해 자신이 소중하게 여기는 가치와 삶의 방향을 탐색해 본다. 삶을 돌아보고 어떻게 살아야 할지를 고민할 때 가장 좋은 방법은 '인생의 마지막'을 떠올려 보는 것이다. 이를 위해서 '살아 있는 장례식 초대장', '유언장'을 작성해 보고, 마지막 순간에 떠올리고 싶은 기억 등을 정리해 보는 활동을 진행한다.

　죽음의 순간을 그려보는 것은 단순한 상상에서 그치는 것이 아니라 삶을 더 잘 살아가기 위한 자극이 될 수 있다. 마지막 순간을 상상하며 가장 소중한 기억을 떠올려 보면, 결국 내 삶에서 진정으로 중요한 것이 무엇인지 자연스럽게 발견할 수 있기 때문이다. 학생들은 자신이 어떤 삶을 살아왔고 앞으로 어떻게 살아가고 싶은지 고민하면서 현재를 더 의미 있게 만드는 방법을 찾게 된다. 또한 주변 사람들과의 관계도 돌아보고, 주변 사람들에게 어떻게 기억되고 싶은지를 생각하면서 더 의미 있게 살아가야 할 방향을 탐색하게 된다.

　이러한 활동을 위해서 그래픽 노블인《마지막 여름》과 그림책《할아버지의 마지막 여름》,《그날은》을 활용했다.《할아버지의 마지막 여름》,《그날은》은 소중한 존재를 잃은 상실감과 이를 회복해 나가는 과정을 담고 있다.《마지막 여름》은 게르다 할머니의 삶과 인생의 마지막 여정을 제시하고 있다. 아직은 죽음을 추상적이고 막연하게 느낄 수 있는 학생들에게 죽음의 과정과 의미를 생각해 볼 수 있게 한다. 이 책들을 함께 읽으며 죽음이라는 주제를 통해 삶을 더욱 의미 있게 살아가는 방법을 고민하는 시간이 될 것이다.

《마지막 여름》은 양로원에 사는 게르다 할머니가 자신의 파란만장한 삶을 회상하면서, 자신의 삶은 행복했는지에 대한 답을 찾는 이야기다. 총 15장으로 이루어져 있으며, 현재와 과거가 교차하면서 이야기가 전개된다. 각 장 제목의 의미를 생각해 보면서, '과연 게르다는 행복했을까?', '우리의 삶의 의미는 무엇일까?'를 진지하게 생각해 볼 수 있다.

《할아버지의 마지막 여름》은 할아버지의 마지막 여름을 바라보는 아이의 시선으로 진행되는 그림책이다. 할아버지가 점점 힘, 부드러움, 빛, 움직임, 소리, 기억을 잃어가는 과정을 담담하게 이야기한다. 그러다가 할아버지를 더는 볼 수 없게 되었을 때도 자연스럽게 받아들인다. 사랑하는 가족에 대한 상실을 담고 있지만, 여름을 배경으로 펼쳐지는 만큼 아름다운 바다와 따뜻한 이미지로 가득 차 있다. 그림책을 읽고 '가족이나 조부모님의 죽음을 경험한 적이 있는지, 그 일이 나에게 어떤 영향을 미쳤는지' 같은 이야기를 나눌 수 있다.

《그날은》은 소중한 존재인 할머니를 떠나보낸 한 소년이 상실의 마음을 극복해 나가는 여정을 담은 그림책이다. 할머니의 장례식 날, 소년은 산책하며 할머니를 회상하고, 자신을 데리러 온 할아버지도 만난다. 할머니의 부재를 받아들인 소년의 귀갓길을 태양이

환히 비춰준다.

그림책을 통해 주변 사람의 죽음이나 상실의 경험을 생각해 볼 수도 있고, 나의 장례식장을 상상해 보면서 미래 자서전을 작성하는 활동으로 연결할 수도 있다.

그림책 함께 읽기

《마지막 여름》은 삶의 마지막에 와 있는 게르다 할머니가 양로원에서 과거를 회상하는 이야기다. 다소 무거운 이야기일 수 있지만, 삶과 죽음의 의미에 대해서 학생들과 이야기를 나눠볼 수 있다. '고등학생들이 읽기에도 무거운 주제가 아닐까, 너무 어렵지 않을까' 고민할 수도 있지만, 중학생들도 어렵지 않게 읽을 수 있었던 책이다. 자서전 쓰기 수업을 할 때는 책의 내용을 어떻게 설명해야 하나 고민하지 말고, 책과 학생들이 스스로 대화하게 만들어주는 것이 좋다. 자서전을 쓰다 보면 어쩔 수 없이 만나게 되는 죽음과 그 의미를 교사가 다 설명해야 한다는 부담감을 내려놓아야 한다.

교사: 선생님은 62쪽 장면이 의미 있게 다가왔어요. 이런 밤에는 큰곰자리가 잘 보인다고 했는데, 할아버지는 아무것도 안 보인다고 했어요. 그러자 게르다 할머니는 저 점들을 서로 연결해 보라고 했고, 별들을 연결한 그림이 제시되어 있어요. 이 장면을 보면서 선생님은 이렇게 생각했어요. '하루하루는 아무런 의미가 없을 수도 있고, 지금 당장 어떤 의미인지 보이지 않을 수도 있지만, 그러한 하루하루를 연결하다 보면 지금 내가 살고 있는 하루가 다 의미가 있

구나. 지금은 보이지 않지만 보일 때가 있구나. 지금 겪고 있는 일들이 힘들고 내 인생에서 없어졌으면 좋겠지만 각각이 점들이 하나의 큰 별자리를 이루는 것처럼 언젠가는 연결되어 아름다운 별자리가 될 수도 있겠구나.' 하고 생각해 보았어요.

이렇게 교사가 먼저 감상을 말해주고 학생들끼리 서로 의미 있게 와닿은 부분을 이야기하게 한다. 그리고 각 소제목은 어떤 의미인지도 함께 생각해 보면서 감상하도록 했다.

마지막 순간, 기억할 여름은?

《마지막 여름》을 다 읽고 나면 마지막 장면을 함께 보며 이야기를 나눈다. 게르다 할머니가 죽기 전에 떠올렸던 마지막 여름의 장면이 무엇인지, 왜 그 장면을 떠올렸는지에 대해 학생들과 이야기를 나눈다.

> **교사:** 게르다 할머니가 삶의 마지막 순간에 떠올린 것은 가족과 함께했던 여름이었어요. 여러분이 마지막 순간에 기억하게 될 여름은 언제일까요? 지금까지 보낸 여름 중에서 가장 기억하고 싶은 순간이 있나요? 이유는 무엇일까요?

이 질문을 통해 학생들은 단순히 기억을 떠올리는 것을 넘어, 삶에서 무엇이 가장 소중한지 한 번쯤 고민해 볼 수 있다. 《마지막 여름》

을 읽고 제시할 수 있는 질문은 많다. 그러나 학생들에게 이렇게 '마지막 순간, 내가 기억할 여름은?'이라는 질문 하나만 던진 이유는 삶의 방향과 죽음을 동시에 생각해 보게 하기 위해서였다. 이 질문에 학생들은 다음과 같이 대답했다.

"저는 가족과 함께 휴가 보냈던 시간이 떠올랐어요. 이때 모든 가족이 모여서 해외로 여행을 갔었는데, 이후에는 서로 바빠서 얼굴을 보지 못할 때가 많았어요. 그래서 그때가 기억에 남는 것 같아요."

"저는 할아버지와 바닷가에서 산책했던 여름이 떠올랐어요. 이때 가족이 모여서 바닷가에서 놀고, 저는 할아버지와 산책하며 이런저런 이야기를 나누었어요. 그런데 할아버지가 그 이후에 돌아가셔서, 할아버지와 마지막으로 함께했던 여름이라 기억이 나요."

학생들 대부분이 마지막에 떠올리고 싶은 순간은 게르다 할머니처럼 가족과 함께한 순간, 사랑하는 사람들과 보낸 시간이었다.

교사: 오늘 수업에서는 여러분이 마지막 순간에 기억할 여름에 대해서 이야기를 나누고 자서전을 썼어요. 그러나 어쩌면 여러분이 마지막에 기억하고 싶은 순간이 바로 지금일 수도 있어요. 그렇다면 지금 이 순간을 어떻게 보내고 싶나요? 이렇게 우리가 죽음을 생각해 보는 것은 현재의 삶을 더욱 의미 있게 살아가는 방법을 고민하는 과정입니다.

이렇게 활동을 하고 난 후 《할아버지의 마지막 여름》을 읽고 추가적인 활동을 진행할 수 있다. 주변 사람의 죽음을 통해 죽음의 의미를 다시 한번 생각해 보는 것이다. 《할아버지의 마지막 여름》을 읽고 학생들에게 제시할 수 있는 질문은 다음과 같다.

- 죽음이라는 것을 가깝게 느꼈던 경험이 있나요?
- 어린 시절 나에게 중요한 역할을 한 어른은 누구인가요? 어떤 경험이 떠오르나요?
- 조부모님에 대해서 특별히 기억나는 것이 있다면 무엇인가요? 나에게 어떤 영향을 주었나요?
- 조부모님이 돌아가셨다면, 그때 나는 어떤 감정이었나요?

장례식장 초대장과 유언장

이번 수업에서는 '나의 장례식'을 상상하면서 초대장을 작성하고, 남은 가족과 지인들에게 남기는 유언장을 적어보는 활동을 통해 삶의 의미를 탐색해 본다.

> 교사: 오늘은 여러분의 장례식장 초대장을 만들어보고 유언장도 써볼 거예요. 우리는 왜 죽음을 생각할까요? 《모리와 함께한 화요일》에는 이런 구절이 있어요. "미치, 어떻게 죽어야 할지 배우게 되면 어떻게 살아야 할지도 배울 수 있다네. 우리가 죽음을 생각해 보는

것은, 이렇게 죽음을 통해 우리가 어떻게 살아야 할지를 생각해 보기 위해서지."

이렇게 이야기하고 두 곡의 노래를 함께 듣는다. 가수 신해철은 생전에 자신이 죽은 다음에 장례식장에 울려 퍼질 곡으로 〈민물장어의 꿈〉을 꼽았다고 한다. 가사 중에 "긴 여행을 끝내리, 미련 없이"라는 부분은 죽음을 받아들이는 의미로 생각해 볼 수 있다. 또 한 곡은 이찬혁의 〈장례희망〉이다. 이 노래는 자신이 생각하는 장례식장 풍경과 죽음에 대한 인식이 담겨 있다. 이 노래들을 통해 학생들이 상상하는 장례식의 모습과 죽음에 대한 자신의 생각을 정리해 볼 수 있다.

이렇게 노래를 들은 후, 내가 살아 있을 때 장례식을 연다면 장례식에 누구를 초대하고 싶은지, 초대된 사람들과 무엇을 하고 어떤 노래를 함께 듣고 싶은지 등 '살아 있는 장례식'을 기획해 본다. 학생들이 조금 더 구체적으로 생각할 수 있도록 먼저 '살아 있는 장례식'의 모습을 간단한 그림으로 그려보게 하고 초대장을 써보게 했다.

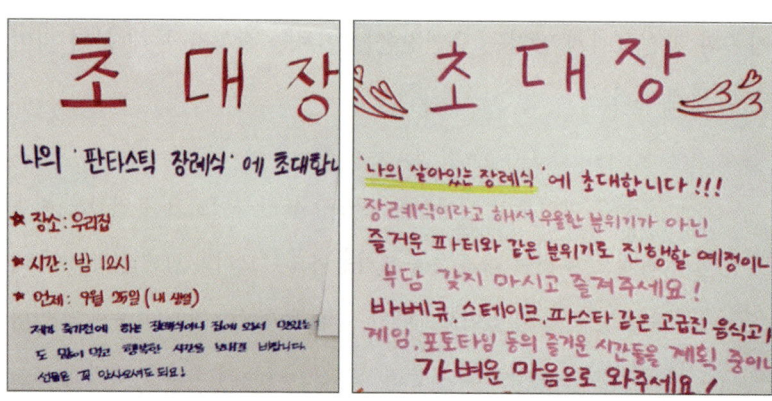

초대장을 만들고 발표한 다음에는 실제 자신의 장례식이 어떠했으면 좋을지, 만약 내 삶이 1년만 남았다면 무엇을 하고 싶은지를 주제로 글을 쓰고 발표한다.

학생 예시 글

내 장례식장 모습은 흰색 꽃과 검정색 정장을 입고 온 사람들이 아닌 평상시 옷과 편한 옷차림을 하고 온 사람들과 친구들이 있었으면 좋겠다. 내 장례식장에서 울고 슬퍼하는 모습보다는 사람은 언젠가는 죽을 거라는 현실을 받아들이고 웃음으로 보내주는 모습을 보고 싶다. 그리고 나를 화장할 때 같이 태워줄 물건은 저승 가서 읽을 베스트셀러 책 한 권이었으면 좋겠다. 그러면 가는 길이 심심하지 않을 것 같다.

나는 가끔 이런 생각을 한다. '내 인생의 마지막이라면 무엇을 하고 싶을까?', '내 인생이 1년 남았을 때 나는 무엇을 하고 싶을까?' 이 질문에 한번 답해보려 한다.

만약 내 인생의 마지막 날이라면 가족들과 같이 즐겁게 지내면서 이별 준비를 할 것 같다. 솔직히 말해서 마지막으로 내가 하고 싶은 걸 다 하고 싶기도 하지만, 그래도 마지막인데 가족들과의 이별을 준비하는 것이 더 의미 있다고 생각한다. 인생이 1년 남았더라도 비슷한 마음일 것 같다. 이별이라는 것은 정말 힘든 일이다. 특히 사랑하는 사람들, 소중한 사람들과는 더더욱 그렇다. 그래서 나는 1년이라는 시간을 헛되게 사용하기 싫다. 하루, 한 시간, 일 분, 일 초를 소중히 여기며 살 것이다. 그래야 남은 1년을 즐겁게 살아갈 수 있을 것 같다.

이렇게 자신의 죽음까지 생각해 보고 나서 지나온 삶을 돌아보며 유언장을 작성한다. 유언장에 적을 내용을 막연하게 생각할 수 있으므로, 소중한 사람들에게 전하고 싶은 메시지, 내가 생각하는 삶의 의미, 나를 어떻게 기억해 주면 좋을지 등 구체적인 항목들을 안내한다.

　이러한 활동을 통해 학생들은 죽음을 생각하는 것이 곧 삶을 더 깊이 이해하는 과정임을 깨닫고, 남은 시간을 어떻게 하면 의미 있게 보낼 것인지 고민하게 되었다. 또한 죽음을 마주하는 글쓰기를 통해 자신의 삶을 더욱 주체적으로 설계하고, 주변 사람들에게 감사하는 마음을 표현하는 법도 배우는 기회가 되었다.

[추가 활동] 인생의 마지막 날 내가 가져가고 싶은 물건은?

《여행 가는 날》에는 한 할아버지가 등장한다. 어느 날, 손님이 찾아오자 할아버지는 여행을 준비한다. 여행지에 도착하면 아내가 마중 나올 거라는 손님의 말에 할아버지는 더 분주하게 짐을 싼다. 담담한 할아버지의 모습을 통해 죽음을 자연의 섭리로 이해하고 받아들일 수 있게 해주는 그림책이다. 그림책 마지막에는 할아버지의 짧은 유언과 함께 할아버지의 여행 준비물이 가득 그려져 있다.
이 그림책을 함께 읽고, 다음과 같은 질문을 통해 자서전 쓰기 활동을 진행해 볼 수 있다.

- 할아버지는 죽음을 왜 담담하게 받아들일까요?
- 여러분은 죽음을 무엇이라고 생각하나요? 그 이유는 무엇인가요?
- 그림책을 읽고 죽음에 대해서 새롭게 생각한 것이 있다면?
- 내가 죽기 전에 일주일의 시간이 주어진다면 무엇을 하고 싶은가요?
- 내가 죽을 때 가지고 가고 싶은 물건 3개를 정한다면? 그 이유는?
- 할아버지처럼 마지막으로 가족에게 남기고 싶은 말은?

할아버지가 죽음을 대하는 태도를 생각해 보고, 평소 자신이 생각했던 죽음의 이미지와 비교해 본다. 죽음은 모두에게 찾아오는 순간이므로, 어떻게 준비하면 좋을지에 대해서도 이야기를 나눠볼 수 있다. 마지막으로 할아버지처럼 여행 갈 때 가방 안에 무엇을 담아 갈 것인지 그림으로 표현하고 그 이유를 적어본다. 그리고 여행을 준비하면서 어떤 느낌이었는지를 정리하면서 자신이 무엇을 중요하게 생각하는 사람인지 성찰할 수 있다.

수업 사례 2

누구나 쓸 수 있는
미니 자서전

정유정

수업 개요

국어 교사로서 학생들에게 어떤 영향을 미치고 싶냐는 질문을 들으면, "내가 만나는 모든 학생들이 글을 읽으며 자신을 발견하고 글을 쓰며 자신을 위로하는 어른으로 성장하기를 바란다."라고 답한다. 국어 교사 모임에서 여러 선생님들과 소통하며 자서전을 직접 쓴 경험은 글쓰기 수업이 얼마나 중요한지를 깨닫게 해주었다. 글을 쓰며 자기를 돌아보는 일이 학생들에게도 스스로를 돌보고 성장하는 한 가지 방법이 될 수 있겠다는 확신이 생겼다.

코로나가 한창이던 시기에 학교를 옮겼다. 그리고 학습이나 생활에 도움이 필요한 학생들을 만났다. 코로나로 수업 결손이 자주 발생하는 상황인 데다가 다문화 가정과 외국인 학생들 비율이 높아 교과서만으로 수업을 해나가기가 어려웠다. 게다가 학교생활에 적응하기 힘들어하는 학생들도 늘어났고, 전반적으로 의욕을 잃거나 마음의 상처가 있는 학생도 많았다. 이런 상황에서 학생들에게 작지만 의미 있는 변화의 시작점을 만들어주고 싶었다. 그래서 계획한 것이 바로 자서전 쓰기 수업이다.

학생들은 '자서전'이라는 용어 자체에서 부담을 느꼈다. 글쓰기를 한 번도 해본 적이 없다고 당당하게 말하는 학생이 한 반에 다섯 명이 넘었다. 글쓰기를 해본 학생들도 그것이 실패 경험으로 남은 경우가 많았다. 글쓰기에 부담을 느끼고 익숙하지 않은 아이들에게 쓰기를 통해 삶 전체를 마주 보게 하는 일은 어려울 수 있겠다고 판단했다. 그래서 아이들과 쓰기를 통해 나누고 싶은 삶의 가치를 고민했고, '세상과 행복, 갈등과 심리적 경계, 상실과 실패, 성장, 도전' 등을 주제로 '미니 자서전 쓰기' 활동을 계획했다.

추상적인 주제를 학생들이 쉽게 받아들일 수 있도록 돕기 위해 적절한 읽기 자료도 고민했다. 갈등, 불안, 실패처럼 불쾌한 감정을 불러일으킬 수 있는 경험을 쓰게 하는 일이 아이들에게 심리적으로 어떤 영향을 미칠지에 대한 고민도 컸다. 아이들이 지나치게 부정적인 감정에 매몰되지 않았으면 했다. 이를 위해 주제가 직관적으로 드러나고 내용을 가볍게 풀어낸 '그림책'을 활용하게 되었다.

그림책은 시각적 요소와 간결한 텍스트가 결합되어 학생들이 쉽게 접근할 수 있고 감정적인 부담을 덜 느끼게 한다. 그림책을 통해 학생들은 추상적이고 어려운 주제를 접하면서도 이를 긍정적으로 해석하고 표현하는 법을 배울 수 있다. 수업이 진행되는 동안 그림책을 함께 읽고 생각을 공유하며 학생들 내면의 풍부한 이야기들을 끌어낼 수도 있다. 학생들과 함께한 수업의 흐름은 다음과 같다.

차시	수업 내용	활용한 그림책
1차시	내 인생의 첫 번째 질문 – 나를 둘러싼 세상과 행복 정의하기 – 인생 질문 만들기	첫 번째 질문
2차시	타인과 나를 이해하는 순간들 – 나만의 의자 구상하기 – 나와 타인의 심리적 경계 살피기	곰씨의 의자
3차시	완벽을 넘어 성장으로 – 나만의 완벽한 ○○ 소개하기 – 실패와 성장 경험 쓰기	양통의 완벽한 수박밭

4차시	내일의 나에게 건네는 감정 음료 – 마음 요리 처방하기 – 미래의 나에게 주는 감정 음료 만들기	마음먹기 마음 요리
5차시	나만의 도전 마주하기 – 세상을 향한 나만의 소통 방법 – 꼭 도전하고 싶은 일	핑!

* 한 차시는 2시간(90분)으로 진행함.

중1 국어과 교육과정 성취기준에는 '통일성을 갖춘 글쓰기'와 '삶과 경험을 바탕으로 하는 글쓰기' 내용이 포함되어 있다. 교육과정을 재구성해 관련 단원을 통해 글쓰기 전 과정을 살피고 자서전의 개념과 의의를 익혔다. 그리고 모둠 대화 참여도와 글쓰기 활동을 중심으로 '미니 자서전 쓰기' 교수·학습 평가 계획을 수립했다.

글쓰기 10시간을 연달아 수업하면 학생들도 교사도 지친다. 게다가 쓰기의 경우, 교사의 피드백에 따른 결과물의 완성도 차이가 크다. 아이들이 숨을 돌릴 시간, 교사가 글을 읽고 피드백하는 시간을 확보하기 위해 한 주에 2시간씩 5~6주에 걸쳐 자서전 쓰기 수업을 진행했다.

각 차시의 활동은 '그림책 읽기, 모둠 대화 나누기, 자서전 쓰기, 한 편의 글로 다듬기'로 이루어진다. 각 활동을 계획할 때 몇 가지 세부 요소에 특별히 신경을 썼다.

먼저 그림책을 읽는 방법을 각 차시의 목적과 책의 상징성, 내용의 친숙함 등에 따라 달리했다. 혼자 읽기, 모둠 읽기, 전체 읽기 등을 진행했는데, 학생들이 책의 의미를 깊이 있게 이해하도록 돕기 위한 방법이었다.

글쓰기 단계에서는 교사가 글쓰기 질문을 준비하고 활동지를 체계적으로 구성했다. '처음 – 중간 – 끝'의 글 구성 단계처럼 흐름이 있는 질문들을 활동지에 제시했다. 이를 통해 학생들이 글감 선택에 어려움을 겪지 않도록 했고, 학생들의 글쓰기 속도도 자연스럽게 빨라졌다. 이런 과정이 몇 차시 반복되면서 학생들의 쓰기 실력도 향상되었는데, 무엇보다 글의 구성이 훨씬 매끄러워졌다.

구성이 잘된 글은 교사가 읽기도 수월하다. 덕분에 피드백에 들이는 시간을 더 쓸 수 있었다. 질문은 각 차시의 의도와 밀접하게 연관되면서도 학생들이 본인의 경험과 감정, 생각을 자세히 들여다봐야만 답할 수 있는 내용으로 최대한 구성했다.

말로는 충분히 잘 설명하지만 글로 표현하는 데에는 어려움을 겪는 학생들이 많다. 이런 학생들은 생각을 글로 옮기는 일 자체를 어려워해 교사의 적극적인 도움이 필요하다. 교사가 피드백을 제공하면 확실히 글의 가독성과 전달력이 좋아진다. 그러나 120명의 학생에게 세세한 피드백을 제공하는 것은 현실적으로 어렵다. 그럼에도 구조화된 질문을 활용해 유형화할 수 있었고, 비슷한 성격의 글들을 묶어 공통적인 피드백을 제공하기도 했다. 글쓰기 수업에서 교사가 겪는 피드백에 대한 부담을 줄이고 효율적으로 수업을 진행하기 위해 노력했다.

1차시 내 인생의 첫 번째 질문

학생들에게 어떤 질문을 하든 가장 많이 돌아오는 답변은 "몰라요."와 "그냥요."이다. "네가 가장 좋아하는 활동은 뭐니?"라고 물어보면 어깨를 으쓱하며 "몰라요."라고 답한다. 또는 "왜 그렇게 생각하니?"라고 물으면 "그냥요."라는 대답이 돌아온다. 학교 외에도 일상의 바쁜 일정을 쫓느라 학생들은 자신에게조차 질문할 여유가 없다. 인터넷이나 여러 미디어를 통해 경험하는 세계의 폭은 넓어졌지만, 정작 자신과 자신을 둘러싼 세상에 관한 관심은 오히려 줄어들었다.

교사로서 학생들이 느끼는 세상과 행복은 어떤 모습인지 궁금했다. 학생들에게 스스로 질문하고 답할 수 있는 멈춤의 시간을 주고 싶었다. 처음부터 끝까지 삶에 대한 질문으로 가득 찬 그림책《첫 번째 질문》은 그런 면에서 이 활동과 어울리는 작품이다.

1차시에 학생들은《첫 번째 질문》을 읽고, 일상에 가까이 존재하지만 평소에는 그냥 스쳐 지나가는 것들에 대해 멈춰 서서 답을 한다. 세상을 나의 관점에서 새롭게 바라보고, 삶을 의미 있게 바라보는 연습을 하는 시간이다.

《첫 번째 질문》은 나를 돌아보는 질문과 수채화풍의 그림이 함께 담긴 그림책이다. '오늘 하늘을 보았나요? 하늘은 멀었나요, 가까웠나요? 구름은 어떤 모양이었나요?' 등과 같이 우리를 둘러싼 풍경에 대한 질문부터, 나와 우리의 정의·행복·다짐 등을 성찰하게 하는 질문들도 들어 있다. 특히 수채화풍의 그림은 각각의 질문이 던지는 삶의 의미를 아름답게 포착하고 있다.

그림책을 활용한 수업을 계획할 때, 또는 '성찰' 관련 단원을 구상할 때 수업의 첫 단계에서 이 책을 함께 낭송하고 책의 질문 가운데 몇 개를 골라 대화를 나누는 것만으로도 아이스 브레이킹 효과가 있다.

1. 자서전 쓰기 준비하기

매 학기 초에 수업 관련 설문을 진행한다. 학생들은 국어 시간에 가장 두려운 활동은 '발표', 가장 싫어하는 활동은 '쓰기'라고 주로 답한다. 그래서 글쓰기를 시작할 때는 그 활동만의 목표와 필요성을 강조하는 게 좋다. 여기서는 '나의 이야기'를 쓰는 일에 연습이 왜 필요한지를 설명했다.

> 교사: 이제부터 우리는 '나의 이야기'를 쓸 거예요. 여러분이 살아갈 시대에 자신을 드러내고 표현하는 것은 너무나 자연스러운 일이에요. 하지만 자신이 어디까지 드러낼 수 있는 사람인지를 생각할 기회가 부족해요. 사생활을 지나치게 노출하고 후회하거나 감당하기 어려운 상황에 놓이기도 합니다. 본인의 '선'을 알기 위해서는 신뢰하는 사람들과 안전한 곳에서 자신을 드러내는 연습을 할 필요가 있어요. 충분히, 동시에 적당히 드러내는 연습이 이루어져야

세상과 소통하기를 두려워하지 않는 어른으로 자랄 수 있습니다. 나의 이야기를 친구들과 공유하고 작성하면서 이 연습을 한번 해 볼 거예요.

마지막으로 교사가 지닌 글쓰기에 대한 의지를 더하면, 학생들은 어려워하면서도 의욕을 갖고 따라오려는 자세를 보인다.

2. 표지와 제목으로 생각 열기

설명 없이 그림책을 읽게 하면 학생들은 그림책을 마냥 쉽다고 여기거나 글을 중심으로 읽다가 그림책이 갖고 있는 그림, 제목, 표지의 의미를 놓칠 때가 있다. 그래서 학생들에게 표지와 제목을 살펴보며 '왜?'를 붙여보게 하거나 질문을 만들게 했다.

- 제목이 왜 '첫 번째 질문'일까요?
- 왜 어린 소녀일까요?
- 소녀는 무엇을 보고 있을까요?
- 왜 수채화풍의 그림으로 표현했을까요?

이런 질문을 통해 학생들이 표지의 요소들에 집중하게 했다. 표지의 제목과 그림 중 일부를 다른 내용으로 바꾼다면 책의 분위기와 의미가 어떻게 달라질지 묻고 학생들의 답변을 기다린다.

교사: 만약 그림책의 제목이 '백 번째 질문'이었다면, 표지 그림이 60대 할머니가 안경을 쓰고 정면을 보는 모습이었다면, 웹소설 표지 느낌의 그림에 '환생했더니 소녀가 첫 번째 질문을 한다.'라는 제목이었다면 어떨까요?

이 수업에 관심을 보이지 않던 학생들도 교사의 질문에 "그건 완전 다른 책이잖아요."라고 반응한다. 그리고 '첫 번째 질문'이라는 제목의 의미를 나름대로 답하기 시작한다.

- 어릴 때 반드시 받아야 하는 질문
- 첫 만남에서 또는 시작점에서 물어야 하는 질문
- 인생에서 꼭 필요하고 중요한 질문
- 내 인생의 소중한 사람들에게 한 번쯤 받아야 할 질문
- 누군가와의 만남에서 그 질문을 던진 사람에 대한 나의 태도를 결정짓게 하는 질문

처음 제목의 의미를 물었을 때 "그냥 표지 예뻐요.", "중요한 질문이요." 수준의 단순했던 학생들의 답이 구체적으로 변한다.

학생들의 모든 답에 "그럴 수 있겠다."라고 응답했다. 엉뚱한 답도 최대한 수용하는 태도를 보이며 아이들의 배경과 경험, 생각과 의견을 존중하고 있음을 보여주려고 했다. 학생들에게, 기회가 된다면 교과서에서 배운 성찰의 개념을 떠올리며 《첫 번째 질문》에 등장하는 수많은 질문에 각자 자기다운 답을 떠올려 보기를 당부했다.

3. 그림책에서 시작하는 우리의 이야기 - 모둠 대화

《첫 번째 질문》의 경우, 짧고 간결한 문장이 마치 시처럼 느껴지기 때문에 처음 읽을 때는 반 전체가 속도를 맞춰 함께 읽었다. 이 그림책의 서정적인 분위기 때문에 손발이 오그라든다고 투정을 부리는 아이들이 있다. 그럴 때는 아래와 같은 설명을 덧붙인다.

> **교사:** 체육 시간에 운동을 못한다고 회피만 하는 친구가 경기 참여의 즐거움을 누리지 못하는 것처럼, 작품을 감상하면서 서정적인 감성을 즐기지 못하는 사람은 오히려 촌스러운 사람입니다. 다양한 작품을 감상하고 의미를 찾기 위해서는 다양한 감성에 익숙해지는 연습이 필요해요.

두 번째는 짝과 함께 상대에게 질문하듯 낭독하도록 했다. 거울이나 휴대전화를 이용해 자기 얼굴을 보며 읽기도 했다. 눈을 마주 보고 질문을 받는 자체가 이 책에서 던지는 질문에 답을 해야만 할 것같이 느끼게 한다. 아이들은 부끄러워하면서도 진지하게 낭독에 임한다. 낭독 활동을 하고 나서 다시 물으면, 아이들은 개성 넘치는 나름의 의미를 덧붙여 답한다.

> **학생:** 선생님! 왜 아이가 표지에 있는지 알겠어요. 초등학생 동생이 이런 질문을 하면 진지하게 답을 해줘야 할 것 같아요. 친구들이 하면 징그럽고, 선생님이 하면 잔소리처럼 느껴질 것 같아요.

사람은 타인과 소통하고 공감하면서 스스로에게도 마음의 문을 연다고 믿는다. 그래서 학생들이 자신의 이야기를 본격적으로 쓰기에 앞서, 차시마다 모둠원들과 책에 대한 대화를 나누는 시간을 마련했다.

교사는 1차시부터 5차시 전 과정에 모둠이 대화를 나눌 수 있는 질문과 글쓰기에서 활용할 질문을 준비한다. 모둠 대화의 단계에서는 학생들의 일상이나 주변인들과 연관된 가벼운 내용의 질문을 제시한다. 그래야 학생들도 모둠원들과 열린 태도로 의견을 나눌 수 있다. 일부 학생들은 꼭 정답을 찾으려 하므로, 그럴 때 교사는 정답을 찾는 것보다 친구들과 자기 생각의 공통점과 차이점을 대화로 나누는 것이 더 중요함을 강조한다.

여기서는 가족이나 친구처럼 자신과 가까운 사람들과 나누고픈 질문을 《첫 번째 질문》에서 고르게 했다.

> 교사: 가까운 사람이라도 낯선 질문을 주고받는 동안에 관계가 환기되고 새로운 면모를 알게 되는 즐거움이 있어요. 소통과 대화에는 노력이 필요하고, 그 첫 시작은 바로 질문이 아닐까요? 가족이나 친구와 나누고 싶은 질문이나 자신에게 의미가 있는 질문을 골라보세요. 단, 서로 상처가 되거나 아픈 기억을 불러일으키는 질문은 최대한 피해야 합니다.

학생들이 많이 선택한 질문 가운데 하나는 '좋은 하루는 어떤 하루인가요?'이다. 가족끼리 종종 "오늘 하루는 어땠어?"라고 묻기도 하지만, 실제 가족들이 생각하는 '좋은 하루'에 대해 궁금해했던 적이 없다는 사실에 본인들도 놀라워한다. 다음 시간, 가족들과 그 질문에 대한 대화를 나누었냐고 물어보면 대부분은 웃음을 지어 보이거나 아니라고 답했다. 하지만 대화를 나누었다거나 엄마와 대화를 나눈 문자 메시지를 보여주는 학생도 있었다.

4. 미니 자서전 쓰기 – 나를 향한 물음표

1차시의 두 번째 시간은 학생들이 자신에게만 집중하며 글을 쓰는 시간이다. 학생들은 주어진 글쓰기 질문에 친구들과의 대화 없이 오직 자신의 내면을 탐색하며 답해야 한다.

    교사는 학생들에게 각각의 질문 의도와 글에 포함되어야 할 내용을 설명해 준다. 그리고 하나의 질문마다 5~10분 정도의 쓰기 시간을 주었다. 우선 손글씨로 쓰기를 원칙으로 했다. 한국어를 전혀 하지 못하는 학생은 모국어로 작성하고 번역기를 돌려 온라인으로 제출하게 하거나 통역 선생님을 통해 교사가 그 내용을 파악했다.

- '세상'이라는 말을 들으면 가장 먼저 떠오르는 풍경은 어떤 것인가요?
- 나에게 행복이란 무엇인가요?
- 자신만의 인생 질문, 첫 번째 질문을 만들고 질문의 의미를 작성해 주세요.

    학생들은 위의 세 가지 글쓰기 질문에 대한 답을 각각 써야 한다.

'나'를 이해하기 위해서는 자신을 둘러싼 맥락을 살펴야 한다.《첫 번째 질문》에서 '세상'과 '행복'이라는 학생들을 둘러싼 맥락과 연관된 질문을 골라 활동지에 제시했다.

학생들은 세상과 행복이라는 글감으로 멋스러운 글을 쓰기 위해 지나치게 최선을 다했다. 그래서 담담하지만 구체적인 글을 써주기를 부탁했다. 자신을 일종의 등장인물로 설정하고, 심리 상태나 행동을 자세하게 묘사하도록 안내한다. 상황과 배경도 최대한 생생하게 표현하게 했다. 묘사를 어려워하는 학생들에게는 묘사가 뛰어난 작품 일부를 읽어주며 참고하도록 했다.

행복의 모습을 고민하는 학생들에게 회복탄력성을 간단히 설명하고, 자신만의 행복의 '영점'을 정리해 보라고 했다.

> 교사: 여기서 말하는 행복은 최상의 행복이 아니에요. '나는 꽤 행복해.'라는 일상의 상태를 말해요. 앞으로 실패를 겪거나 큰 좌절감을 느낄 때 이 행복의 영점을 알고 자꾸 그 상태를 떠올려야 다시 일상의 나로 돌아올 수 있지 않을까요?

학생들은 글을 작성하는 동안 자기 자신을 더 잘 이해하게 된다. 학교, 가족, 진로, 취미, 친구 등을 소재로 한 몇 줄의 짧은 글에도 120명 각자의 다채로운 세상과 행복이 담긴다. 글을 읽으며 교사도 학생들의 세계에 가까워진 느낌을 받을 수 있다.

자신을 둘러싼 세상과 행복의 의미에 대해 글을 쓴 뒤에는 내면의 중심을 잡아보는 활동을 한다. 이를 위해 자신만의 '첫 번째 질문'을 만들어보게 했다. 평소 좋아하는 단어나 명언, 좌우명, 가치관을 질문의 형식으로 바꾸면 된다. 질문을 만드는 것이 어려우면 인터넷 검색을 통해 찾게 하거나 《첫 번째 질문》을 다시 넘겨 보며 질문을 선택하게 한다.

학생들이 만든 질문
- 오늘 행동한 일을 엄마에게 말할 수 있나요?
- 오늘, 삼시세끼를 꼭꼭 씹어 챙겨 먹었나요?
- 마지막까지 지키고픈 나의 장점은 무엇인가요?
- 내 인생을 책으로 쓴다면 어떤 제목이 좋을까요?

나를 지탱해 줄 질문을 마음속에 품고 산다면, 살아가면서 겪을 여러 흔들림 속에서도 나다운 선택을 할 수 있지 않을까? 학생들의 질문에는 자기 성찰과 자기 존중감, 미래에 대한 긍정적인 비전이 담겨 있었다.

5. 한 편의 글로 다듬기

두 활동을 마치면 한 편의 글을 쓸 수 있는 글감이 충분히 마련된다. 첫 번째 시간에 모둠원들과 나눈 대화나 두 번째 시간에 작성한 글쓰기 질문에 관한 내용을 다듬는다. 이렇게 10줄에서 20줄 정도의 글을 작성한다. 글쓰기 질문 하나만을 선택해서 쓰거나 몇 개의 질문을 엮어 쓸 수도 있다.

글감을 마련했음에도 학생들은 글을 시작하지 못하고 첫 문장을 지웠다 썼다 반복한다. 학생들 대부분은 첫 줄만 쓰면 한 편의 글을 완성할 수 있다. 그래서 글쓰기 경험이 적은 학생들을 위해 몇 가지 시작 문장을 제시해 주었다. 그 중 하나를 선택해 글을 시작하면 학생들의 고민 시간을 줄일 수 있다. 활동지에 썼던 글을 단순히 나열하던 학생들도 예시 문장을 선택한 뒤에는 주제에 집중할 수 있었다. 글의 흐름을 잡는 데도 도움이 되어, 자연스럽게 흐름이 있고 주제가 집약된 글을 쓰게 되었다.

시작 예시 문장

- 세상이라는 말을 들으면 ~
- 나에게 행복이란 ~
- 나의 인생 질문은 ~
- 첫 번째 질문의 의미는 ~

학생 예시 글

베트남에 있을 때 행복했어. 시장 있어. 오토바이 많아. 쌀국수 맛있어.

위기감이 없고 평화로운 일상, 나는 그것이 행복이라고 생각한다. 딱히 신경 쓰이는 것이 없고 긴장감 없이 나만의 일상을 지낼 수 있는 것, 혹시 안 좋은 일이 일어날지도 모른다고 걱정하는 일, 감정 소비가 없는 편안함이 좋다. 내가 사랑하는 사람과 함께 지내는 것도 또 하나의 행복이다. 내가 행복한 사람이라고 느끼는 사람은 권력, 돈을 가진 사람보다 사랑을 느낄 줄 아는 사람이다.

세상이라는 말을 들으면 그림이 떠오른다. 세상은 내가 그려내는 것이다. 내가 바뀌면 세상은 다르게 보인다. 그림을 그리듯 계속해서 나아가는 게 나의 세상이다. 가끔은 꼬이고 어려운 것마저 세상이다. 계속해서 그리면서 풀리는 것도 나의 세상이다.

세상이라는 말에 가장 먼저 떠오르는 풍경은 아파트와 그 놀이터에서 놀고 있는 아이들, 그리고 의자에 앉아 대화를 하고 있는 부모님들, 그 옆에서 자전거를 타는 아이들이다. 나는 학원이 끝나고 친구들과 집으로 돌아온다.

내 인생의 첫 번째 질문은 '내 인생을 책으로 쓴다면 어떤 제목이 좋을까요?'로 선택했다. 책 제목을 정하지는 않았다. 하지만 어떤 제목으로 지을까 질문을 계속한다면, 행동할 때 아무렇게나 하지는 않을 것 같다.

'인생의 재료는 무엇인가요?'라는 이 책의 질문에 나는 '사람'이라고 대답하겠다. 내 옆의 가족과 친구들이 있어야 내가 '나'가 될 수 있기 때문이다. 그래서 나에게 행복은 그 무엇보다 사랑하는 사람들과 함께하는 순간이다. 고민이 있더라도 친구들과 간식거리만 있다면 나에게는 그것만 한 행복이 없다. 남들에게는 가벼워 보이더라도 나에겐 이런 순간들이 정말 소중하다.

다문화 가정인 친구, 교내 대표 운동선수, 웹툰 작가를 꿈꾸는 친구, 폭력을 경험한 친구 등 친구들의 다양한 세상을 함께 들여다본다. 교실에 함께 앉아 있지만 저마다 겪고 있는 삶과 꿈꾸는 행복의 모습은 다르다. "코로나 기간 동안 하루 종일 게임을 하고, 소셜미디어나 영상 콘텐츠를 보느라 진짜 세상이 여기 있다는 생각을 못 했는데, 친구들의 글을 보고 나만 그런 것 같아 반성한다."라는 후기가 있었다. 글을 공유하면서 학생들은 자신의 세계를 넓혀간다.

모든 학급의 차시가 마무리되면 친구들이 공감을 많이 한 글, 거칠더라도 진솔하게 쓴 글, 새로운 내용이나 시각이 담긴 글을 골라 함께 읽는다. 학생들의 부담을 덜기 위해 학생들끼리의 합평은 하지 않았다. 대신 교사가 매 차시가 끝나면 학생들의 글에 개별적으로 댓글을 달았다. 댓글을 쓸 때는 학생들의 글쓰기 자신감 키우기에 초점을 맞췄다. 글의 내용과 문장 쓰기에 대한 피드백 위주이지만, 글을 작성해 준 것에 대해 격려하기도 하고 학생들의 상황에 따라 간단히 근황이나 안부를 묻기도 했다.

2차시 타인과 나를 이해하는 순간들

중1 아이들과 지내다 보면 다툼을 중재하다 하루를 다 보낼 때가 있다. 상담하는 과정에서 "걔가 먼저 선을 넘었어요."라는 말을 자주 듣는다. 교사가 "그 선이 뭔데? 뭐가 불편했던 거야?"라고 물으면, 학생들은 막상 구체적으로 답하지 못한다. 갈등의 시작은 대부분 서로의 심리적 경계가 다름을 인지하지 못해 발생한다.

게다가 학교 특성상 다문화 가정, 외국인 학생 등 문화적 배경이 다른 학생들이 많아 학생들끼리 서로의 차이를 이해하기 어려운 경우도 종종 있다. 단순한 대화를 할 때에도 서로 다른 점만을 지적하며 분위기가 날카로워지는 상황이 생긴다. 이럴 때, 언어의 차이보다 태도의 차이가 더 좁혀지기 어렵다. 자연스럽게 같은 문화권 학생들끼리 무리를 형성하게 되고, 그러다 보면 같은 반에서도 소통이 단절되는 경우가 생기기도 했다.

학생들의 세계에서 우정은 큰 비중을 차지한다. "저는 쟤랑 손절할 거예요."라는 말을 쉽게 뱉지만, 막상 친구들과의 사소한 마찰에도 아이들은 크게 휘청인다. 학생들이 말하는 심리적 '선과 경계'에 대해 스스로 생각할 시간을 주고 싶었다.

《곰씨의 의자》에는 자신의 공간을 지키려는 곰씨와 그 영역을 의도치 않게 침범하는 토끼가 등장한다. 이번 차시에서 학생들은 그림책 속 두 인물의 상황을 이해하고 공감한다. 이를 통해 자신의 심리적 경계를 들여다보고, 나아가 타인을 이해하는 시도를 할 수 있다.

《곰씨의 의자》는 관계에 대해 묻는 그림책이다. 책의 주인공 곰씨에게는 소중한 물건들을 보관하고 혼자만의 시간을 즐기는 의자가 있다. 곰씨는 불쑥 찾아온 타인인 토끼에게도 아끼는 그 의자를 선뜻 내어줄 만큼 친절하지만, 거절하는 일을 어려워한다. 토끼들의 호의적인 방문과 악의 없는 행동들이 점차 침범으로 느껴진다. 독자들은 토끼의 행동에 대한 곰씨의 심리 변화를 따라가면서 자신의 감정을 들여다보고 그 감정을 타인에게 표현하는 일의 중요성을 자연스럽게 깨닫는다.

수업 시간에는 '곰씨와 토끼의 MBTI 추측하기, 나만의 의자 그리기, 자신만의 경계 신호 만들기' 등 내용과 관련된 가벼운 활동부터 '인간관계에서 자신이 지닌 심리적 어려움 마주하기, 두 인물의 태도를 주제로 비경쟁 토론하기' 같은 다양한 활동을 구상할 수 있다.

1. 성격 유형으로 생각 열기

학생들 대부분이 MBTI의 개념과 자신의 유형을 알고 있다. 그래서 나와 타인을 이해하는 방법으로 MBTI를 활용했다. 먼저 성격 유형별 차이로 인한 소소한 갈등을 다룬 영상을 감상했다. 그런 다음 그와 비슷한 갈등의 경험 유무를 묻고 간단히 손으로 OX를 표시하게 했다. 대부분이 O를 표시했다. 이런 갈등이 일어날 때 어떻게 해결하냐는 질문에 대개 그냥 넘기거나 참는다고 했다.

교사: 갈등이 일어났을 때 상대방에게 내 감정을 일방적으로 강요하는 것도 잘못이지만, 반대로 '너랑 나랑은 다르니까!' 하고 매번 넘어가는 것도 현명하지 못해요. 적절한 방법을 찾기 위해서는 내가 어떤 사람인지 먼저 생각해 봐야 합니다. 《곰씨의 의자》에도 두 인물이 등장해요. 서로를 아끼지만 문제가 생기죠. 책을 읽으며 나를 돌아보고, 나와 타인을 이해하는 방법을 고민해 봤으면 합니다.

학생들에게 《곰씨의 의자》를 읽으며 인물들의 MBTI를 추측해 보자고 덧붙이면 학생들이 책을 읽는 집중도가 높아진다.

2. 그림책에서 시작하는 우리의 이야기 – 모둠 대화

《곰씨의 의자》는 모둠 안에서 '곰씨와 토끼들, 해설, 그림 설명'으로 역할을 맡아 책을 읽게 했다. 그림책은 글뿐 아니라 인물의 표정, 배경, 소품 등 그림을 통해서도 인물의 심리 변화나 작가의 생각을 전달한다. 그러나 학생들은 글에만 집중하느라 그림을 놓치는 경우가 종종 있다.

이를 보완하기 위해 학생들이 그림책을 읽을 때 모둠 활동에 '그림 설명 역할'을 추가했다. 이 역할을 맡은 학생은 각 장면에서 중요한 그림 요소를 설명하여 모둠원들이 그림 속 세부적인 것까지 놓치지 않도록 돕는다. 예를 들어 "곰씨가 의자에 앉아 있다. 곰씨가 마시는 차에서 연기가 올라온다. 곰씨의 표정은 온화해 보인다."와 같은 방식으로 그림을 설명하며 인물의 행동이나 심리 상태, 소품의 의미 등을 짚어준다.

그림책을 읽은 뒤에는 모둠 대화를 진행한다. 여기서는《곰씨의 의자》속 인물들의 상황에 자신을 대입해 본인의 심리적 경계를 탐색할 수 있는 질문을 던져보았다.

① 나만의 의자가 있다면 무엇이 올라가 있을까요? 나는 거기서 무엇을 하고 있나요?
② 곰씨가 토끼를 거절하기에 가장 적절한 순간은 언제일까요?
③ 토끼의 입장에서 곰씨의 속마음을 들은 뒤에 곰씨에게 하고 싶은 말을 나누어보세요.
④ 본인은 토끼와 곰씨 중 누구와 더 가깝나요?

모둠 대화 질문의 개수가 많을 때는 학생들이 답변을 정리할 시간을 주고, 모둠장을 중심으로 돌아가며 답변을 나눈다. 학생들의 대화가 산만해지지 않도록 대화 후에는 가장 인상 깊은 답변과 이유를 작성하게 한다.

첫 질문은 학생들이 현재 자신의 상황이나 주변 사람들을 떠올리며 답할 수 있도록 가볍게 구성한다.《곰씨의 의자》에서 곰씨는 자신만의 공간과 시간을 중요하게 여긴다. 이와 마찬가지로 학생들에게도 '나만의 의자'라는 편안함과 행복을 느끼는 공간을 구상하게 했다. 자기 정체성과 가치관을 탐색해 보는 기회다. 학생들은 의자 위에 올라가 있는 것으로 '휴대전화'나 '가족사진'처럼 지키고 싶은 소중한 대상을 언급한다. "선생님, 의자에서 배드민턴 해도 돼요?" "춤춰도 돼요?"처럼 창의적인 질문을 하는 경우도 있다. 학생들이 독특한 관점을 지닌 질문과 대답을 하면 꼭 칭찬해 주려고 한다. 이 학생에게는 넓고 큰 의자를 제공할 테니 마음껏 상상해서 쓰라고 답했다.

두 번째 질문부터는 그림책에 등장하는 인물들의 행동과 그 의미를 더 깊이 있게 들여다본다. 《곰씨의 의자》에서는 '곰씨와 토끼', 즉 대비되는 두 인물의 행동에 대해 함께 나누며 심리적 경계 설정과 자기표현의 중요성에 대해 생각해 보게 했다. 곰씨가 토끼의 행동을 거절하기 적절한 순간에 대해 학생들은 '토끼가 처음 찾아왔을 때부터 선을 그어야 한다.', '춤추는 토끼가 등장했을 때', '새끼가 태어났을 때', '의자에 똥을 싸기 전' 등 다양한 답변을 내놓았다. 이 과정에서 학생들은 자신이 불편함을 느끼는 시작점을 스스로 돌아보게 된다.

학생들은 친구들과의 대화를 통해 인간관계에 대한 새로운 시각을 발견하기도 한다. 토끼의 입장에서 곰씨에게 하고 싶은 말을 나누는 대화에서는 대부분의 학생들은 곰씨의 마음을 알아주지 못해 미안하다는 답변을 작성했다. 그러나 한 학생은 곰씨의 속마음을 듣고 '짜증이 났다'고 답했다. 토끼는 진실했는데 곰씨가 그동안 가식적으로 행동해 왔다고 느껴진다는 답이었다. 이는 곰씨의 입장에서 공감해 온 교사에게도 새로운 관점을 제공했다.

교실에는 서른 명의 학생이 앉아 있지만, 교과서 작품을 감상할 때는 비슷한 답변이 나올 때가 많다. 반면에 그림책 수업에서는 학생들도 교사도 더 자유롭게 감상을 나눈다. 예상치 못한 다채로운 답변이 나오면 교사는 반가움을 느끼고, 그런 만큼 학생들의 상상력과 개성을 더욱 격려하게 된다. 이런 점이 그림책으로 수업을 하는 또 하나의 재미가 아닐까 싶다.

마지막 질문에서는 등장인물과 본인을 비교해 보며 자신의 성격과 행동 양식을 살핀다. 학생들 대부분이 인간관계에서 갈등을 경험해 본 적이 있어서인지 외향적 성격 유형이 상대적으로 많은 학급에서조차 의외로 본인들은 곰씨와 닮았다는 답변이 많이 나왔다.

> **교사:** 곰씨와 토끼는 사실 우리 모두와 닮았어요. 한 가지 면만 있는 사람은 없을 거예요. 평소에는 토끼에 가까운 태도로 지내다가도 심적으로 지쳤을 때, 특정한 누군가에게만 평소와 달리 곰씨의 입장이 되기도 하잖아요. 지금 순간에 자신이 느끼는 더 닮은 인물이 현재의 심리 상태를 나타내는 것일 수도 있어요.

마지막으로 곰씨와 토끼의 MBTI를 추측해 보자고 하면 여러 가지의 답변이 나온다. 하지만 두 인물 사이의 갈등이 발생한 이유에 대해서는 대부분의 학생들이 두 인물의 성격 차이가 아닌 '심리적 경계'의 차이 때문이라는 의견을 제시한다. 이를 통해 학생들은 모든 사람에게 자신만의 영역과 심리적 경계가 중요하다는 사실을 이해하게 된다.

3. 미니 자서전 쓰기 - 내 안의 경계 찾기

첫 시간에 모둠 대화를 통해 심리적 경계의 중요성을 인식했다면, 이번 시간에는 자신의 심리적 경계와 그로 인한 갈등 경험, 그리고 타인을 대하는 나만의 방식을 고민해 글로 작성한다. 갈등은 글쓰기가 익숙하지 않은 학생들에게는 접근하기 어려운 주제일 수 있다. 사건을 진술하는 데 그쳐 경험에서 느낀 다양한 감정이 표현되지 않거나, 반대로 감정이 과도하여 상황이 명확하게 전달되지 않는 경우가 있다. 이로 인해 글의 전개가 매끄럽지 않아 진정성이 느껴지지 않는 글이 되기도 한다.

이런 문제를 방지하기 위해 글쓰기 질문을 촘촘하게 제시했다. 경험과 그 순간의 감정, 다짐과 실천 방향 등 단계별로 글쓰기 질문을 구성해 경험을 체계적으로 정리하고 감정과 상황을 균형 있게 표현할 수 있도록 했다. 질문에 대한 답을 이어 쓰면 글쓰기 경험이 없는 학생들도 한 편의 글을 완성할 수 있다.

① 자신이 불편함을 느끼기 시작하는 경계는 어디부터이고, 참을 수 있는 한계점은 어디까지인가요?
② 타인이 나의 선을 넘어, 반대로 내가 타인의 선을 넘어 갈등이 일어난 적이 있다면 어떤 일이었나요?
③ 심리적 불편함을 느낄 때 상대방에게 어떻게 표현하나요? 타인이 나로 인해 불편함을 느꼈을 때 어떤 방식으로 표현하기를 바라나요?
④ (더하기 질문) 수많은 곰씨와 토끼들을 현명하게 대하기 위한 나만의 방식을 고민해 작성해 봅시다.

먼저 자신이 불편함을 느끼기 시작하는 경계를 인식하고 자신의 감정을 세심하게 관찰하는 시간을 가졌다.

교사: 선생님을 포함한 교실에 앉아 있는 모두가 가족이나 친구들에게

상처받은 적도 있고 반대로 상처를 준 적도 있을 거예요. 하지만 이 책의 곰씨처럼 극단적인 상황으로까지 가지 않으려면 나의 심리적 불편함이 시작되는 경계를 알고 있어야 합니다.

학생들은 '경계'라는 말에서 주로 폭력과 같은 신체적인 침범을 떠올린다. 말투, 특정 단어나 행동, 소리, 감정적 반응처럼 타인에 의해 맞닥뜨리는 다양한 불편함뿐만 아니라 개인적 정보, 공간 등 사람마다 다른 범주의 차이도 경계에 포함될 수 있다고 설명했다.

자신의 내면을 들여다본 뒤에는 구체적인 과거의 경험을 떠올리고 성찰할 수 있는 질문을 제시했다. 사건과 그때의 감정, 깨달음을 함께 쓰도록 한다. 5차시의 수업 중 가장 길고 다양한 이야기가 담긴다. 모든 학급에서 "어디까지 써야 돼요?"라는 질문이 있었다. 그러면 "누구까지 볼 수 있는데?"라고 되묻는다. 독자를 가정하면 걷어낼 이야기와 두어도 되는 이야기를 구분할 수 있는 기준점이 생긴다.

교사: 갈등 상황에서 상대 친구를 원망할 수 있어요. 그 내용은 글에 담아도 됩니다. 하지만 지나친 비방이나 격앙된 감정을 담은 글은 여러분을 갈등의 순간에 계속 가두어놓습니다. 과거의 사건을 전달한다고 생각하세요. 내가 겪은 사건에서 감정을 살짝만 덜어내고 쓴다고 생각하면 돼요.

과거 갈등의 경험을 작성한 뒤에는 감정을 건강하게 전달하는 방법을 찾아본다. 자신이 심리적 불편함을 표현하는 방식을 인지하고 타인에게 바라는 방법을 작성한다. 이를 돌아보며 학생들은 자신의 감정을 관리하는 법을 배운다.

본인의 심리적 불편을 표현하는 방법을 묻는 질문에는 '표현하지 않는다, 참는다, 화를 낸다, 소리를 지른다, 연락을 끊는다' 등 답변이 다양했다. 반면에 타인에게 바라는 대처 방식은 '말로, 친절하게, 불편한 이유를 자세하게 설명하기'라는 답변이 공통적이었다. 이렇게 표현하면 자신도 잘못을 인정하고 노력하겠다는 답이었다.

"타인에게 바라는 방법 그대로 여러분의 불편함을 타인에게 표현한다면 갈등이 좀 줄어들지 않을까요?"라고 물으면, "알아요. 하지만 어려워요. 노력해 볼게요."라는 농담과 진담이 섞인 답변이 돌아온다.

2차시와 3차시에는 필수 질문 이외에 '더하기 질문'을 제시했다. 학생들의 글쓰기 속도가 생각보다 차이가 컸다. 한 편의 글로 다듬은 뒤에도 시간이 남는 친구들은 이 질문에 대한 답을 작성한다. 더하기 질문을 통해 나와 다른 성향을 지닌 타인을 대하는 현명한 방식을 생각해 보며, 앞으로 다가올 갈등 상황에서 대응 방식을 모색해 보게 했다.

4. 한 편의 글로 다듬기

이번 차시에서는 무엇보다 학생들이 자신의 진솔한 감정과 생각을 솔직하게 표현하는 것이 중요하다는 점을 강조했다. 글쓰기 분량이 많았기 때문에 각 부분의 연결고리가 명확하게 드러나도록 접속부사 등을 활용해 글의 맥락을 이해할 수 있게 작성하도록 안내했다. 원칙적으로는 학습지에 손글씨로 작성하게 했지만, 글의 분량이 많아 시간이 부족할 경우 온라인에 작성해 올리도록 했다.

갈등 상황에 놓였던 친구들이 같은 학급에 있는 경우가 많아, 작성한 글을 공유하는 데 주저하는 학생들이 많았다. 이를 고려해 학습지에 '공유 금지' 표시를 하면 교사는 해당 글을 공개적으로 읽지 않았다. 그러나 갈등의 과정과 감정이 진솔하게 드러난 글은 친구들에게 위로가 될 수 있다는 점을 설명하며 공유하도록 설득하기도 했다. 또 친구들이 본인의 진심을 알아주기를 바라는 내용이 담긴 글은 교사가 대신 읽어 주기도 했다.

시작 예시 문장

- 내가 가장 불편함을 느낄 때는 ~이다.
- 내 주변에는 토끼(또는 곰씨)와 같은 사람들이 많다.
- 나는 《곰씨의 의자》의 곰씨(또는 토끼)와 닮았다.
- 나의 의자에는 ~이 놓여 있다.

학생 예시 글

나는 《곰씨의 의자》속 토끼와 닮은 것 같다. 나는 다른 사람들한테 불편을 많이 주고 시끄러워서 목소리가 토끼와 닮았다. …… 토끼를 닮은 나한테도 예민한 부분이 있다. 나는 외국인이라서 "너는 러시아 사람이니까 러시아어로 대화해야겠다."라는 말을 자주 듣는다. 그런 말을 할 때 너무 싫다. 그런 상황이 난 너무 슬프지만 대부분 참는다. 나는 한국이 고향도 아니고, 한국인이랑 싸우면 또 뭐라 할까 봐, 너무 힘들어도 참는다. 하지만 저런 말을 들었을 때 참지 말고, 선을 넘었을 때 내가 어떤 감정들을 느끼고 있는지 얘기하고 싶다.

이런 내 마음을 알아주는 친구가 있었으면 좋겠다. 내가 2개 국어를 잘해서 부러워하고 행복하다고 생각하겠지만, 그건 아무도 내 진짜 마음을 모르고 있기 때문이다. 지금 내 주변에 좋은 친구들이 많지만, 어렸을 때부터 지금까지 내가 겪었던 감정들을 이해해 줄 수 있는 친구가 있었으면 좋겠다.

…… 친구가 말을 안 해 괜찮은 줄 알았는데, 나중에 친구들과 그 일에 대해 대화할 때 너무 많이 말을 하고 울어서 정말 놀랐다. 내가 선을 넘은 건 알겠지만 내 노력을 몰라주는 것 같다. 친구는 지금도 문제가 생겼을 때 여전히 불편한 걸 바로 말하지 않는다. 요즘에는 걔랑 놀 때마다 또 선을 넘어서 내가 나쁜 사람이 될까 봐 오히려 눈치를 본다.

밖에 나가는 게 싫다. 부담스럽다. 나는 그냥 집에서 혼자 노는 게 마음이 편하다. 기가 빨려 학원에도 안 다닌다. 초등학교 5학년 때 학교가 끝나고 집에서 쉬고 있으면 한 친구가 전화를 해 맨날 밖에서 놀자고 했다. 거절이 반복되자 다른 친구들에게 없는 말을 만들어 나를 이상한 사람으로 만들었다. 안 나오면 절교한다고 강요를 했다.

나에게는 너무 괴로운 시간이었다. 그래서 곰씨가 정말 이해된다. 결국 무서워서 담임 선생님께 말해서 관계를 끊었다. 그 친구뿐만 아니라 몇 명의 친구랑도 멀어졌다. 돌아보면 '어떻게 말했으면 좋았을까?' 하는 생각이 든다.

결국 내 마음속 갈등을 치유해야 한다. 많은 시간이 걸리더라도 나를 잘 다스리고 안정을 주어야 한다. 누군가가 내 선을 넘어 나에게 상처를 주더라도 견디기 위해 부정적인 생각보다는 긍정적인 방향으로 생각을 하려고 노력한다. 어쩌면 곰씨에게는 '살면서 남의 말에 귀 기울이며 들을 필요가 없는 순간이 많을 수도 있다'는 조언이 필요할지도 모른다. ……

학생들의 글을 읽으며 아이들끼리의 관계 변화를 기대했다. 자신의 경계를 알고 타인의 경계를 존중하며 갈등 상황을 대하겠다는 다짐이 가득 담겨 있었기 때문이다.

이 활동을 마무리한 뒤 연극 단원이 시작되었다. 120명의 학생이 낭독극에 참여했다. 작은 마찰이 일어나는 순간마다 "누가 토끼고 누가 곰이니?"라고 물으며 자기들끼리 중재했고, 의견 충돌이 일어날 것 같으면 바로 교사에게 도움을 청했다. 그래서 학급 내 발표회를 마칠 때까지 학생들 사이에 큰 갈등 없이 마무리할 수 있었다.

3차시　완벽을 넘어 성장으로

인간은 성장하고 발전하는 존재다. 우리는 완벽을 꿈꾸지만 실수와 반성을 통해 자신만의 서사를 만들어간다. 그러나 요즘은 모두가 완벽을 요구받는 시대라는 생각이 든다. SNS에는 완벽해 보이는 사람들의 모습이 넘쳐나고, 영화나 드라마의 주인공이 미숙하거나 방황하는 모습을 보이면 '고구마 전개'라고 비난을 받는다.

　학교에서 만나는 학생들도 과정보다는 결과에만 집중하는 경향이 있다. "어차피 저는 안 돼요. 이번 생은 망했어요."라고 말하며 실패에 대한 두려움 때문에 시작 자체를 꺼리는 경우가 많다. 이러한 학생들에게 실패와 그로 인한 괴로움도 삶의 중요한 부분임을 알게 하고, 성장하는 자신을 격려할 수 있는 활동을 마련하고 싶었다.

　《앙통의 완벽한 수박밭》은 수박을 잃어버린 앙통이 '완벽'이라는 집착에서 벗어나게 되는 과정을 담은 그림책이다. 이번 차시에서 학생들은 수박을 도둑맞은 뒤 앙통이 겪는 감정 변화를 따라가며 '완벽'의 의미를 다시 생각해 본다. 학생들이 각자 삶에서 겪은 실패와 상실의 경험을 직면하고, 그로 인한 변화를 돌아보며 실패가 결국 성장의 과정임을 깨닫기를 바랐다.

　앙통은 자신의 수박밭이 완벽하다고 여긴다. 하지만 수백 개의 수박 중 하나를 도둑맞고, 그 순간부터 앙통의 감정은 요동치며 큰 상심에 빠진다. 잃어버린 수박 생각에 집착하다 밤을 새워 수박밭을 지키지만, 양통이 잠든 사이에 뜻밖의 침입자가 등장한다. 양통은 침입자에 의해 수박밭이 망가진 후에야 비로소 '완벽'의 의미에 대해 다시 생각하게 된다.

실패나 상실의 경험에 대해 대화를 나눌 때 이 책을 활용할 수 있다. 양통의 감정선을 따라 책을 읽고, 감정 카드를 이용해 실패 후 느낀 불안감과 좌절감을 공유하거나 사진을 준비해 포토스탠딩 활동을 진행하고 대화를 나눈다. 또 감정 일기를 간단하게 쓰고 부정적 감정을 극복하는 활동을 진행할 수 있다. 체육대회나 경연대회 등 일종의 경쟁 행사를 앞두었을 때 학급 전체가 《양통의 완벽한 수박밭》을 읽고 경쟁 심리를 완화하는 활동을 할 수도 있다.

1. 핵심 단어로 그림책 열기

그림책을 읽기 전에 '완벽'이라는 단어가 주는 어감에 대해 생각해 보게 했다. 먼저 완벽이라는 단어의 사전적 의미를 찾아보고, 그 단어가 불러일으키는 긍정적·부정적 감정과 관련된 경험을 떠올리게 한 뒤 모둠원들과 이에 대해 대화하게 했다.

> 학생들의 대답
> - 완벽하다는 말을 들으면 나의 장점을 알아준다는 것에 대해서 고마움을 느낀다.
> - 완벽하다는 말을 들으면 유지하기 위해 계속 노력해야 한다.
> - 완벽하다는 말을 들으면 실수할까 힘들 것 같다.

- 그냥 빈말이다.
- 완벽을 강요하는 일은 서로에게 갈등만 부른다.

　위의 대답들처럼 학생들에게 '완벽'은 뿌듯함을 느끼게 하는 칭찬의 의미이며, '동경, 꿈, 앞으로 지녀야 할 태도'의 대상이자 동시에 '부담, 압박감, 열등감'을 느끼게 하는 단어였다.
　학생들에게, 어떤 대상이나 단어에 대해 긍정과 부정의 감정을 느끼는 것은 자연스러운 일임을 강조했다. 그리고《앙통의 완벽한 수박밭》을 읽은 뒤 '완벽'이라는 단어가 주는 의미가 스스로에게 어떻게 달라지는지 이야기를 나누어보자고 제안했다.

2. 그림책에서 시작하는 우리의 이야기 - 모둠 대화

이번에는 그림책 읽기를 학생들에게 온전히 맡기는 대신 교사가 학생들과 함께 전체를 문답 형식으로 읽어나갔다. 앙통이 겪는 감정의 복잡한 변화와 이 책이 주는 메시지를 학생들이 깊이 있게 받아들였으면 했기 때문이다.
　각 장면에서 그림이 지닌 의미와 인물의 행동, 세부 내용을 함께 분석했다. 특히 앙통이 수박을 잃어버리고 나서 겪는 허무함, 좌절, 집착 그리고 깨달음에 이르는 감정의 변화를 살폈다. 이를 통해 학생들이 인물의 감정 변화를 이해하고 그림책이 주는 메시지에 공감할 수 있도록 도왔다.

모둠 대화에서는 학생들이 자신의 가치관을 반영하여 각자 '완벽함'의 의미를 찾아보고 친구들과 공유하는 시간을 가졌다.

- 앙통에게 조언을 한다면 적절한 때는 언제인가요? 조언을 해봅시다.
- 나만의 완벽한 ○○○을 소개해 봅시다.

일부 학생들은 앙통이 겪는 절망과 슬픔을 열등감의 표현이자 부적절한 태도라고 해석했다. 앙통이 수박 한 통에 집착하는 모습을 스토커에 비유하기도 했다.

교사: 앙통의 감정 변화가 급격해 보이고 이해가 안 되는 친구들도 있을 거예요. 작품을 감상하는 과정에서 인물에게 공감하지 못할 수는 있지만, 인물의 감정을 모두 부인하지는 않았으면 합니다. 앙통이 충분히 감정의 밑바닥까지 내려가 봤기 때문에 수박밭을 바라보는 시각을 전환할 수 있었다고 보는 관점도 있어요.

책을 읽은 후 대부분의 학생들은 "수박이 하나 없어져도 앙통의 수박밭은 완벽하다. 지금 수박밭도 충분히 멋지다."라고 조언한다. 학생들이 앙통에게 하는 조언의 본질은 위로에 가깝다. 이를 통해 학생들이 생각하는 '완벽'에 대한 기준이 책을 읽기 전보다 훨씬 너그러워졌다는 것을 알 수 있었다.

학생들이 '나만의 완벽한 무엇'을 모둠원들에게 소개하는 활동을 진행했다. 앙통은 수박밭이 가장 완벽하지 않게 되었을 때, 오히려 진정한 완벽함을 깨닫게 된다. 이를 바탕으로 학생들도 자신에게 완벽한 대상을 고민해 보고 완벽함의 의미를 다시 정의해 보도록 했다.

학생들은 가족, 취미, 숨겨진 재능, 오래된 물건, 반려동물 등 외부의 기준으로는 완벽하지 않을 수 있지만 자신에게는 이미 완벽한 대상을 찾아 소개했다. 이 과정에서 학생들은 완벽함이란 결국 마음먹기에 달려 있으며 주관적인 개념임을 자연스럽게 깨닫게 된다. 또한 완벽함이 한 가지 형태로 고정된 것이 아니라 각자에게 다양한 방식으로 존재할 수 있음을 이해하게 된다.

이 활동을 통해 학생들은 타인의 기준에 휘둘리지 않고 자신만의 기준으로 완벽함을 정의하는 법을 배운다. 결국 완벽함이란 자신이 스스로 만족하고 행복해하는 것이라는 깨달음을 자연스럽게 얻게 된다.

3. 미니 자서전 쓰기 – 실패는 성장의 씨앗

모둠 대화에서 '완벽'에 관한 자신만의 기준을 발견했다면, 두 번째 시간에는 자신이 완벽하고자 노력했던 경험, 실패와 상실의 경험, 이를 통해 얻은 깨달음을 글로 작성한다.

① 내가 완벽하고 싶은 분야에 대해 작성해 봅시다.
② 노력했으나 실패했거나 이루지 못한 일이 있나요? 당시 나의 마음을 묘사해 보세요.
③ 실패나 상실의 경험이 내 삶을 변화시킨 부분과 경험을 통해 깨달은

점을 작성해 봅시다.

④ (더하기 질문) 마음이 괴로울 때 자신의 마음을 멈출 수 있는 나만의 방법을 찾아봅시다.

먼저 자신이 완벽하고자 하는 분야에 대해 작성해 보도록 했다. 달성 목표와 이를 위해 기울인 노력을 최대한 구체적으로 쓰게 했다. 예를 들어 실천한 기간, 행동, 마음가짐 등 노력을 뒷받침할 수 있는 세부적 요소를 상세하게 작성하게 했다. 학생들의 글을 읽으며, 해맑다고만 생각했던 아이의 성실한 면모를 발견하기도 하고, 예상 밖의 분야에 깊은 관심을 가진 아이들의 새로운 면을 알게 되었다. 학생들 스스로도 자신이 완벽하기 위해 했던 노력을 돌아보며 자신에 대해 더욱 깊이 이해하게 된다.

다음으로 실패나 상실의 경험, 그로 인한 감정들을 마주하게 했다. 희망 진로, 대회, 학업, 인간관계 등 주로 노력을 기울인 분야에서 기대만큼의 결과가 나오지 않았거나 실패했던 경험을 적도록 했다. 누구에게나 최근에 겪은 실패가 감정적으로 가깝고 생생하게 느껴진다. 학교의 행사 준비를 하며 학급 내에서 갈등이 있었던 경우에는 교우 관계에 대한 고민이, 평가를 마친 뒤에는 성적에 대한 고민이 담긴 글들이 꽤 보인다. 학생들에게는 시기적으로 가까운 경험이 심리적으로 큰 영향을 끼치지만, 가장 노력을 기울인 경험을 작성하면 좋겠다는 당부를 했다. 글쓰기를 어려워하는 학생에게는, 변해가는 앙통의 모습과 비교하며 자신의 당시 모습을 묘사하거나 주변 친구나 가족의 목격담을 활용할 수 있도록 지도했다.

이 질문에서 유독 자신은 관련 경험이 없다고 하는 학생들이 있다. 실패의 경험을 글로 표현하는 일은 어른들에게도 쉽지 않다. 학생들에게 본인이 드러내고 싶은 만큼만 쓰라고 조언했다. 실제로 실패나 상실의 경험이 없는 경우도 있지만, 갑자기 가정 상황이 어려워졌거나 큰 실패를 겪어 감정을 직면하기 어려운 상황인 경우가 있다. 그런 경우는 물건을 잃어버린 것과 같은 작은 경험을 글로 옮기게 해 감정적으로 더 안전하게 느끼도록 했다. 글쓰기를 다음 시간으로 미루거나 쉬는 시간에 개별적으로 불러 학생의 이야기를 들어주기도 했다.

마지막으로 실패나 잃어버린 것으로 인해 변화된 삶의 부분과 새롭게 깨달은 점을 작성한다.

교사: 상실과 실패의 경험은 우리의 삶에 영향을 주고 변화를 가져옵니다. 감정이 급격하게 변화하기도 합니다. 태도나 성격이 변화하기도 하고, 새로운 습관이 생기기도 해요.. 머리카락을 싹둑 자르고 싶거나 살이 빠지기도 합니다. 여러분의 삶과 일상에 영향을 준 부분을 써보세요. 단, 새롭게 마음먹은 부분이나 깨달음을 함께 제시했으면 합니다. 당시에는 부정적인 감정만 느꼈으나 시간이 지나 깨달은 내용도 좋아요.

학생들의 글에는 어려움을 겪으며 생긴 상처와 생활의 변화가 담겨 있었다. 동시에 '어려움을 극복하며 생긴 스스로에 대한 믿음, 변화가 일어날 것이라는 기대감, 현재의 소중함에 대한 깨달음' 등이 담겼다. 이 과정에서 학생들은 자연스럽게 회복탄력성을 강화하고, 실패를 두려워하지 않고 다시 시도하는 일에 긍정적인 태도를 갖게 된다.

'더하기 질문'으로 부정적 감정에서 빠져나오는 자신만의 방법을 물었다. 실패를 극복하고 성공하는 방법이 아닌 '불안이나 집착, 허무함 등 상실과 실패로 인한 부정적인 감정'에서 빠르게 벗어나는 데 초점을 맞추어 이를 강조했다. '격렬한 운동, 긴 시간 잠자기, 사진 찍기, 사진 찍히기, 기록하기' 등 생각보다 많은 학생이 본인들에게 작은 행복을 주는 자신만의 방법을 알고 있었다.

4. 한 편의 글로 다듬기

이번 차시에는 교사가 제시한 질문과 학생들이 가진 이야깃거리가 많아 답변을 이어 쓰기만 해도 열다섯 줄 이상의 글을 쓸 수 있었다.

교사와 학생들 사이에 유대감이 형성된 상태에서 비공유 글쓰기를 선택할 수 있을 때, 학생들은 지나치게 솔직하다고 느낄 정도로 내면을 드러낸다. 글을 쓰기 전에, 자기 파괴적인 내용만을 작성한 친구들에게는 상담을 권하겠다고 조심스럽게 예고한다. 실제 몇몇 학생의 글을 읽고 주제에 관해 긴 대화를 나누는 시간을 가지기도 했다. 학생들이 글을 쓰면서 부정적인 기억만을 과하게 떠올리지 않도록 이 활동의 의미를 강조했다.

교사: 오은영 박사님이 "열심히 살아도 좌절감을 느낄 수 있다"고 말씀하신 적이 있어요. 이제 우리는 수박밭이 망가지더라도 그다음은

우리에게 달렸다는 걸 알게 되었죠? 실패가 또 찾아오더라도 당황하지 않고 잘 대응했으면 합니다. 씩씩하게 수박을 수확하러 갑시다! 당장은 나의 행동에 변화를 주기 어렵더라도, 꼭 기억하세요. 여러분은 조금씩 성장하고 있어요.

시작 예시 문장

- 내가 생각하는 완벽한 상태는 ~
- 나도 앙통과 같은 경험을 한 적이 있다.
- ○○ 분야에서만큼은 완벽해지고 싶다.
- 완벽하다는 단어를 들으면 나는 ~ 생각이 든다.

학생 예시 글

친구 관계에 집착했었다. 앙통보다 더했다. 친구를 잃을까 봐, 싫을 때도 싫은 내색을 안 하는 것이 습관이 되었다. 스스로를 컨트롤하는 데 집착하면서 이제는 내 감정을 표현하는 것 자체가 잘 안 된다. 이렇게 감정을 숨기는 내가 겁쟁이 같다. 항상 부정적인 생각으로 가득 찼다. 모든 상황에서 예민하고 화가 나 있는 상태였다.

결국 앙통은 저 과정을 다 거쳐야 했다. 밑바닥을 쳐봐야 한다. 그랬기 때문에 수박밭은 이미 완벽했다는 사실을 알게 된 거다. 수박밭이 망가지고 나서야 정신을 차린 앙통이 나와 같다. 앙통에게 그래도 나보다 낫다고, 수박을 수확했으니 다행이라고 말해주고 싶다. 그런데 성적이 바닥을 친 나는 왜 아직 정신을 못 차릴까?

완벽하다는 단어를 들으면 두근두근하지만 숨통이 조여오는 것 같은 기분이 든다. 그래도 할 수 있다면 미술 분야, 그림을 그리는 것만은 완벽했으면 좋겠다. 독학도 하고 미술학원도 다니고 인터넷에서 실제 작가님들의 그림도 참고하며 꾸준히 그리고 있다. 내 꿈을 잃을까 봐 무서웠고 두려웠던 적이 있었다. 선생님들도 친구들도 칭찬하지만, 내가 그렇지 못하다고 느낀다. 완벽하게 완성도 있게 그리고 싶었는데, 안 될 때가 많다. 나보다 더 실력이 뛰어난 사람에게 열등감을 느꼈다. 나는 왜 안 될까, 뭐가 문제인 걸까, 계속 생각했다. …… 다시 처음부터 하나하나 차례차례 배워갔다. 어디부터 잘못되었는지 생각하고 틀렸던 부분을 다시 채워갔다. 이러한 노력 끝에 자신감이라는 날개가 다시 생겼다.

운동 결과에 집착하면서 나도 앙통과 같았다. 매일 훈련을 하면서 하루라도 빼먹으면 삶이 무기력해지는 느낌이었다. 앙통의 수박밭에서 없어진 하나의 수박처럼 말이다. 내가 패배자 같았다. 밥도 자주 거르고, 몸무게가 점차 줄었다. 그런데 나에게도 앙통의 수박밭을 망가뜨린 고양이 같은 사람이 나타났다. 바로 우리 형이다.

 어느 날, 운동을 하고 집에 갔다. 배가 고픈데 식탁에 치킨이 있었다. '한 조각은 괜찮겠지.' 하고 먹어봤는데, 갓 튀겨서 그런지는 몰라도 따뜻하고 바삭했다. 아마 그 순간에 먹은 치킨이 인생에서 가장 맛있었던 것 같다. …… 하지만 그래도 맛있는 것은 항상 먹고 있다. 먹으며 운동하니 이제는 근력이 붙는다. 안 좋은 것들을 아예 없애버리지 않고 다스리는 방법을 찾았다. 무조건 '안 좋으니까 안 돼.'가 아니라 좋은 것들과 조화를 이루어 사는 것이 좋을 것 같다.

시험이나 숙제를 하나만 틀려도, 내가 정한 약속을 하나만 안 지켜도 계속 후회하면서 자책한다. 때로는 내가 완벽해지고 싶어 남에게 우기고 사실을 인정하지 않을 때도 있다. 결과가 좋아도 주위 사람들 중에 인정해 주지 않는 사람이 한 명이라도 있으면 나 스스로 완벽하지 않다고 생각한다. 사실상 나는 결코 완벽해질 수 없는 것이다. …… 나는 그래서 오히려 포기하는 법을 배웠다. 세 번만 도전하고 네 번째는 포기해 보려고 노력하는 중이다. 포기도 용기가 필요하다.

학생들이 글을 쓰면서 부정적인 경험을 긍정적으로 재해석하고, 자신에 대한 불안감을 덜어내고, 인생에서 해나가야 하는 여러 도전에 대비할 수 있기를 바랐다. 실제 학생들의 글을 읽으며, 고요해 보이는 아이들도 좋아하는 일에 얼마나 능동적인지, 실패를 두려워하는 마음이 있지만 도전하고픈 마음도 크다는 것을 알게 되었다. 아이들이 그려온 자신만의 서사를 엿볼 수 있었다.

4차시 내일의 나에게 건네는 감정 음료

3차시까지 과거와 현재의 일에 초점을 맞췄다면, 4차시와 5차시에는 미래에 대한 글을 작성한다. 과거의 경험에서 얻은 성찰을 바탕으로 어떤 미래를 꿈꾸고 있는지 생각해 보게 하는 것이다.

중1 자유학기제를 경험하고 있는 학생들에게 '미래'에 대한 이야기를 꺼내면 자연스레 진로와 직업을 떠올린다. 아이들은 미래에 대한 희망찬 태도를 보이기보다 불확실한 미래를 걱정하거나 진로에 대한 부담감을 표현한다. 아이들이 미래를 단지 능력의 시험대나 끊임없는 노력의 결과로만 보지 않고 앞으로 다가올 시간을 순수한 기대감으로 바라볼 수 있기를 바랐다. 3차시 동안 쓰기 활동을 반복하며 학생들이 느꼈을 피로와 미래라는 단어가 주는 부담을 완화하기 위해 글쓰기 질문의 수를 줄이고 가벼운 글쓰기 주제를 선정했다.

이번 차시에는 《마음먹기》와 《마음 요리》 두 책을 활용했다. 이 책들은 마음을 요리에 비유하며 다루고 있어, 학생들이 자신의 마음을 쉽고 재미있게 이해할 수 있도록 돕는다. 두 책을 읽으며 학생들은 자연스럽게 자신의 감정을 돌아보고 깊이 들여다보는 시간을 가질 수 있다. 또 미래를 성공이라는 목표에 초점을 두고 생각하기보다는 어떤 마음과 감정으로 채우고 싶은지를 생각해 볼 수 있다.

《마음먹기》는 우리의 마음 상태를 달걀의 조리 과정에 빗대어 표현한다. 다양한

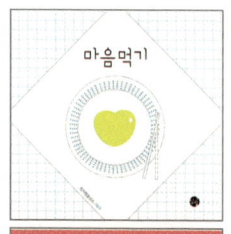

감정들의 변화가 익살스럽게 표현되어 있다. 또한 '마음담'이라는 메뉴판에는 마음 요리들이 제시되어 있다. 《마음 요리》는 《마음먹기》의 마음 요리 메뉴판의 확장판이다. 상황에 따른 적절한 마음 요리를 추천한다. 일종의 마음 처방전이다. 네 개의 챕터, 50개가 넘는 마음 요리 메뉴들이 소개되어 있다. 이 메뉴들을 읽다 보면 저절로 다정한 위로를 받는다.

두 책을 읽고 나서 자신만의 마음 요리 레시피 만들기, 마음 요리 처방전 만들기, 메뉴판 만들기 등 마음을 요리와 관련된 활동과 접목하는 놀이나 독후 활동을 다양하게 구성할 수 있다.

1. 영상으로 생각 열기

1차시부터 비슷한 활동이 이어지다 보니 학생들이 지루해할 수 있다. 이를 방지하기 위해 중간에 모둠을 재구성하여 분위기를 전환하는 것도 좋은 방법이다. 이번 수업에서는 학생들이 세 차시에 걸쳐 쓴 글을 바탕으로 교사가 다양한 성향의 학생들을 섞어 서로 보완할 수 있도록 새로운 모둠을 구성했다.

  활동의 도입으로 정갈하게 음식을 만드는 영상을 준비했다. 사찰 음식을 만드는 과정이나 영화 〈리틀 포레스트〉처럼 정성스럽게 음식을 만드는 영화의 장면을 고른다. 영상을 감상한 뒤 《마음먹기》와 《마음 요리》 두 책의 내용을 간단히 소개한다.

교사: 요리를 만드는 과정을 떠올려 봅시다. 재료를 고르고, 순서에 맞춰 조리를 하고, 기다리는 시간을 즐깁니다. 건강 상태, 계절, 좋아하는 재료에 따라 준비하는 요리의 종류가 달라집니다. 우리가 건강과 몸을 위해 음식을 만들고 먹는 것처럼, 우리의 마음도 조금 더 정성스러운 대접을 해주어야 하지 않을까요?《마음먹기》,《마음요리》두 책을 읽으며 내 마음을 정성스럽게 대접하는 방법에 대해 생각해 봅시다.

책을 읽기 전에, 이 활동이 자신의 마음을 더 잘 이해하고 일상에서 느끼는 다양한 감정을 건강하게 받아들이는 데 도움이 될 것이라고 설명했다.

2. 그림책에서 시작하는 우리의 이야기 – 모둠 대화

수업을 계획하면서 예상하지 못한 점은 학생들의 어휘력 차이였다. 다문화 가정의 학생들과 외국인 학생들은《앙통의 완벽한 수박밭》에 나오는 감정 표현 어휘들은 이해했지만,《마음먹기》에 나오는 '졸이기, 데치기' 같은 요리 용어는 상당히 낯설어했다. 한국인 학생들도 의외로 이런 요리 용어의 뜻을 모르는 경우가 있었다. 외국인 학생들이 한국어를 배울 때 학습 용어를 익히는 데는 시간을 들이지만 생활용어는 워낙 범위가 넓어 접해보지 못했을 수도 있다. '열전도 현상'은 알지만 '다림질'은 모른다고 답한 학생도 있었다.

두 책 모두 언어유희나 중의법이 많이 사용되었다는 점도 고려해야 했다. 영상을 보며 '굽다, 찌다, 졸이다, 태우다' 등의 요리 용어와 동음이의어의 개념을 충분히 설명하는 시간을 가졌다. 설명을 하고 나서는 이해 여부를 확인하며 번역 어플을 사용해 용어의 뜻을 찾게 하고, 교사가 추가 설명을 덧붙였다.

　　《마음먹기》는 모둠원들과 함께 한 쪽씩 번갈아 가며 읽었다. 다 읽고 나서는 조리 부분의 전문을 활동지에 옮겨 적고, 옆에 각 문장이 연상시키는 본인의 경험을 정리하게 했다. 물리적 실체가 없는 개념을 경험과 연결 지어 표현해 볼 수 있었다. 친구가 자신의 마음과 경험을 발표하면 서로 '그렇게 느낄 수 있겠다.'라며 공감하는 모습을 보였다.

학생 예시 글

뜨겁게 데웠다가 (체육대회 경기 연습 시간, 꼴등은 하지 말자는 의지가 뜨거웠다. 근데 나만 뜨거웠다.)

차갑게 얼리기도 합니다. (친구가 SNS에 익명으로 내 험담을 했다는 걸 알게 되었을 때, 사람에 대한 믿음이 아예 없어졌다.)

교사: 마음의 변화도 요리와 같아요. 변화무쌍합니다. 마음을 조절할 수 없다고 느낄 때가 많지만, 연습한다면 마음먹기도 가능해요. 내 마음에 긍정적이고 따스한 감정을 넣어주는 것, 이것이 앞에서 말한 내 마음을 정성스럽게 대접하는 방법이지 않을까요? 이를 위해 내 마음이 언제 뜨거워지고 또 언제 갑자기 식는지 그 변화의 순간을 잘 포착해야겠습니다.

《마음 요리》는 학생들이 좋아하는 책이지만 분량이 많아 수업 시간에 전체를 소개하기는 힘들다. 교사가 각 부분에서 학생들이 흥미를 느낄 만한 상황과 요리를 몇 가지 선택해서 소개한다. 그리고 모둠별로 책을 넉넉하게 제공하여 모둠원들과 함께 전체를 훑어보는 시간을 가졌다. 더 읽기를 원하는 학생은 수업이 끝난 뒤 빌려 볼 수 있도록 했다.

다음 시간에 할 '미래의 나를 위한 글'을 작성하기 전에 모둠 대화를 통해 '나와 내 주변 사람들을 위한 요리'를 선택해 소개했다. 이때 학생들에게 다음과 같은 질문을 던졌다.

- 두 책의 요리 중 나에게 필요한 요리가 있다면 무엇인가요?
- 다른 사람에게 추천하고 싶은 요리는 무엇인가요?

학생 답변

지금 제게 필요한 요리는 마음 설렁탕입니다. 수행평가 하다가 죽을 것 같아요. 과목 선생님들은 하나의 수행평가를 진행하시지만, 저는 몇 개를 해야 해요. 모둠 과제지만 자료 조사도 PPT도 발표도 혼자 하고 있습니다. 물론 친구들도 하지만, 마음에 들지 않을 때가 있어요. 마음을 설렁하게 먹고 싶지만 잘 안 됩니다.

위의 답변처럼 학생들이 선택한 요리는 자신들의 감정, 관심사, 현재의 상태를 보여준다. 2차시와 3차시에 작성한 과거의 나에게 요리를 추천하고 해주고 싶은 말을 작성하면서 자신을 격려하고 위로하는 학생도 있었다.

이어서 학생들은 다른 사람에게 추천하고 싶은 요리를 선택한다. 누군가에게 만들어 주고 싶거나 함께 먹고 싶은 요리를 선택하도록 안내했다. 학생들은 주로 자신에게 소중한 사람이나 긍정적인 영향을 끼친 사람을 고른다.《마음 요리》에 엄마를 위한 요리의 비율이 높아서인지 많은 학생이 엄마에게 추천하고 싶은 요리를 선택했다. 그리고 친구, 선생님, 존경하는 인물, 돌아가신 할머니와 함께 먹고 싶은 요리를 선택하기도 했다. 이 활동을 통해 학생들은 나와 타인을 향한 자신의 감정 양상을 돌아보고 그것을 표현해 보는 시간을 가질 수 있었다.

3. 미니 자서전 쓰기 - 미래를 위한 감정 주스

모둠 대화에서 현재를 위한 요리를 택했다면, 여기서는 미래의 나를 떠올리며 '마음 음료'를 만들어본다. 음료의 재료는 '감정 단어'이다. 인터넷에 '감정 단어'를 검색해 단어들이 잘 정리된 표를 하나 골라 그 목록을 학생들과 살폈다. 다문화 가정 학생들에게는 표정이 담긴 감정 카드를 활용해 이해를 도왔다.

> 교사: 평소에 한두 개의 유행어로 자신의 희로애락을 모두 표현하는 사람들이 있어요. 하지만 비슷하게 느껴지는 감정 단어들도 미묘한 차이가 있습니다. 다양한 단어를 알아야 자신의 상태와 감정을 정확하게 이해하고 타인에게 표현할 수 있어요. 이를 익히는 방법은 정확한 뜻을 알고 평소에 많이 사용하는 것입니다.

감정 단어 예시

재미있다	재치 있다	유쾌하다	즐겁다
희망차다	차분하다	벅차다	설레다
겁먹다	초조하다	짜증나다	불쾌하다
지루하다	쓸쓸하다	외롭다	슬프다

    마음에 드는 감정 단어를 10개 고르고 사전에서 의미를 찾아 옮겨 쓴다. 학생들이 사전을 쉽게 사용할 수 있도록 기본형으로 된 단어 목록을 선택했다.

    이 활동은 《마음 요리》 책의 변주다. 미래의 나를 위한 '마음 음료'를 구상하며 학생들은 희망, 꿈, 목표를 구체적으로 떠올리고 실현하기 위한 긍정적인 에너지를 함께 얻는다. '30년 뒤의 나'처럼 특정한 나이를 선택하거나 '취업했을 때의 나', '아빠가 되었을 때의 나'처럼 특별한 상황을 설정해 그 시기에 필요하거나 채우고 싶은 감정을 고른다. 그 감정들이 필요한 이유를 적고 음료 이름을 만들어본다. 구체적인 상황이 들어가면 쓰기를 허락했으나 '세계를 정복한 나', '이 세계에 환생한 나'처럼 만화적 발상은 지양하도록 했다.

    교사: 여러분들에게 미래를 떠올리라고 하면 성공에 대해 말합니다. 부자가 되고 성공한 사람이 되는 것도 좋지만, 그 순간 어떤 감정을

느끼고 있는지도 중요하지 않을까요? 세계 최고의 선수가 매일 불안감만 느낀다면 행복하다고 말할 수 있을까요? 미래의 특별한 순간에 어떤 감정이 마음을 채우면 좋을지 생각해 봅시다.

학생들이 자신의 미래를 긍정적인 감정으로 채우려고 고민하는 모습을 보며 교사도 행복감을 느꼈다. 학생들이 자신의 미래를 다면적으로 바라보고 글을 쓰면서, 창의적이고 즐겁게 삶의 이야기들을 타인과 공유하기를 바랐다. 감정을 중심으로 미래를 계획하면서 학생들은 더 풍부하고 의미 있는 삶을 꿈꾸고, 활동이 진행되는 동안 이를 이루기 위한 긍정적인 마음가짐을 나타내었다.

4. 한 편의 글로 다듬기

시작 예시 문장
- 앞으로 내 마음을 채우고 싶은 감정은 ○○이다.
- △△를 위해 ~ 요리를 추천하고 싶다.
- 앞으로의 나를 위해 나는 ~ 마음을 먹고 싶다.
- 내가 만든 마음 음료는 ~이다.

학생 예시 글

사람들이 멋대로 다가오는 걸 싫어하는 데다가 다른 사람이 좋아하는 것에 관심도 없는데, 어떻게 해야 친구를 사귈 수 있을까? 어떤 마음을 먹어야 할까? 다른 사람들이 좋아하는 것에 관심이 없다면 그 반대인 마음을 먹는 것이 좋을 것이다. 내 부족한 점에서부터 차곡차곡 쌓아올려 내가 되고 싶은 사람에 도달하는 것이다. 그러면 누군가가 다가오겠지. 나에게 가장 필요한 마음은 '희망차다'이다. 작은 일에도 뒤섞이는 내 마음을, 텅 비어 있는 나를 단숨에 채워줄 마음, 희망을 마음먹어야 한다.

딱 한 시기로 정할 수는 없지만 앞으로 나의 마음 안에 '상쾌하다, 기쁘다, 설레다, 정겹다' 등의 감정들을 채우고 싶다. 나는 '딱딱해 보인다', '공부를 잘할 것 같다'는 말을 자주 듣는다. 그렇게까지 잘하지는 않지만 나는 완벽하고 싶다. 애초에 목표가 너무 높은 기준선에 있다. 그만큼 더욱 노력해야 한다. 저런 간질간질한 감정들이 내 마음에 결핍이 된 것 같다. 만약 성공하고 다른 사람들에게 지혜나 교훈을 나누어주는 위치에 있더라도 기쁨이나 뿌듯함을 느끼지 못하면 완성이라고 할 수 있을까? 저런 감정을 자꾸 주변에서 찾고 느끼도록 해야겠다. 그래야 이루고 싶은 것을 이루었을 때도 저런 기분들이 채워질 수 있다.

죽음을 앞두었을 때 나는 '만족스럽다, 흡족하다, 평화롭다'의 감정이 담긴 음료를 마시고 싶다. 음료의 온도는 시원했으면 좋겠고, 색깔은 아래는 봄풀처럼 연둣빛, 위는 몽글몽글한 거품이 있었으면 좋겠다. 큰 부자가 되거나 나라를 빛낸 사람은 아니더라도 그냥 내가 산 삶에 만족하며 평화롭게 죽고 싶다.

…… 나는 아직도 나를 잘 모른다. 하지만 어른이 되었을 때 실패로 인해

마음이 아프고 괴롭다면, 슬플 때 괴로울 때 해결하는 방법을 찾기보다 내가 즐겁고 행복한 감정을 느끼기 위한 방법을 찾아보고 싶다. 이 감정을 채우기 위한 방법을 찾아볼 것이다. 행복하고 따뜻한 감정을 느끼는 일이 지금보다 훨씬 많아졌으면 좋겠다.

글쓰기 활동지 뒷장에 유리잔 그림을 한 장 넣었다. 글을 쓰며 원하는 학생들은 직접 음료를 디자인하고 내용을 소개하는 시간을 가졌다. 이전 활동들이 주로 과거를 돌아보는 내용이라 공유하기 어려웠던 반면, 이번에는 긍정적인 감정을 다루는 내용이라 학생들도 편안한 마음으로 자신의 생각을 공유할 수 있었다.

학생들이 쓴 글을 보면서 '이 수업을 계획했던 의미가 학생들에게 잘 전달되었구나.'라는 생각을 했다. 학생들이 감정에 대해 깊이 생각하고 미래를 계획하려는 모습을 보면서, 이 활동이 학생들의 자기 이해와 성장에 긍정적인 영향을 미치기를 바랐다.

5차시 나만의 도전 마주하기

인생에서 꼭 도전하고 싶은 일이 무엇이냐고 물으면 학생들은 '100억 벌기', '팔로워 10만 명 달성하기' 등 사회적·경제적 성공이나 성취를 꼽는다. 학생들에게 도전의 의미는 '결과'에 초점이 맞춰져 있었다. '자아실현, 성장, 창의적 생각' 같은 내면적 가치나 도전의 과정에서 얻는 경험과 교훈은 뒤로 밀려난다. 학생들이 생각하는 도전의 범위를 넓힐 수 있는 쓰기 활동을 고민했다. 도전의 과정에서 자신의 판단을 신뢰하고 세상과 소통할 준비를 하기를 바랐다.

《핑!》은 탁구에서 모티프를 따온 그림책이다. '핑'이라는 캐릭터가 탁구채를 들고 세상을 향해 '핑'을 날리고 상대의 '퐁'을 기다린다. '핑'은 일종의 도전이고, '퐁'은 도전에 대한 세상의 반응이다. 이번 차시에 학생들은 《핑!》을 읽고 세상과 소통하는 자신만의 방법을 탐색한다. 사회가 요구하는 과업이 아닌 자신에게 의미 있고 가치 있는 도전 과제를 설정하고, 도전에 대한 자신만의 철학을 고민하며 목표를 재정립해 볼 수 있다.

마지막 차시인 만큼 활동이 끝난 뒤 교사는 다섯 차시 활동의 의미를 되짚고 학생들의 글을 미니 자서전으로 엮는다.

'핑'과 '퐁'이라는 두 캐릭터를 통해 인간관계와 소통, 도전에 대해 풀어낸다. 복잡하고 어렵다고 생각할 수 있는 '소통과 도전의 방법', 이를 위한 태도를 명쾌하게

제시한다. 우리의 메시지와 행동이 상대에게 원하는 반응을 이끌어내지 못하더라도 끊임없이 시도해야 함을 격려하고 용기를 주는 책이다.

이 책을 활용해 '이번 학년에 이루고 싶은 다짐 작성하기, 올바른 퐁의 태도 작성하기' 등의 활동을 할 수 있다. 이는 3월 초나 모임을 시작할 때 여는 활동으로 적용할 수도 있다. 또한 책 전체를 필사하며 이 책 특유의 긍정적인 분위기를 느껴보는 활동도 의미가 있을 것이다.

1. 롤모델로 생각 열기

이 차시를 시작하기 전에 학생들에게 롤모델이 누구인지 묻는다. 학생들은 세계적인 피아니스트나 프로게이머, 작가, 배우, 사업가 등 다양한 사람들을 꼽는다. 이들 중 몇 사람을 선택해 관련 영상이나 인터뷰를 감상한다. 학생들에게 이 사람들의 공통점이 무엇인지를 생각해 보고 그것을 붙임쪽지에 적게 하고 모둠별로 모았다.

'성공, 풍요, 금수저, 타고난 DNA, 운' 등의 답이 나왔다. 눈에 보이는 것이 아니라 이들이 가진 도전 정신이나 자기에게 맡겨진 일을 대하는 태도에 초점을 맞추어 생각해 보자고 했다. 이후에 학급 전체의 의견을 모아보면 '시작하기, 꾸준히 실천하기, 부정적으로 생각하지 않고 행동하기' 등 결국 '과정의 중요함'으로 정리된다. 이번 차시를 거치는 동안 각자가 롤모델로 생각하는 인물의 특성을 본받아 일상에서 어떤 방식으로 실천할 것인지 생각해 보자고 제안했다.

2. 그림책에서 시작하는 우리의 이야기 – 모둠 대화

학생들이 책 구석구석의 내용까지 놓치지 않기를 바랐다. 한 번은 교사와 함께 전체적으로 읽고, 모둠의 구성원들이 돌아가며 책 전체를 한 번 더 낭독하게 했다. 활동지에 OX 문제, 뒷부분 필사하기, 책에 나오는 가장 마음에 드는 '퐁!' 적어보기 등 간단한 문제를 제시하고 책을 읽는 동안 모둠원들과 함께 풀게 했다.

그림책 퀴즈 예시
- [OX 문제] 표지에 적힌 도전의 자세 세 가지는 '자유롭게, 조심스럽게, 현명하게'이다. (   )
- 핑! 캐릭터는 (   )색 탁구채를 들고 있다.
- 우리가 핑을 하면 친구가 (   )을 해요.
- 책 속 내용 중 가장 마음에 드는 '퐁!'을 작성해 보세요.

정답을 서로 비교하며 내용을 익히고, 다음에는 세상과 소통하는 나만의 방식과 가장 마음에 와닿는 책 속 내용에 관해 모둠원들과 대화를 나누게 했다.

모둠 대화 주제
- 세상과 소통하기 위해 사용하는 나만의 방식을 소개해 봅시다.
- 가장 마음에 와닿는 부분을 필사하고, 그 부분을 선택한 이유를 자신의 경험과 관련지어 이야기 나누어봅시다.

학생들에게 그림 그리기, 운동하기, 대화하기, 악기 연주하기, 게임하기 등 우리가 일반적으로 즐기는 취미나 활동도 세상과의 소통을 위한 하나의 방식임을 설명한다. 그 활동을 좋아하는 이유를 살피면 자신과 남들과의 차별성이 드러난다. 자신이 좋아하는 일들을 글로 쓰고 의미를 부여하면서 나의 선택과 행동이 세상을 향한 자신의 기대이자 도전의 표현임을 깨닫게 된다. 더 나아가 앞으로 세상과 소통하기 위해 시도하고 싶은 새로운 방법이 있다면 그에 대해서도 이야기를 나누어 보도록 했다.

《핑!》은 소통과 도전의 본질에 관한 내용을 책 전체에 걸쳐 제시하고 있다. 마음에 드는 부분을 고르고 친구들과 대화하며 폭넓은 감상이 이루어지기를 의도했다.

학생: 퐁은 친구의 몫이니까요. 어떤 대답이 돌아올지는 우리가 정할 수 있는 게 아니거든요. 사람들의 퐁이 무서워요. 말을 시작할 때부터 이미 남의 눈치를 보기 시작해요. 내가 정할 수 있는 게 아닌데, 다른 사람이 아직 하지도 않은 대답에 나는 왜 미리 초조할까? 그냥 핑을 하고 당당하게 기다리고 싶어요.

대화를 통해 학생들은 같은 책을 읽더라도 각자의 상황과 경험에 따라 생각이 달라질 수 있다는 것을 자연스럽게 깨닫는다. 반대로 우리는 모두 비슷한 고민을 하고 같은 종류의 상처를 경험하기도 한다는 사실도 알게 된다. 그러면서 점차 서로에게 공감하고 타인에 대해서 개방적인 태도를 갖추게 된다.

3. 미니 자서전 쓰기 – 도전의 첫발 떼기

일반적으로 생각하는 성공을 위한 도전에서 벗어나 자신의 삶에서 진정으로 의미 있는 것을 발견하는 데에 초점을 맞춰 질문을 구성했다.

- 내가 생각하는 '핑!'은 무엇인가요? '핑!'의 정의를 내려봅시다.
- 내 인생에서 꼭 도전해 보고 싶은 일이 있다면? 그것을 위해 시작해야 할 첫 단계는 무엇일까요?
- 나를 늘 지지해 줄 '나만의 퐁!' 캐릭터를 만들어봅시다.

먼저 '핑'의 정의를 각자 내려보았다. 학생들은 도전의 개념을 스스로 설정해 보며 자신만의 가치와 열정을 쏟을 대상을 찾는다. 그럼으로써 더 깊은 수준에서 성장을 추구할 수 있게 된다. '진로와 꿈, 자신감, 끊임없는 시도, 포기하지 않는 태도, 즐거움을 잃지 않는 자세, 사교성, 도전은 인생 자체' 등 다양한 답변이 나왔다.

반면에 도전하고 싶은 일에 관한 질문에는 결과론적인 수치가 포함된 경제적이고 실리를 추구하는 답변이 많이 나온다. 쓰기를 멈추고 드라마 〈나빌레라〉의 한 장면을 보여주었다. 할아버지인 주인공이 발레를 배우기 시작한다. 지금 시작해도 일류 발레리노는 되지 못하지만, 수십 년간 미루어둔 꿈에 도전하며 스스로를 행복하게 만드는 '핑'의 시작이다. 〈네모의 꿈〉, 〈문어의 꿈〉 등 꿈에 관한 가요 중 학생들이 좋아하는 노래의 가사를 살펴보기도 했다. 일반적으로 생각하는 성공과는 거리가 멀지만, 사람들이 그 노래에서 말하는 꿈에 특히 공감하는 이유를 생각해 보며 도전의 의미를 더 넓게 생각해 보게 했다.

> **교사:** 여기서 말하는 도전은 성공이나 성취와는 별개로 여러분 자신에게 의미 있는 행위를 말해요. 첫 차시에 《첫 번째 질문》을 읽고 나를 둘러싼 세상에 대해 생각해 보았습니다. 도전의 대상을 떠올리기가 어려우면, 미래에 내가 살고 싶은 이상적인 세상을 떠올려 보세요. 현실적이지는 않더라도 꼭 이루고 싶은 것들이 있을 거예요. 그리고 도전을 시작하기 위한 첫걸음이 무엇인지 고민해 보기 바랍니다.

죽기 전에 10년씩 다섯 개의 직업을 거치고 싶다는 포부, 세계 여행, 마라톤 완주, 작품 하나를 완성해 웹소설, 웹툰, 영화 시나리오까지 창작하겠다는 의지, 이루고 싶은 가족의 형태, 본인의 장례식 기획, 환경 문제 해결하기 등 엉뚱해 보이더라도 진지하고 원대한 자기만의 도전과 그 시작점들이 담긴다. 이 활동을 하며 아이들은 삶의 목표와 우선순위를 돌이켜 보게 된다.

마지막으로 '나만의 퐁!' 캐릭터를 만들고 이를 사용해 미니 자서전 표지를 디자인했다. 아이들은 이미지를 통해 자신을 표현하는 데 익숙하다. 소셜미디어 등 이미지 기반의 소통이 늘어나면서 10대들은 이미지를 활용한 창작 활동을 즐기고, 이를 통해 자신을 표현하거나 타인과 공감대를 형성하는 일을 어려워하지 않는다. 학생들이 자신을 응원하는 존재를 이미지로 형상화하고 이를 통해 자기 자신에 대한 긍정적 메시지를 강화하는 기회를 주고 싶었다.

교사: 가끔 무조건 나를 응원하는 존재가 있으면 좋겠다는 생각을 해요. 이런 존재가 있으면 '핑'을 하기가 덜 두렵지 않을까요? 퐁 캐릭터를 그려봅시다. 강아지나 고양이, 판다, 꽃처럼 평소에 좋아하는 동물이나 식물을 단순화해 그리거나 좋아하는 유명인을 캐리커처로 그려도 좋아요. '넌 할 수 있어.' 같은 짧은 지지의 말, 머리 쓰다듬기나 만세 같은 위로나 공감의 행동을 그려도 좋을 것 같아요.

완성한 '나만의 퐁!' 캐릭터에 이름을 붙이고 미니 자서전 표지에 그린다. 동아리 활동이나 독서캠프에서는 학생들이 만든 퐁! 캐릭터를 활용하여 자신의 미니 자서전 표지를 디자인하는 활동까지 진행할 수 있다. 시간적 여유가 있을 때는 자서전 표지에 자신의 이름, 간단한 소개, 그리고 캐릭터가 등장하는 그림을 포함하게 했다. 본인이 만든 퐁! 캐릭터는 국어 공책 표지로 활용하거나 교과서나 학습지에 그려 넣어도 좋다고 허락한다. 그러면 칠판에 교사의 별명으로 디자인한 이모티콘을 발견하거나, 샤워하는 벗나무가 소설 〈하늘은 맑건만〉에서 누명을 쓴 점순이를 위로하는 모습을 발견할 수도 있다.

4. 한 편의 글로 다듬기

시작 예시 문장
- 내가 생각하는 핑은 ~
- 나는 ~에 도전하고 싶다.

- 나는 ~을 시작했다.
- 내가 《핑!》을 읽고 ~

학생 예시 글

나는 투덜이고 겁쟁이다. 하고 싶은 것이 있어도 어차피 안 될 거라고, 망할 거라고 찌질하게 뒤에서 궁시렁대기만 했다. 국어 쌤이 시작도 안 하고 체념하거나 다른 사람을 비웃는 사람이 제일 못난 사람이라는데, 그게 나다. 먼저 많은 도전을 해야 한다. 했다가 망하더라도 시작하지 않고 멋있는 척하는 것보다 낫다.

나는 언젠가 혼자 살아보고 싶다. 어른이 되면 자연스럽게 할 수 있는 일이겠지만, 과연 될지 모르겠다. 저번에 동생이 아팠을 때, 출근한 부모님을 대신해 내가 동생과 함께 있었다. 방과후에도 바로 집으로 가기보다 교실에서 친구들과 숙제를 하고 좀 놀다 가는 게 편하다. 집에 갈 때 혼자 멍하니 걸어갈 때가 좋다. 동생들이 나이가 어려서 과연 혼자 살 수 있을까 싶다. 내가 혼자 산다고 하면 가족들의 반응은 어떨까? 서로 싸우게 될 수도 있다. …… 사람이 번잡한 곳도 싫다. 낡아도 좋으니 넓은 집이었으면 좋겠다. 누구도 나한테 무언가를 요구하지 않았으면 좋겠다. 자유롭게 또 즐겁게 남들 신경 안 쓰고 내가 하고 싶은 것을 하면 좋겠다. 혼자 산다는 것은 나에게는 용기가 필요하다.

죽기 전에 10년씩 다섯 개의 직업을 거치고 싶다. 사람들은 보통 하나의 직업을 선택해 그 길을 평생 걸어가지만, 나는 다양한 경험을 하고 싶다.

지금 하고 싶은 일은 작곡가, 유튜버, 과수원 운영자, 떡볶이집 사장이다. 하나는 아직 못 정했다. 어쨌든 사람들과 어울리는 걸 좋아해서 다양한 직업을 해도 사람들을 많이 만날 것 같다.

어렸을 때부터 음악을 사랑했고 다양한 악기를 배웠다. 사람들이 내가 만든 음악을 듣고 위로를 받는다면 스스로가 자랑스러울 것 같다. 과수원을 운영하고 싶다. 열매를 수확하는 기쁨을 느껴보고 싶다. 좋아하는 사람들이 내가 기른 과일을 먹고 건강해진다면 그 어떤 직업보다 더 뿌듯함을 느낄 것 같다. 마지막으로 꿈꾸는 다섯 번째 직업은 아직 정해지지 않았다. 기회를 열어둔다. 살아가면서 새로운 도전을 통해 더 많은 가능성을 발견할 수 있을 것 같다.

수업을 마무리하기 전에 내가 처음 《핑!》을 읽고 자녀들의 성장을 생각하면서 쓴 감상문을 읽어주었다.

교사의 글

첫째는 자신만의 '핑'을 찾아가고 있는 중이다. 세상을 향한 열 살 소녀의 '핑'은 따스하고 언제나 온 마음이다. '퐁'은 언제나 뜻밖이라 쉽게 상처를 받고 치유하기의 반복이지만. 그 과정을 지켜보는 엄마의 마음은 공포영화를 보는 것과 같아 늘 긴장되고 조마조마하다. 세상이 내게 날린 매정하고 쓰린 경험들은 견딜 수 있다. 하지만 내 아이의 작은 '한숨'에 세상 전부가 덜컹인다. 아이는 앞으로 저 작은 채를 들고 수많은 '핑'을 날릴 것이다. 세상에서 가장 소중한 아이가 다음 '핑'을 준비할 때 나는 엄마로서 '핑'과 '퐁'을 준비해야 한다. 나에게 필요한 것은 적당한 거리감이겠다는 생각이 든다. 날카로운 '퐁'에 상처 입고 한숨지을 아이에게 엄마의 초조함을 들키지 않는 연습을 해야지. 아이가 '핑'과 '퐁'을 겪어나가는 그 과정을 함께 견딜 순간들을 용감하게 기다려야겠다.

학생들에게 이 글을 들려준 뒤, 학생들의 성장과 도전을 지켜보는 어른들 또한 초조하고 용기가 필요하다는 사실을 전했다.

교사: 부모님이나 선생님의 조언이 때로는 일방적으로 느껴질 수도 있겠지만, 그것을 필요 없다고 생각하지 말아주었으면 합니다. 어른들도 완벽하지는 않겠지만, 여러분이 필요로 할 때 언제나 도움을 줄 준비가 되어 있답니다.

이 말을 통해 학생들의 성장을 진심으로 응원하고 있음을 강조했다. 나아가 세상을 향해 질문을 던지고, 수많은 인간관계에서 갈등을 해결하고, 완벽을 꿈꾸고 실패하면서도 미래를 기대하고 도전하는 모습이 자랑스럽다고 덧붙였다.

5. 글 모음집 완성하기

마지막 활동까지 마치면 학생들이 작성한 다섯 편의 글이 모인다. 당시에는 코로나로 인해 학급마다 상황이 유동적으로 바뀌어 학습지나 공책, 온라인 등 글들이 다양한 곳에 나뉘어 있었다. 전체 학생에게 같은 방법을 사용하기가 어려워 각자 원하는 방법을 선택해 자신의 글을 엮게 했다. 공책에 손으로 옮겨 보관하거나 '글그램' 같은 어플을 사용해 온라인 작업물을 만들기도 했다. 자신의 글 가운데 마음에 드는 부분을 손으로 직접 쓰거나 온라인 작업물을 출력해 팝업북이나 날력 키트에 붙여 소박하지만 책자의 형태로 만들어보게 했다.

다음 학기에 시간적 여유가 된다면, 작성한 글을 영상으로 만들어주는 AI 프로그램을 이용해 '자서전 상영회'를 열어보는 것도 작품을 공유하는 하나의 방법이 될 수 있을 것 같다.

평가 및 수업 후기

1. 평가하기

자유학기제는 성적을 별도로 산출하지 않아 평가 방식이 보다 유연하다. 학생들은 등급이 아니라 자신의 글에 대한 일종의 평가문을 받게 된다.

평가 부분	채점 요소
모둠 대화 (동료 평가)	① 모둠 활동에 적극적으로 참여하고, 모둠원들과의 대화 중 집중하는 태도를 유지했나요? ② 주어진 대화 질문에 자신의 생각을 솔직하게 표현했나요? ③ 다른 모둠원의 의견과 감정을 존중하고, 공감하는 태도로 대화를 나누었나요? ④ 모둠원들에게 궁금한 점을 적극적으로 질문하고, 다른 모둠원의 질문에 성실하게 답변했나요?

평가 부분	채점 요소
미니 자서전 쓰기 (교사 평가)	① 자신의 삶에서 중요하다고 생각하는 경험과 깨달음, 가치가 서술되어 있는가? ② 경험과 그로 인한 감정이 글에 섬세하고 진솔하게 표현되었는가? ③ 자신만의 독특한 시각이나 특별한 방식으로 경험을 서술하였는가? ④ 글에서 다양한 문장 구조와 어휘를 사용하여 풍부하고 생동감 있는 글을 썼는가? ⑤ 독자가 글을 읽는 동안 공감하거나 집중할 수 있도록 구성되었는가? ⑥ 글의 흐름이 자연스럽고 일관성이 있는가? ⑦ 매 차시 적극적인 태도로 성실하게 활동에 임하였는가?

평가는 자기 평가와 동료 평가, 교사 평가 세 가지로 진행한다. 자기 평가는 활동 소감과 활동을 하며 달라진 점을 간단히 줄글로 적게 했다. 동료 평가는 주로 모둠 대화 활동의 내용을 중점으로 두었다. 모둠원들과 대화를 나눌 때의 적극성을 서로 평가한다. 쓰기 활동에 대한 평가문을 작성할 때는 채점 요소 중 학생의 글에서 돋보이는 장점을 문장으로 표현했다. 학생들의 글에서 미흡한 부분은 수업 시간마다 구두 평가로 보완하거나 학습지에 댓글로 달아주었다.

성적 통지표에는 자서전을 작성하면서 보여준 적극적인 태도, 글에 나타난 창의적 사고, 진솔한 태도, 독창적인 표현 등 칭찬할 내용을 구체적으로 작성하기 위해 노력했다. 학생들에게 글쓰기 자신감을 불어넣어 주고, 본인이 쓴 글의 강점을 인식하게 하여 앞으로 학생들이 다른 글쓰기를 할 때 이런 점이 긍정적인 영향을 미치기를 바랐다.

1학년 ○반 과세특 중 일부

미니 자서전 쓰기에서 타인과의 갈등 과정과 이를 겪으며 느낀 감정을 생동감 있는 한 편의 글로 완성함. 경험과 성찰의 과정을 자연스럽게 그려내어 독자들이 쉽게 공감할 수 있는 글을 작성함.

성찰을 주제로 한 그림책을 읽고, 행복을 글감으로 선택하여 자신이 생각하는 행복의 정의와 작은 행복의 소중함과 가치가 담긴 글을 작성함.

미니 자서전 쓰기에서 '세상 속 나의 모습'이라는 주제로 자신의 경험을 되돌아보고, 어려운 상황 속에서도 삶의 의지를 표현한 한 편의 글을 완성함.

미니 자서전 쓰기에서 자신의 경계와 친구의 경계를 지키는 현명한 방법을 고민하여 한 편의 글로 씀. 인간관계에서 의도하지 않아도 상처를 줄 수 있음을 깨닫고 타인과 자신의 심리적 경계를 존중하는 방법을 다양한 관점에서 정리함. 글의 구조와 전개 방식이 자연스러워 주제가 잘 드러남.

상처를 받지 않기 위해 타인을 조심스럽게만 대하는 자신의 태도에 관한 고민이 담김. 순간을 생동감 있게 표현하고 감정을 진솔하게 표현하는 능력이 있음.

미니 자서전 쓰기에서 자신과 타인의 경계를 지키는 현명한 방법을 고민하여 한 편의 글로 완성함. 인간관계에 대한 자신의 독특한 관점을 설득력 있게 작성함.

경험에서 얻은 성찰과 새롭게 발견한 자신의 모습을 차분하게 서술함. 순간의 감정이 독자에게 생생하게 전달되도록 표현하는 능력이 좋음.

내면의 갈등을 주제로 완벽함을 추구하며 느꼈던 불안한 마음을 담담하게 글로 표현함. 불안감을 멈출 수 있는 방법과 멈추고자 하는 의지를 수필에 잘 담아냄.

2. 그림책으로 나를 만나다 – 수업을 마치며

한 학기, 인생에서 변화가 일어날 만한 충분한 기간은 아니다. 하지만 작은 계기들을 꾸준히 제공하는 일은 학생의 성장을 돕는 교사의 중요한 역할이라고 믿는다.

주제가 다른 다섯 편의 글을 엮어서 보관하는 일이 어떤 의미가 있느냐고 반가운 질문을 하는 학생이 있었다. 그 학생에게 이렇게 말해주었다.

> 교사: 영화나 소설은 발단부터 결말까지 완벽한 짜임새가 있어요. 하지만 인생은 다르지 않나요? 지금 순간을 살아내다 보면 짜임새는 엉성해도 소중한 삶의 스토리가 되기도 합니다. 우리의 삶은 수많은 지금들이 조각조각 이어진 모습이지 않을까 싶어요. 그러니 열네 살, 현재 생각의 조각들을 엮어 보관한다고 생각하면 좋겠어요. 앞으로도 여러분이 경험할 순간들을 그냥 흘려보내지 않고 의미를 찾아보면 더 좋을 것 같아요.

처음에는 아이들과 어떻게 글쓰기를 해야 할지 방향을 잡기가 어려웠다. 차시가 지나면서 교사가 생각하는 잘 쓴 글과 학생들 스스로에게 좋은 글은 다를 수도 있겠다는 생각이 들었다. 내용 파악이나 완결성을 요구하기보다 학생들이 자신을 한 번 더 들여다보는 일이 중요하다고 생각되어 욕심을 덜어냈다. 비록 한 편의 자서전이라고 부르기에는 부족한 짧은 글들의 모음이지만, 교사로서 학생들이 글쓰기를 해내며 스스로를 뿌듯해하는 순간을 함께 즐길 수 있었다.

학생들에게 성인이 된 제자, 졸업하거나 재학 중인 선배들과의 문자 내용을 보여주었다. 그러면서 "선생님은 늘 제자들의 '핑'을 열심히 응원하고 있다."라고 말했다. 미니 자서전 쓰기 수업도 학생들에게 던지는 '핑'의 일종이며, 충실하게 글을 쓰는 '퐁'이 돌아왔다고 아이들을 칭찬하고 고마움을 표현했다. 그렇게 활동을 마무리했다.

더하기 차시　내가 꿈꾸는 완벽한 휴식 – 학기 말 활동

학생들에게 '쉬다'의 의미는 무엇일까? 학생들에게 '번아웃' 관련 상담 요청을 꾸준히 받는다. 처음에는 몸이 아프거나 우울 증상이지 않을까 생각했다. 학생들의 교우 관계를 확인하고, 학업의 양에 대해 이야기하기도 했다. 하지만 학생들과 휴식에 관한 대화를 나누면서, 늦은 시간까지 게임을 하거나 숏폼 영상을 보느라 피로감이 쌓인 것이 원인 중 하나라는 사실을 알게 되었다.

학생들은 대체로 휴대폰으로 게임을 하거나 숏폼 영상을 보면서 여가 시간을 보낸다. '도파민 충족'이 유행어가 되기도 한 것처럼, 아이들은 즉각적인 만족을 추구하는 경향이 강하다. 이런 활동들은 순간적인 즐거움은 제공하지만, 진정한 의미의 휴식과는 거리가 멀고 오히려 더 큰 피로감을 준다. 학기 말이 가까워지는 시점, 학생들도 교사도 극심한 피로감을 느낄 때, 신체적·정신적 충전의 필요성과 휴식을 취하는 옳은 방법에 대해 함께 생각해 보는 시간을 갖고 싶었다.

이 활동은 중학교 3학년 학기 말, 3차시로 진행되었다. 이 활동에서는 두 권의 그림책을 함께 읽었다. 《백 살이 되면》, 《하지 않으면 어떨까?》이다. 《백 살이 되면》의 주인공은 백 살이 되면 누리게 될 평온한 휴식을 상상한다. 《하지 않으면 어떨까?》의 주인공은 매일 할 일에 쫓기다 그 일을 하지 않을 때 어떻게 될지 궁금해진다. 독자는 두 책을 읽으며, 일상의 바쁜 삶 속에서도 평온함과 진정한 휴식의 필요성을 느끼게 된다. 또 학생들은 온전하게 쉬는 것의 중요성을 깨닫는다. 나아가 진정한 휴식을 취하는 자신만의 방법을 찾아볼 수 있다.

두 책 모두 독자들에게 다양한 방식으로 진정한 휴식과 평온의 중요성을 전달하고 있다. 《백 살이 되면》은 황인찬 작가의 〈백 살이 되면〉이라는 시를 그림책으로 만든 시그림책이다. 자연 속에서 진정한 쉼을 누리는 인물의 모습을 그린다.

《하지 않으면 어떨까?》의 인물은 평소 해야 할 일을 멈추고 진정한 휴식을 취한 후 달라진 모습으로 일상에 복귀한다.
두 책을 읽고 각자 이상적인 휴식의 모습에 대해 나누거나 '방학이 되면'과 같은 모방시 쓰기를 진행할 수 있다.

1. 필사로 생각 열기

학생들은 디지털 콘텐츠를 빠르게 소비하는 데 익숙하다. 이런 학생들에게 필사 활동은 느린 시간을 경험하게 한다.《백 살이 되면》전문을 공책에 필사하게 했다. 이때 최대한 천천히 필사하라고 안내한다. 20분을 주고 최대한 천천히, 글씨도 반듯하게, 내용을 곱씹으며, 암기하듯이 필사하도록 한다.

> 교사: 마지막으로 진짜 휴식을 취해본 적이 언제인가요? 성적에 대한 불안감 때문에 쉬면 초조함을 느끼는 친구들도 있을 거예요. 단순히

잠을 자거나 숏폼을 보거나 게임을 하는 것은 쉬는 게 아닙니다. 진정한 의미의 휴식이란 무엇일지 한번 생각해 보세요. 휴식을 취한 뒤에 우리는 일상을 다시 살아나가야 해요. 이 시를 필사하면서 각자 '쉬다'의 의미를 재정의하고, 온전한 휴식이 무엇인지 고민해 보았으면 합니다.

책에 묘사된 평온한 이미지를 떠올리고 물방울이 풀잎에 구르는 소리, 젖은 참새가 몸을 터는 소리 등 자연의 소리를 상상한다. 시와 그림에서 주는 고요함과 평화로움은 빠른 속도와 자극에 지친 학생들의 마음을 진정시킨다. 처음 시작할 때는 힘들다며 툴툴거리던 학생들도 쓰기 활동에 점점 몰입한다.

2. 그림책에서 시작하는 우리의 이야기 – 모둠 대화

필사가 끝나면 모둠별로 두 권의 책을 나누어준다. 《백 살이 되면》의 경우, 이미 이 시를 필사했기 때문에 학급 전체가 함께 낭송해 본다. 《하지 않으면 어떨까?》는 한 쪽씩 모둠원들끼리 돌아가며 읽는다. 책을 읽은 뒤에 교사가 두 작품의 내용과 배경에 대해 간단히 설명해 준다.

모둠 대화에서는 먼저 책의 공통점과 차이점을 찾아보며 각각의 작품이 전달하는 주제를 파악했다. '글감, 소재, 주제, 그림, 인물, 구성, 사용하는 단어, 읽고 난 후 감정' 등 광범위하게 두 책의 공통점과 차이점을 찾아보게 한다. 붙임쪽지를 나누어주고 각자 공통점과 차이점을 세 가지 적어보게 한 뒤, 모둠별로 의미가 있는 공통점과 차이점을 모아보게 했다.

학생들은 《하지 않으면 어떨까?》는 일상 속 쉼, 《백 살이 되면》은 삶에서 온전한 쉼 또는 죽음으로 구분했다. 일상 속 작은 쉼도, 큰 평온함에 대한 기대도 삶에서 필요하다는 것을 대화를 통해 아이들 스스로 끌어낸다. 학생들이 자신의 삶에서 균형과 조화를 찾는 일이 중요함을 강조하며 수업을 마무리했다.

두 번째 시간을 시작하며 학생들에게 자신의 생활 속에서 휴식을 실천할 방법을 꼭 찾을 것을 권한다. 학기 말, 여유 시간에 이루어지는 활동이므로 학생들의 생각도 움직임도 약간은 자유롭게 풀어주고 싶었다. 책 대화를 나눌 때, 교실에서 책상을 밀고 모둠원끼리 의자를 동그랗게 놓고 앉는다. 한 모둠은 다섯 명 정도로 하고, 될 수 있으면 무릎이 닿을 만한 거리에서 이야기를 나누게 했다. 중학교 3학년이라 조금 여유롭게 수업해도 아이들이 심하게 장난치거나 수업 주제에서 벗어난 행동을 하지는 않는다.

① '~ 하지 않으면 ~ ' 대화 나누기
② 평소에 휴식을 취할 때 어떤 일들을 하나요? 일상에서 온전하게 쉴 수 없는 이유는?
③ 제목이 '백 살이 되면'인 이유는 무엇일까요? ('백 살'의 의미는?)

첫 번째 주제로 '~ 하지 않으면 ~' 대화 나누기 활동을 해본다. 《하지 않으면 어떨까?》 속 주인공 '문'이 그랬던 것처럼, 매일 해왔던 일들을 살짝 미루거나 하지 않으면 어떨지를 한번 떠올려 본다.

모둠원 중 하나가 다른 친구들에게 '~을 하지 않으면 ~' 형식으로 된 말을 하면, 다른 모둠원들은 '~ 하지 않아서' 생기는 긍정적인 부분을 찾아서 돌아가며 답을 해준다.

"진로를 지금 정하지 않으면 낙오자가 될까 걱정돼."
⋯▶ "지금 정하지 않더라도 좋아하는 일을 하면서 경험을 쌓으면 더 명확한 목표를 세울 수 있을 거야."

"SNS에 자주 접속하지 않으면 친구들과 소통이 끊길까 봐 불안해."
⋯▶ "SNS에 자주 접속하지 않더라도 직접 만나는 시간을 더 많이 가진다면 더 깊이 있는 대화를 나눠 우정이 더 깊어질 거야."

고등학교 진학을 앞두고 성적도 진로도 인간관계도 복잡한 마음을 서로 알기에 격려하면서 마음의 여유를 찾는다. 일종의 휴식이다. 첫 활동을 마치면 서로의 마음이 열린다.

두 번째 활동으로 서로 여유 시간에 어떻게 휴식을 취하는지에 대한 대화를 나눈다. 아이들은 운동, 산책, 음악 듣기 등 다양한 활동을 하기도 하지만, 휴식이라는 말에 불안감이나 초조함을 내비치기도 했다. 쉬는 것 자체가 불안해 휴식을 최소로 줄이는 학생도 있고, 늘 피로해 시간이 날 때마다 잠을 잔다는 학생도 있었다. 하지만 대부분의 학생들은 SNS를 하거나 숏폼 영상을 보거나 온라인 게임을 하며 여유 시간을 보낸다고 했다. 그러느라고 잠을 충분히 자지 못해 오히려 더 피곤하다는 사실을 알면서도 자꾸 의존하게 된다는 답이 많았다. 그냥 쉬는 방법을 잊어버린 것 같다는 반응도 있었다. 다가올 방학 동안에 '디지털 디톡스'를 다짐하기도 했다.

마지막으로 '백 살'의 의미에 관해 대화를 나눈다. 학생들은 '백 살'의 의미에 대해 '더 이상 누구의 방해도 받지 않고 그 무엇도 요구받지 않고 온전히 쉴 수 있는 상태, 진정한 휴식이 필요한 시간, 사람에게는 진짜 큰 휴식이 필요함을 상징하는 숫자, 장수한 행복하고 건강한 인생, 죽음 이후의 고요하고 평화로운 영원한 휴식' 등 다양하게 해석했다.

학생: 저는 여기서 말하는 백 살을 죽음이라고 생각했어요. 시에서 묘사된 상태, 특히 돌아가신 할머니를 떠올리는 걸 봐서는 죽음 이후에 누리는 휴식인 것 같아요.

이 책을 읽고 죽음을 떠올리는 학생이 많았다. 특히 현재 자신의 상황이 힘든 학생들일수록 그랬다. 현재의 바쁜 삶이 견디기 힘들고, 앞으로도 변하지 않을 것 같다는 생각이 든다는 것이다. 처음에는 수업을 멈춰야 하나, 괜히 아이들의 고통스러운 감정이나 상황을 건드리는 것일까, 어른이자 교사로서 복잡한 생각이 들었다. 하지만 학기 말, 우리의 에너지가 모두 소진되어 가는 그 시기를 받아들이고 곧 다가올 방학을 떠올리자고 다독였다.

작가 인터뷰를 인용하며 "커다란 휴식이 죽음처럼 느껴질 수는 있지만, 백 살이 된 상태, 고요한 상태에 더 집중하자. 단순히 죽음에 가까운 나이가 아니라 우리가 자신에게 휴식을 주어야 할 시점으로 생각하자."라는 설명을 덧붙였다.

더불어《하지 않으면 어떨까?》의 주인공처럼 휴식을 마친 뒤에 행복을 느끼거나, 학교로 가는 발걸음이 예전처럼 무겁지는 않은 일상의 회복을 위한 휴식이 중요함을 다시 안내했다. 대화가 끝나면 자리를 정리하고 모둠 대화에서 나눈 내용을 간단히 글로 메모하게 한다. 이 수업 시간에 말하는 '쉼'은《하지 않으면 어떨까?》처럼 일상으로 돌아온다는 것을 전제로 함을 강조한다. 모둠 대화 후 느낀 점을 정리하거나 깨달은 점을 짧은 글로 정리하게 했다.

3. 미니 자서전 쓰기 – 방학 계획 세우기

세 번째 시간 '쓰기 활동'에서 학생들은 자신들이 편안함을 느끼고 진정으로 휴식이라고 느끼는 순간들이 언제인지를 돌아본다. 그리고 진정한 쉼을 누리기 위한 계획서를 작성한다.

- 나에게 진정한 쉼이란 무엇인가요? 내가 진정으로 쉬고 있는 순간은 언제인가요?
- 자기 돌봄 계획서 쓰기

교사: 자신만의 진정한 쉼의 순간들을 찾을 필요가 있습니다. 백 살의 평온함을 누리기 위해서는 먼저 우리가 삶의 균형을 찾아야 하지 않을까요?《하지 않으면 어떨까?》에서 그 누구도 '문'에게 자유와

행복의 정의를 말로 설명해 주지 않았지만 스스로 행복하다고 느낄 수 있었던 것은, 하는 일을 멈추는 순간이 생겼기 때문일 거예요. 우리도 나만의 쉼에 대해서 생각해 봅시다.

마지막은 '자기 돌봄 계획서'를 작성하게 한다. 이 계획서는 방학 동안 어떻게 자신을 돌볼지 계획하는 활동이다. 학업과 인간관계, 놀이와 휴식 사이에서 균형을 맞추어 자신을 돌보는 계획서이다. 하루, 일주일, 한 달을 주기로 본인이 하는 일상적 활동을 쓰고, 그런 다음 휴식과 재충전을 위한 방법을 함께 작성한다.

학생 예시 답안

공통점	– 두 책 모두 진정한 휴식과 마음의 편안함을 주제로 삼고, 독자에게 생각해 보게 한다. – 두 책 모두 진정한 쉼을 찾는 공간이 자연이다. – 두 책 모두 그림에서 따뜻한 느낌이 든다. – 두 책 모두 화자가 어린아이이다.
차이점	– 《하지 않으면 어떨까?》는 현재를 다루고, 《백 살이 되면》은 미래의 상상이다. – 《하지 않으면 어떨까?》는 현재의 바쁜 일상에서 벗어나 잠시 쉬는 것, 《백 살이 되면》은 온전한 휴식을 의미하는 것 같다. – 《하지 않으면 어떨까?》는 자유로운 느낌이고 다시 나의 삶으로 돌아오는데, 《백 살이 되면》은 돌아오지 않고 평화로움을 계속 누린다.

학생 예시 글

내가 진정으로 쉬고 있는 순간은 토요일 아침에 깊은 잠에 빠져 있을 때인 것 같다. 그때는 모든 걱정과 스트레스에서 완전히 벗어나서 정말 평화롭다. 아무것도 느끼지 않는 상태, 그저 쉬는 것이 좋다. 혼자만의 시간을 가질 때 아무런 방해 없이 나 자신과 마주하는 순간이 진정한 휴식이다. 이 순간은 세상과 단절되고 오직 나만의 시간이라서 죽음과 비슷하다고 해야 할까? 그래서 오히려 감정이 풍부해진다.

진정한 쉼은 두 책에 나오는 것처럼 자연 속에서 보내는 시간인 것 같다. 집 앞 공원도 자연이라고 볼 수 있나? 공원이나 산책로를 걷고 있을 때 마음이 편안해진다. 나는 어렸을 때부터 할머니와 등산을 다녔는데, 그래서인지 주말에 등산을 가면 몸은 힘들지만 진짜 쉰다는 기분이 들고 스트레스도 풀리는 것 같다.

요즘 합주대회를 준비하면서 계속 연습을 하는데, 그 시작은 바로 조율이다. 악기를 제대로 튜닝하지 않으면 듣기 싫은 소리가 난다. 우리의 삶도 마찬가지다. 제대로 된 휴식이 없으면 마음과 몸이 균형을 이루지 못해 컨디션을 유지하기 힘들다. 휴식을 통해 우리는 삶을 조율한다. 휴식을 통해 에너지를 비축하고 다음 단계를 준비할 수 있지 않을까?

자기 돌봄 계획서

하루 계획
(1) 아침 시간 (7~8시)
 - 할 일: 기상 및 준비
 - 휴식 방법: 창문을 열어 신선한 공기를 마시고 좋아하는 음악 듣기 (5분)
(2) 학교 시간 (9~15시)
 - 활동: 수업 집중, 친구들과의 교류, 점심시간에 산책

- 휴식 방법: 점심 후 도서관에 독서 (10분)

주간 계획
(1) 월요일 ~ 금요일
　　- 활동: 평일 자기 돌봄 계획에 따라 일과를 진행
　　- 휴식 방법: 매일 좋아하는 드라마 시청 (30분)
(2) 주말
　　- 활동: 취미 활동(자전거), 친구와의 만남
　　- 휴식 방법: 아침 늦게까지 잠자기, 오후에 공원 산책

월간 계획
　　- 활동: 새로운 취미 도전
　　- 휴식 방법: 한 달간의 목표 설정 및 성취에 대한 자기반성 시간 (30분)

자기 돌봄 목표
　　- 감정 관리를 위한 일기 작성하기
　　- 규칙적인 운동 습관 유지하기
　　- 가족과의 시간 즐기기
　　- 자신의 목표와 성취를 돌아보고 부족한 점 보완하기

　이 계획서는 성장과 성찰이라는 주제를 바탕으로 한 휴식 계획서이다. 학생들이 재충전의 순간을 찾아 더 나은 자신으로 성장해 나가길 바랐다. 이런 활동은 학생들이 장기적으로 행복하고 균형 잡힌 생활을 유지하는 데 도움이 될 수 있을 것이다. 이렇게 휴식의 시간을 스스로 찾는 연습을 할 때《백 살이 되면》에서 말하는 온전한 휴식을 누리는 시간이 찾아올지도 모른다.

수업 사례 3

가족 이야기로 시작하는 자서전 쓰기

고은정

수업 개요

학생들에게 가족은 어떤 존재일까? 그림책을 읽고 가족과 관련된 자서전을 쓰는 수업을 하자고 제안하자 학생들은 다양한 반응을 보였다. 중학교 1학년 여학생들로 구성된 수업에서 다수가 가족을 친근하게 느끼고 부모님과 관계가 좋다고 답했지만, 일부는 굳이 가족 이야기를 써야 하냐고 묻기도 했다. 청소년기는 가족에 대한 친근감도 있지만 거리감이 커지기도 하는 시기라서 자연스러운 반응으로 보였다.

가족과 오랜 시간을 보냈지만 실제로 우리는 가족을 얼마나 알고 있을까? 가장 소중한 존재로 가족이 아닌 친구를 꼽는 학생들에게 가족의 의미를 일깨우고 싶었다. 가족 이야기를 하다 보면 어느새 내 이야기를 하게 되고, 내 이야기를 하다 보면 가족 이야기가 빠질 수 없다. 이런 면에서 가족은 나를 이루는 중요한 부분이라고 할 수 있다. 수업에서는 가족과 관련된 이야기를 나누며 가족을 이해하고 또한 자신을 돌아보고자 했다. 자서전 쓰기 수업을 통해 가족에 대한 이해가 자아에 대한 이해로 이어질 수 있을 것이라고 보았다.

자서전 수업을 위해 그림책을 마중물처럼 활용했다. 그림책을 읽고 작중 인물의 모습에서 연상되는 자신의 경험을 떠올리고 그때의 생각과 느낌을 글과 그림으로 표현하는 수업을 계획했다. 수업을 통해 가족이 내게 어떤 존재인지, 가족의 영향을 받은 내가 어떤 사람이 되었는지를 성찰하는 것을 목표로 삼았다.

이를 위해 우리 집만의 분위기나 가족의 가르침, 형제자매와의 추억을 떠올리고 자서전을 쓰는 수업을 먼저 구상했다. 이어 부모에게 받은 사랑을 돌려줄 순간이나 독립생활을 상상하면서, 어른이 된 미래의 이야기를 자서전의 내용에 포함하게 했다. 한 사람의 삶이 가족으로부터 시작해 많은 영향을 받으며 성장하지만, 나중에는 가족으로부터 독립하면서 마침내 완성된다고 여겼기 때문이다.

가족을 다룬 그림책을 읽고 한 수업의 흐름은 다음과 같다.

차시	수업 내용	활용한 그림책
1	나를 키운 어른의 유산 – 가족이 내게 준 가르침과 남긴 것	나의 아버지
2	우리 집 특유의 분위기 – 우리 집만의 특성, 가족의 기대	진정한 챔피언
3	함께 크는 형제자매(반려동물) – 최초의 기억, 질투, 함께 보낸 일상	흔한 자매 걷는 사이
4	미래의 가족과 나 – 받은 사랑을 돌려드리고 싶은 순간	자꾸만 작아지는 나의 부모님 커다란 손
5	가족과의 이별 – 추억의 물건, 이별한 날의 풍경	옥춘당 우리 집에는 할머니 한 마리가 산다
6	나의 사랑하는 독립생활 – 홀로서기 경험, 어른의 정의	나 홀로 버스 내 차를 운전하기 위해서는

수업은 중학교 1학년 여학생을 대상으로 자유학기제에 진행한 주제 선택 수업의 일환이다. 수업은 12명 내외의 소수 인원으로 진행했다. 가족 자서전 쓰기 수업은 주제의 특성상 다소 진지한 글쓰기 활동과 성찰이 포함될 수 있음을 미리 알렸다. 그림책을 읽고 가족에 대한

마음을 살피다 보면 때로 부정적인 감정이 생길 수 있지만, 이를 피하지 않고 자신의 이야기를 진솔하게 써보는 경험을 중요하게 여겼다. 수업에서 만난 학생들은 가족과 관련된 경험글을 쓸 때 부정적인 감정을 꺼내는 것을 처음에는 불편하게 여겼다. 교훈적인 다짐이나 반성으로 글을 급하게 끝내는 학생들도 많았다. 그때마다 자신의 경험과 그에 대한 마음을 있는 그대로 쓸 수 있는 분위기가 되도록 학생들을 격려했다.

1차시   나를 키운 어른의 유산

모든 사람은 가족과 닮은 점이 있다. 나를 유심히 관찰하면 숨은그림찾기처럼 가족의 흔적을 곳곳에서 발견하게 된다. 그것이 설령 인정하고 싶지 않은 점이어도 그러하다. 가족과 관련된 자서전 쓰기 첫 시간에는 나와 가족의 닮은 점을 찾아보고, 그 닮은 점에 어떤 의미를 부여할 수 있는지 생각해 보고자 했다.

수업에서는 나에게 많은 영향을 준 가족 한 사람에 대해 집중적으로 글을 써본다. 외모처럼 선천적으로 닮은 점뿐만 아니라 그 사람에게서 배운 행동과 가치관, 습관 등을 생각해 보며 자아를 이루는 한 요소로서 가족을 이해해 본다.

그림책은 연날리기, 자전거 타기 등 아들이 아버지에게서 배운 여러 가지 것들을 떠올리는《나의 아버지》를 선택했다. 혼자 힘으로 능숙하게 무엇이든 잘하고 있다고 생각했던 아들이 어느 순간 아버지의 가르침 덕에 이것들을 할 수 있었다는 것을 깨닫는 이야기다. 그 깨달음의 과정을 보며 학생들은 가족이 자신에게 미친 영향을 폭넓게 생각해 볼 수 있다.

《나의 아버지》는 아버지에게 어린 시절 배운 것을 떠올리는 한 아들의 이야기를 강렬한 색감과 간결한 선으로 담았다. 책을 읽고 나면 가족의 가르침이 내 안에 살아 있음을 깨닫게 된다. 표지에 아버지의 모양으로 각인된 부분이 있어, 표지를 넘

기고 덮으며 아버지와 자신 간의 멀어지고 가까워지는 관계를 생각해 볼 수 있다.

이 그림책을 활용해 '가족이 남긴 유산 작성하기, 자아에 덧셈과 뺄셈 하기' 등의 활동을 하며 가족이 내 삶에 준 영향을 생각할 수 있다. 독특한 표지 구성 방식을 따라 하여 자신이 쓴 글에 어울리는 표지를 만들어보는 활동을 할 수도 있다.

1. 그림책 표지에 담긴 창작 의도 추측하기

《나의 아버지》는 특이한 표지가 흥미를 끄는 그림책이다. 책을 읽기 전 표지의 의미를 생각해 보고, 읽고 나서는 작가가 표지를 왜 이렇게 만들었을지 추측하면서 그림책에 대한 감상을 나누었다. 먼저 그림책 표지에 각인된 인물이 누구일지 학생들에게 물었다. 학생들은 책 표지를 넘겨 보면서 다양한 답을 했다.

- 아버지요. 속표지와 겹쳐 보면 아이가 아버지 형태 속에 둘러싸인 것처럼 보이고, 겉표지를 넘기면 아버지와 멀어진 것처럼 보여요. 아버지와 아이의 사이가 멀어졌다 가까워졌다가 하는 것을 보여주는 것 같아요.
- 나를 키워준 가족이면 다 가능할 것 같아요.

그림책 표지에 각인된 인물은 제목이 의미하듯 아버지일 가능성이

크지만, 그 자리에 대입해 보는 가족은 저마다 달랐다. 학생들은 책을 읽고 부모님을 주로 떠올렸지만, 조부모님을 언급하는 답변도 꽤 있었다. 각자 떠올린 가족, 즉 어린 시절에 가장 많은 시간을 보낸 어른이자 살아가는 데 필요한 것들을 가르쳐준 어른에 대한 글을 써보기로 했다.

2. 세부 질문에 한 문단씩 답하기

글감이나 질문 하나를 제시하고 글을 쓰라고 하면 막막함을 호소하는 학생들이 있다. 그래서 글쓰기 수업의 초반에는 세부적인 질문 3~4개를 같이 제시하여 아이디어 수준에 가까운 경험을 구체적으로 생각할 수 있도록 도와준다. 학생들에게 전체 질문과 관련된 세부 질문 여러 개를 제시하여 한 문단 수준으로 짧게 답하게 하고, 그 토막글을 연결하여 한 편의 글로 완성하게끔 했다.

그림책《나의 아버지》를 읽고 학생들에게 제시한 글쓰기 질문들은 다음과 같다.

전제 질문
- 가족은 내게 무엇을 남겨줬을까요?

세부 질문
- 가족 중 나를 주로 키운 어른은 누구인가요?
- 그는 나에게 어떤 것을 직접 가르쳤나요?

- 그가 나에게 물려준 외모, 성격, 능력, 가치관, 습관이나 취향 등의 유산에는 어떤 것이 있나요? 사례를 들어 구체적으로 말해봅시다.

먼저 그림책 속 인물의 아버지가 자식에게 자전거 타기와 연날리기, 수영 등을 가르치듯, 가족이 내게 가르쳐준 구체적인 행동을 최대한 많이 나열해 보도록 했다. 1분의 제한 시간을 주고 적게 했을 때, 학생들은 10개 가까이 다양한 것을 나열했다. 이어 자신이 가족에게서 물려받은 유산을 폭넓게 떠올려 보도록 했을 때, 학생들은 습관이나 취향과 관련된 것을 가장 많이 이야기했다.

- 저도 그림책 속 인물처럼 몸을 활용하는 것은 다 아빠에게 배웠어요. 어릴 때 아빠는 진짜 대단해 보였어요.
- 저는 노래와 관련된 것은 다 엄마한테서 배웠어요. 예를 들어 좋아하는 음악 장르를 찾는 법, 음악을 휴대폰에 내려받는 방법, 노래 가사의 의미를 해석하는 방법 같은 것들요.

가족에게 물려받은 유산을 떠올리기 어려워하는 학생들에게는 다음과 같은 질문을 추가로 던져 생각을 구체화하게 했다.

- 가족이 평소 자주 하는 말이나 습관적으로 하는 행동에는 어떤 것이 있나요? 그것이 자신에게 영향을 미쳤나요?
- 가족에게서 배운 것을 잊고 지내다 갑자기 떠올린 순간이 있나요? 가족에게서 배운 것에 대해 나는 어떻게 생각하고 있나요?

3. 수필 참고하여 더 쓰기

여기까지 질문에 답한 것만으로 가족의 유산에 대해 생각해 보는 수업 목표는 어느 정도 달성할 수 있다. 하지만 더 깊이 있는 글쓰기로 학생들을 이끌고 싶다면 예시 글을 참고하여 한두 문단을 더 쓰도록 할 수도 있다.

　평소 글쓰기 질문과 비슷한 주제로 전문 작가가 쓴 글을 학생들에게 종종 소개하는 편이다. 좋은 예시를 보여주면 학생들이 내용 전개 방식이나 표현 방식 등을 모방하여 글을 보다 좋게 만드는 것을 자주 보았기 때문이다. 예시 글과 비슷해지는 한계도 있지만, 글쓰기를 시작하는 것이 어려운 학생들에게는 다른 글을 모방하여 자기 글을 완성해 보는 것도 괜찮은 방법이다.

　이번 수업에 학생들에게 소개한 글은 이슬아 작가가 할아버지에 관해 쓴 수필이다. 시간이 허락하면 전문을 읽으면 좋고, 다음처럼 일부 구절을 제시하고 생각거리를 던져줘도 된다.

> 　자아에 대해 생각할 때마다 나는 할아버지부터 기억하기 시작한다. 그는 나를 키운 사람 중 가장 오래된 어른이니까. 자아에도 덧셈과 뺄셈 법이 적용된다면 그는 어릴 적 내게 아주 많은 것을 더하거나 곱했다. 요즘 나는 그가 해놓은 것 중 많은 것을 빼거나 나눈다. 빼지 않고 두는 것들도 있다.
>
> 　　　　　　　　　　　　　　　　　　　　　　－ 이슬아, 〈조부〉에서

작가는 자신에게 가장 많은 영향을 끼친 어른인 할아버지와의 일화를 제시하며, 그로부터 바른 자세와 물구나무서기 습관을 물려받았다고 말한다. 어린 시절 가족이 끼친 영향을 자아에 '덧셈'을 하는 것으로, 그와 다른 자신만의 세계를 만드는 것을 '뺄셈'을 하는 것으로 기호화해 표현하는 방식이 독특하다.

학생들과 수필을 함께 읽고 자아에 뺄셈과 덧셈을 해보도록 했다. 크면서 가족과 서서히 달라진 점이나 가족의 말에 수긍할 수 없는 것은 뺄셈 란에, 그럼에도 불구하고 가족의 영향이 여전히 남아 있는 것은 덧셈 란에 적게 했다.

학생들은 예전에는 가족에게서 덧셈을 많이 했지만 최근에는 뺄셈을 많이 한다고 말했다. 뺄셈 란에 쓸 것이 떠오르지 않는다는 학생에게는 앞으로 가족과 달라질 부분을 한번 예상해 보게 했다.

자아에 뺄셈과 덧셈 하기

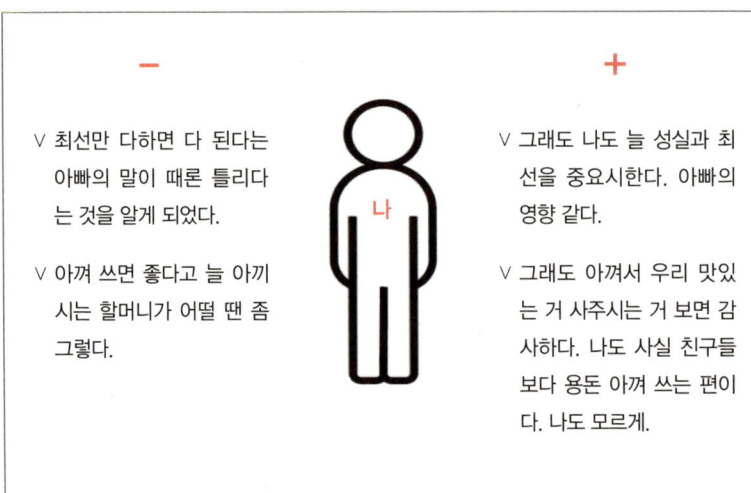

4. 온라인 공유 문서에 글 완성해 올리기

세부적인 질문에 문단 수준으로 짧게 답한 다음, 그 문단들을 이어 붙여 유기적인 글 한 편으로 만드는 일이 필요하다. 글쓰기 질문에 답할 때는 활동지에 적도록 했고, 짧은 답들을 엮어 긴 글을 쓸 때는 온라인의 공유 문서에 쓰도록 안내했다. 처음부터 공유 문서에 쓰게 하면 친구들의 자판 두드리는 소리 때문에 집중하지 못하는 학생도 있고, 신중하게 생각하기보다 떠오르는 것을 즉흥적으로 쓰는 학생도 있다. 그래서 글쓰기 수업의 초반에는 활동지에 손으로 쓰도록 했다.

하지만 글을 완성할 때는 온라인상에서 글을 작성하게 하면 수시로 편집할 수 있어 글쓰기가 더 편리하다. 또한 글을 완성하고 친구들과 글을 공유하기도 훨씬 손쉽다. 다만, 각자의 이름으로 문서를 만들고 글을 완성한 뒤 공식적으로 공유하는 시간 외에는 다른 친구의 파일을 열지 않도록 강조했다. 자칫 잘못해서 다른 친구의 글을 지우거나 편집하는 일이 생길 수도 있기 때문이다.

학생들은 이미 써둔 짧은 글을 활용하기 때문에 비교적 쉽게 글을 완성한다. 학생들은 단계별로 글을 써나가는 것이 처음부터 한 편의 글을 쓰는 것보다 심리적 부담이 적다고 말했다.

교사는 다음과 같은 글쓰기 조언을 더해 보다 유기적이고 완성도 높은 글을 쓸 수 있도록 격려한다.

☞ 짧게 쓴 글을 하나로 엮을 때에는 문단과 문단 사이에 '그럼에도 불구하고', '그래서', '그러나' 등의 말을 넣어 자연스럽게 내용을 연결해

보세요.

☞ 가족의 과거 사진이 있다면, 인물의 외양이나 촬영 당시의 상황을 소개하는 데에서 글을 시작해 보세요. 사진 속 과거부터 시작해 현재까지 그가 살아온 과정을 짧게라도 설명해 주면 독자가 인물을 이해하기 쉬워집니다.

학생 예시 글

노래의 시작

어떻게 보면 노래의 시작은 엄마였던 것 같다. 어렸을 땐 늘 동요를 불러 주셨고, 조금 더 커서는 팝송을 늘 들려주셨다. 그때 팝송을 많이 들어 그나마 이만큼 영어를 잘하지 않을까 싶다. 나의 핸드폰에 노래 앱을 처음 깔아준 것도 엄마였다. 엄마 차에 타면 엄마 핸드폰으로 노래가 틀어져 있어, 엄마의 학창 시절의 국내 가요들도 엄마 덕분에 많이 들었던 것 같다. 아무래도 나의 이 음악 취향과 노래를 좋아하는 성격은 엄마에게서 물려받은 것 같다.

나는 정말 음악을 사랑한다. 기쁠 때나 슬플 때나 언제든 들을 수 있고 내 감정을 나눌 수 있다고 생각해서 좋아하는 것 같다. 음악 하나로 이런 감정들을 쉽게 느낄 수 있다는 게 신기하고 좋다. 이렇게 음악을 좋아하게 해준 엄마에게 고맙다.

점차 커가며, 또 앞으로 점차 우린 다른 음악을 듣게 될 것이다. 지금도 이미 음악 취향이 달라지고 있으니까. 그래도 엄마와 함께 드라이브하며 듣고 불렀던 노래들이 내 마음 한구석에 계속 있을 것 같다.

울보 옆의 할머니

나는 울보였다. 최고의 울보였다. '누가 누가 울보인가' 대회에 나갔으면 우승했을지도 모른다. 어쩌면 그 목청으로 성악을 배웠으면 나름 잘했을 것 같다. 그 울보는 할머니 밑에서 자랐다.

지금도 나는 할머니와 함께 지내듯 한다. 할머니 집이 우리 집 바로 옆 단지이기에 가능한 일이다. 할머니와 저녁을 먹으려면 엘리베이터만 타면 된다. 지하철, 버스, 기차 모두 안 타도 된다. 엎어지면 코 닿을 정도로 가까운 나와 할머니는 함께 나갈 때가 많다. 전 부치려고 동네 마트에 동태와 새우를 사러 갈 때, 된장찌개에 들어갈 대파와 김치찌개에 들어갈 목살을 사러 갈 때처럼.

여름이면 반바지에 크롭티 하나를 입고 나간다. 마트에 가지만 은근 꾸민 나의 모습에 만족할 때쯤, 할머니는 배 시리다고 긴 티셔츠를 갖다 주신다. 그래도 은근슬쩍 거절한다. 맨날 이런 것을 걱정하신다. 준비가 끝나면 현관문을 벌컥 열고 엘리베이터 버튼을 누른다. 14층이다. 할머니를 재촉한다. 허겁지겁 나오는 할머니에게 마스크와 작은 가방을 건네주고 마트로 향한다.

우리 할머니는 '인싸' 그 자체이다. 몇십 년 동안 이곳에 살아서 모르는 사람이 없다. 이 동네의 할아버지, 할머니, 아줌마, 아저씨 모두 할머니를 아는 것 같다. 아담한 키에 곱슬머리, 검은색 경량 패딩, 특유의 선글라스는 할머니의 상징이다. 그 상징 덕인지 사람들은 우리 할머니를 너무나 잘 알아본다. 그 할머니 옆에는 언제나 내가 있다. 사람들은 자연스럽게 팔짱을 끼고 있는 우리에게 다가와 이렇게 말한다.

"얘가 그 울보야?"

"어머, 울보가 이렇게나 컸어?"

"야, 할머니가 너 때문에 엄청 고생했어. 말 좀 잘 듣고, 응?"

세 가지의 말 중 한 가지는 꼭 듣는다. 걸으며 할머니와 항상 이런 대화를 한다.

"할머니, 내가 그렇게 울보였어? 나 착했어? 울지도 않고, 잘 먹고, 토도 안 하고?"

"그럼. 내 새끼 하나도 안 울고 잘 먹고 잘 놀았지."

할머니께서는 반어법을 즐기신다. 나는 세상 최고의 울보에 진상 대마왕인 아기였다. 잘 시간이 되면 할머니와 나는 안방에 누웠다. 얼른 잠에 들고 싶은 할머니 옆에는 늘 우는 아기인 내가 있었다.

"아가, 자자. 할머니 힘들어."

어떨 때 할머니는 나를 끌어안고 우셨다고 한다. 정신적으로나 육체적으로나 너무 힘드셨던 것이다. 나를 원망했지만 그보다 더 사랑했다고 했다. 할머니는 그 울보가 뭐가 좋다고 키웠을까. 오냐 오냐 소리를 들으며 나는 자랐다. 할머니의 사랑으로 말이다. 내가 아기에서 중학생으로 크는 동안, 할머니는 변하지 않았다. 그렇게 내 '할머니'로 십 몇 년을 보냈다. 이젠 할머니가 아닌 '김순례'라는 원래의 예쁜 이름으로 나와 오래오래 살 수 있기를 간절히 바란다.

2차시 우리 집 특유의 분위기

가족에 대한 우리의 감정은 복합적이다. 좋은 기억만 있다면 그건 거짓말이거나 과거를 너무 미화한 탓이리라. 누구나 살면서 부모에게 실망하거나 가족이 원망스러웠던 순간이 있다. 이번 수업에서는 우리 집만의 분위기를 소개하며 가족에 대한 마음을 표현해 본다.

우리 집 특유의 분위기 또는 가풍을 소개하고, 그 때문에 힘들거나 외로웠던 경험을 글로 쓰고 나눈다. 여러 가족의 이야기를 들으며 우리 집만의 특성을 떠올릴 수도 있고, 우리 가족을 새로운 시선으로 돌아볼 여유도 얻을 수 있다. 이를 통해 우리 집의 특성에 자신은 어떤 영향을 받았는지, 가족에 대해 어떤 감정을 지니고 있는지를 이해하는 것을 수업의 목표로 삼았다.

이번 수업에 활용한 그림책은, 운동하는 사람들이 가득한 집안에서 홀로 그림을 좋아하는 아이의 이야기를 담은 《진정한 챔피언》이다. 아이의 외로운 처지를 보며 학생들도 가족 때문에 힘들었던 이야기를 두루 나눌 수 있다.

그림책 표지에는 스포츠 챔피언이자 얼굴에 점이 나 있는 가족들의 초상화가 벽에 가득 걸려 있다. 집안에서 유일하게 운동도 못하고 얼굴에 점도 없는 아이는 가족들에게 위축될 수밖에 없다. 하지만 기죽지 않고 자신만의 재능을 살려 가족과의 갈등을 해결하려는 아이의 의연한 태도가 인상적이다.

이 그림책을 활용해 '감상을 포토스탠딩으로 표현하기, 우리 집의 분위기 떠올리기, 가족의 기대 때문에 힘든 점 작성하기' 등과 같이 학기 초 서로를 이해하는 활동을 구상할 수 있다. 풍자화를 떠올릴 만큼 과장해 표현한 장면이 많은데, 인상 깊은 장면을 꼽으며 그림책 특유의 재치 발랄한 분위기를 느껴보는 활동도 좋다.

1. 포토스탠딩으로 감상 나누기

《진정한 챔피언》의 표지는 아이와 초상화 속 가족의 모습이 대비된다. 표지가 전체 내용을 압축적으로 담고 있어 표지를 보며 그림책의 내용을 추측해 보고 책 읽기를 시작했다. 여러 인물이 등장해 말하는 장면이 많은 그림책이기 때문에 모둠별로 인물의 역할을 나눠 낭독하게 하면 재미있게 책을 읽을 수 있다.

이번 수업에서 감상을 공유할 때는 '포토스탠딩'을 활용했다. 모둠별로 학생들에게 사진 카드 묶음을 나누어주었고, 학생들에게 그림책을 읽고 느낀 점과 가장 비슷한 사진 카드 한 장을 고르게 했다. 그리고 각자 사진을 고른 이유를 발표하면서 그림책을 읽고 느낀 점이나 생각을 나누었다.

- 그림책을 읽은 느낌은 '미로에 갇힌 사람'과 같다. 왜냐하면 자식이 최고가 되길 바라는 주인공의 부모님이 우리 부모님과 비슷해 가슴이 갑갑했기 때문이다.
- 그림책을 읽은 느낌은 '생일 축하 파티의 풍선'과 비슷하다. 왜냐하면

자신만의 방식으로 가족을 행복하게 만들고 싶은 주인공의 노력을 격려하고 싶기 때문이다.
- 그림책을 읽고 나니 내 마음은 '여름날 마시는 물'과 비슷하다. 마지막에 주인공이 가족의 초상화를 웃는 얼굴로 바꿔놓은 장면이 속이 시원했기 때문이다.

    주인공이 가족 사이에서 겪는 이야기는 학생들의 현재 상황과 비슷한 점이 많아 감상 나누기가 열띤 분위기 속에서 진행되었다. 중학교는 학습에 대한 부담감이 본격적으로 커지는 시기여서인지 학생들은 가족들의 기대가 무겁게 느껴질 때가 있다고 했다. 그래서 가족의 기대 때문에 힘든 주인공에게 공감하는 분위기였다.
    《진정한 챔피언》은 무거울 수도 있는 이야기를 주인공이 재치 있게 마무리하는 점이 특징적이다. 재밌는 소동처럼 끝나는 결말 이후 뒷이야기는 어떻게 될지, 주인공의 행동을 어떻게 평가하고 싶은지에 관해 이야기하며 그림책에 대한 감상을 한 번 더 나누었다.

2. 학생들이 만든 질문으로 글쓰기

그림책을 읽고 나서 학생들의 경험을 이끌어내기 위한 질문은 교사가 주로 제시하는 편이었으나, 학생들이 직접 질문을 만들고 싶어 할 때도 있었다. 이번 수업에서는 그림책을 읽고 자신의 경험을 떠올릴 수 있는 질문을 학생들이 직접 만들고, 모둠별로 하나의 대표 질문을 뽑아 전체와 공유했다. 그 질문들은 다음과 같다.

- 우리 가족이 중요시한 가치나 우리 집만의 특성이 있나요?
- 부모님은 나에게 어떤 기대를 했나요? 부모님의 기대에 나는 잘 부응했나요?
- 가족에게 실망한 순간이 있나요?

글쓰기 질문 중 하나 또는 둘을 골라 글로 쓰게 했다. 우리 가족이 중요시한 가치를 적는 데에 어려움을 겪는 학생에게는 먼저 가훈이나 부모님이 평소 자주 하는 말을 떠올려 보게 했다.

학생: 선생님, 우리 집은 특별히 중시하는 게 없어요. 그냥 평범한 집인데요.

교사: 그렇다면 우리 집 가훈을 떠올려 볼까요? 보통 가훈은 부모님이 중요하게 생각하는 것이 담기기 때문에 가정의 분위기가 잘 드러납니다. 가훈을 누가 정했고 어떤 의미를 담고 있는지 소개해 보세요. 그 가훈대로 내가 살고 있는지도 생각해 보세요. 가훈이 아니어도 부모님이 자주 하신 말씀이 있는지 떠올려 보세요. 그러면 가족이 중요하게 생각하는 가치가 보일 거예요.

학생들이 가장 많이 선택한 질문은 부모님의 기대에 잘 부응했냐는 것이었다. 앞서 감상을 나눌 때도 '기대'라는 말에 민감하게 반응하던 학생들은 이 글쓰기 질문에 답하는 글을 매우 길게 쓰곤 했다. 가족으로부터 받는 기대가 학생들에게 부담이 되고 있음을 짐작할 수 있었다.

학생들은 가족에게 실망한 순간에 대해 대체로 거침없이 글을 썼지만, 상황에 대한 설명 없이 가족에 대한 실망감만 가득한 글도 꽤 보였다. 이런 학생에게는 당시에 왜 그런 감정을 느꼈는지, 시간이 흐른 뒤 당시를 돌아보며 깨달은 점은 무엇인지 추가하게 했다. 가족에게 실망한 그 순간만이 아니라 앞뒤 맥락을 제시해야 상황을 모르는 사람이 읽어도 이해할 수 있는 글이 된다. 그래서 누가 읽더라도 이해가 되게끔 자신의 글에서 생략된 정보를 찾아 보충하게 했다.

3. 한 편의 글 완성하기

학생들은 주로 하나의 글쓰기 질문을 택했지만, 글을 쓰다 보면 다른 질문 내용도 포함되곤 했다. 우리 집 분위기와 가족의 기대, 가족에게 실망한 순간은 어느 정도 서로 연관되어 있기 때문에 자연스러운 일이었다.

짧은 글을 쓴 채 더 쓸 것이 없다고 말하는 경우도 있었다. 그런 학생에게는 가족과 보내는 일상을 추가해 보라고 했다. 가족끼리 자주 하는 대화, 자주 간 장소, 주말에 가족과 함께 보낸 시간을 떠올려 보면 우리 집만의 분위기가 나름대로 느껴지는 법이다. 가족과 보내는 평범한 일상의 순간을 구체적으로 소개하는 것도 의미 있는 글이 될 수 있다.

교사는 다음과 같은 글쓰기 조언을 더해 학생들이 한 편의 글을 완성하도록 이끌어준다.

- 내가 본 가족의 모습을 있는 그대로 쓰는 것을 권합니다. 없는 사실을 지어내거나 과장할 필요는 없어요.
- 가족에게 실망했을 때의 일을 쓰려면 마음이 불편해질 수도 있습니다. '엄마'나 '아빠'라고 쓰기보다 제삼자인 듯 '○○ 씨'나 별명으로 부르면 보다 가벼운 마음으로 쓸 수 있어요.
- 가풍은 한집의 식구뿐만 아니라 집안 전체에 공유됩니다. 사촌이나 삼촌 등 친척과 이야기하며 집안 전체를 아우르는 특성을 찾아보세요.
- 부모님에게 하고 싶은 말을 편지 형식으로 쓰거나 부모님이 자주 하신 말씀을 큰따옴표로 인용해 보세요. 글이 더 생생해집니다.

교사 예시 글

최선을 다하자는 가훈

우리 집의 가훈은 '최선을 다하자.'이다. 간결하고 흔한 듯한 이 문장은 우리 식구들에게 꽤 무겁게 느껴지곤 했다. 아버지는 가진 것 없이 태어났으나 노력하고 또 노력하여 큰 성과를 이룬 사람에 대한 동경이 컸다. 우리 집 거실 식탁에서 가장 많이 언급된 화제는 평범한 회사원에서 출발해 대기업의 수장이 되고 회사를 세계적인 기업으로 성장시킨 사장님들의 위대함이었다.

초등학교 1학년, 가훈을 적어 오라는 숙제를 가져왔을 때 아버지는 우리 남매를 책상 앞에 앉혀놓고 큼직하게 가훈을 쓴 다음 엄숙하게 말씀하셨다.

"최선을 다하자. 우리 고씨 집안은 대대로 노력하는 사람들이었다. 최선을 다하는 사람은 아무도 못 당해내는 법이다."

아버지는 일찍이 회사에 들어가 건축 일을 배웠고 몇 년 뒤 독립하여 작은 사업을 시작하셨다. 사업을 위해 아빠는 어려서부터 우리 남매가 아침에 일어나기도 전에 출근하고 잠이 들 때쯤 퇴근하는 생활을 30년 넘게 하셨다.

아버지를 생각하면 우리를 꽉 안으며 "아빠 간다." 하고 나가시던 출근길 뒷모습과 늦은 밤에 회색 근무복을 입고 퇴근하시는 피로한 얼굴이 떠오르곤 했다. 아버지에게서는 항상 작업장에서 스몄을 쇠 냄새가 희미하게 났다. 아버지는 아주 오랫동안 주말도 없이, 휴가도 없이 일하셨다.

그리하여 고씨 집안의 장녀인 내가 가장 먼저 배운 삶의 태도는 '성실'이었다. 주어진 일을 최선을 다해 해내는 태도는 마치 공기처럼 당연한 것이었다.

어려서는 숙제를 열심히 했고 학교에서는 공부를 열심히 했으며, 일기 쓰는 습관과 달리기를 하는 취미도 매일 빠짐없이 꾸준히 챙겼다. 게으름을 피울 수 있다는 것을 생각하지 못한 학창 시절이었다.

하지만 때로는 숨이 막혔다. 노력하면 어떤 것이든 이룰 수 있다는 아버지의 신념은 정말인가? 노력하고 싶어도 의욕조차 안 날 때는 어떡해야 하나? 노력하지 않으면 내 가치는 없는 걸까? 남들보다 늦은 사춘기를 이십대에 겪게 된 나에게 '최선의 노력'이라는 말은 너무도 갑갑하고 고리타분하게 느껴졌다. 한동안 가훈을 부정하며 살았던 내가 그 의미를 다시 생각하기 시작한 것은 한참 뒤의 일이다.

247

3차시 함께 크는 형제자매

가족 구성원 중에서도 형제자매는 마치 친구 같은 존재다. 특히 나이 차이가 별로 나지 않는 형제자매수록 더욱 그렇다. 그리고 형제나 자매는 함께 자라면서 서로에게 많은 영향을 주고받는다. 이번 차시에는 학생들이 형제자매와 관련된 추억을 떠올리고, 나와 형제자매와의 사이에 대해 생각해 본다.

수업에서는 먼저 비유적인 표현을 활용해 형제자매를 정의해 본다. 그런 다음, 그림책을 읽으며 형제자매와 함께했던 인상적인 일화를 떠올려 그것을 글로 쓴다. 형제자매와는 더없이 친하게 지내기도 하지만, 서로 싸우고 질투하는 순간도 많다. 형제자매에게 느끼는 감정이 어떻게 변해왔는지 되돌아보고 형제자매와 닮은 점을 찾아보면서, 형제자매가 어떤 존재인지를 생각해 볼 수 있다.

이번 수업에 활용한 그림책은 언니의 관점에서 동생이 태어난 이후의 일화를 소개하는 《흔한 자매》이다. 형제자매가 있는 학생이라면 쉽게 공감할 수 있는 이야기라서 선택한 그림책이다. 우리 주변에서 흔히 볼 수 있는 자매의 이야기를 참고하여 자신의 형제자매와 겪었던 여러 가지 일을 떠올리기 좋다.

형제나 자매가 없는 학생에게는 옆집 개를 가족처럼 아끼는 아이가 등장하는 그림책《걷는 사이》를 권했다. 이 그림책은 아이가 가족 같은 사이인 개와 보내는 평범한 일상을 보여주고 있어, 반려동물 또는 일상을 공유하는 가족 같은 존재에 관한 경험을 떠올리기 좋다.

《흔한 자매》는 제목에서 알 수 있는 것처럼, 흔히 생각하는 보편적인 자매간의 모습을 담고 있다. 단순한 그림체와 선명한 색감이 특징인 이 그림책은 독자들을 어린 시절로 훌쩍 데려간다. 동생의 행동을 이해할 수 없는 언니는 동생에 대한 불만을 털어놓지만, 동생이 그래도 가족 중에서 자신을 가장 많이 닮았다고 인정하는 부분이 귀엽다. 언니라면 어린 시절의 마음을 공감받을 수 있고, 동생이라면 언니의 입장을 간접 체험할 수 있는 그림책이다.

이 그림책을 읽고 '형제자매를 비유적으로 표현하기, 브레인 라이팅으로 형제자매와의 일화 떠올리기, 첫 만남이나 질투를 느낀 순간 작성하기' 등의 활동을 구상할 수 있다. 형제자매와의 친밀도를 그래프로 그리며 관계의 역사를 살펴보는 활동도 할 수 있다.

《걷는 사이》는 내 일상을 채우는 가족 같은 존재에 대해 생각하기 좋은 책이다. 소년과 이웃집 개가 산책하는 단순한 이야기인데, 읽고 나면 이상하게 여운이 길다. 부드러운 선과 색감만큼 내용도 자극적이지 않고 담백하다.

이 그림책을 활용해 '반려동물과 보내는 일상 써보기, 반려동물 등의 외양 그리기, 대화나 묘사로 생생하게 글쓰기' 같은 활동을 구상할 수 있다. 그림책에서 마음에 드는 문장을 낭독하거나 필사하면서 울림을 주는 문장을 음미해 보는 것도 좋다.

1. 비유적 표현 활용하여 형제자매 소개하기

몸싸움하는 자매의 모습이 담긴《흔한 자매》의 표지를 함께 보며, 학생들에게 크면서 형제자매와 자주 싸웠는지 물었다. 어떤 일로 주로 싸웠는지, 가장 최근에 겪은 갈등은 무엇인지에 관해 수다를 떨다가 본격적으로 그림책을 읽기 시작했다.

학생들은 언니가 동생이 낯설어 '외계인' 같다고 표현하는 장면을 재미있어 했다. 그래서 학생들에게 자신의 형제자매를 은유나 직유 등의 비유적 표현을 써서 표현하고 소개해 보게 했다.

- 고3인 오빠는 '손님'이다. 같은 집에 살지만 늘 늦게 집에 들어와서 잠만 자고 가기 때문에 손님처럼 느껴진다.
- 공부 잘하는 언니는 '백과사전' 같다. 평소에는 데면데면 지내다가도 모르는 것이 생기면 무엇이든 잘 아는 언니를 찾게 되기 때문이다.

학생들은 각자 일상에 바빠지면서 형제자매에 대한 관심이 이전보다 줄었고, 얼굴 보는 시간도 거의 없다고 했다. 형제자매에 관한 학생들의 현재 감정을 확인하면서 글쓰기를 시작했다.

2. 브레인 라이팅으로 글감 떠올리고 글쓰기

형제자매와 함께 보낸 시간 중 기억에 남는 사건을 브레인 라이팅으로 떠올리게 했다. 브레인 라이팅은 주제에 대한 자신의 생각을 바로 발표하지 않고 각자 글로 적은 뒤 그것을 함께 살펴보는 방식이다. 평소 소극적인 학생들도 붙임쪽지를 사용해 생각을 모으는 데에는 잘 참여하기 때문에 글감을 떠올릴 때 브레인 라이팅을 자주 활용하는 편이다. 학생들은 붙임쪽지 하나에 하나의 일화를 쓰고, 붙임쪽지를 계속 추가하면서 형제자매와의 경험을 최대한 많이 떠올렸다. 다음으로는 모둠별로 모여 부모님 없이 집을 지킨 일이나 친구와 싸웠을 때 의지가 되었던 일, 장난감이나 옷 때문에 싸운 경험 등 형제자매와 있었던 여러 일화를 비슷한 내용끼리 묶어보고 비슷한 경험에 공감했다.

다음으로 그림책 《흔한 자매》를 읽고 다음과 같은 글쓰기 질문을 제시했다. 브레인 라이팅에서 공유한 경험 중 질문에 해당하는 것이 있다면 그것을 집중적으로 쓰게 했다.

- 형제자매에 대한 최초의 기억은 무엇인가요?
- 형제자매를 시기하거나 질투한 적이 있나요?
- 어떤 때 형제자매와 자신이 닮았다고 느끼나요?

본인이 손윗사람인 학생들은 형제자매에 대한 초창기 기억으로 '동생이 처음 집에 온 날'을 주로 떠올렸다. 학생들은 그날을 구체적으로 묘사하면서 동생과 같이 놀 생각에 기대가 되었다거나 동생이 가져올 변화 때문에 두려웠다고 이야기했다. 반면 본인이 동생인 학생들은 형제자매에 대한 어릴 적 기억이 희미한 경우가 많아 최대한 어릴 때의 경험을 회상해 보거나, 부모님이나 형제자매와 다음과 같은 짧은 문답을 주고받고 내용을 보충하게 했다.

- 내가 태어났을 때 언니(오빠)는 뭐라고 말했나요?
- 내가 아기 때 언니(오빠)는 잘 놀아준 편이었나요? 어린 나는 언니(오빠)를 잘 따랐나요?

한편 형제자매는 함께 크면서 음식이나 물건, 부모님과의 시간을 나눠 가지는 상황이 많다. 그 과정에서 다투거나 상대에게 질투를 느낄 일이 많아, 형제자매에게 시기나 질투를 느낀 순간에 대한 글을 쓰려는 학생들이 많았다. 부정적인 감정이라 털어놓기 망설여진다는 학생들에게는 형제자매 간에 느낄 수 있는 자연스러운 감정임을 강조하면서 그때의 상황과 감정을 있는 그대로 써보라고 격려했다. 학생들은 부끄럽다고 했지만, 글에 솔직한 감정을 잘 드러냈다.

형제자매와 어떤 때에 닮았다고 느끼냐는 질문에 답하기 어려워하는 학생들도 있었다. 현재 시점에서 비슷한 점을 찾기 어려워하는 학생에게는 교사의 경험담을 들려주며 다른 사람과 비교해 가족이라서 동질감을 느낀 상황이나 어린 시절 함께 놀았던 추억을 폭넓게 생각하도록 권했다. 그래도 어려워하는 학생이 있다면 굳이 형제자매와 닮은 점을 쓰기보다는 앞으로 어떤 관계가 되고 싶은지 생각하게 했다.

교사: 선생님은 어릴 때 동생과 닮은 점이 하나도 없다고 생각했고 매일 싸울 정도로 앙숙이었어요. 하지만 둘 다 나이가 든 지금은 누구보다 닮은 점이 많고 이야기도 많이 하는 사이가 되었답니다. 시간이

흐르면서 형제자매와의 관계도 얼마든지 변할 수 있어요. 지금 형제자매와 닮았다고 느껴지는 부분이 떠오르지 않는다면 어릴 때 함께했던 추억을 바탕으로 '이제까지의 관계는 이랬는데 앞으로는 관계가 어떻게 될 것인시'를 생각해 보세요.

관계의 역사를 돌이켜볼 때는 일정 시간 간격으로 친밀도를 표시한 선그래프를 활용하여 시각화할 수도 있다. 시기별로 형제자매와의 친밀도를 대략 1~5점으로 나누어 평해보고, 그 이유를 간략하게 적어 친구들에게 소개하는 방식이다. 또 비유를 활용한 형제자매 소개글을 시기별로 작성하여 형제자매에 대한 감정을 압축적으로 표현할 수도 있다.

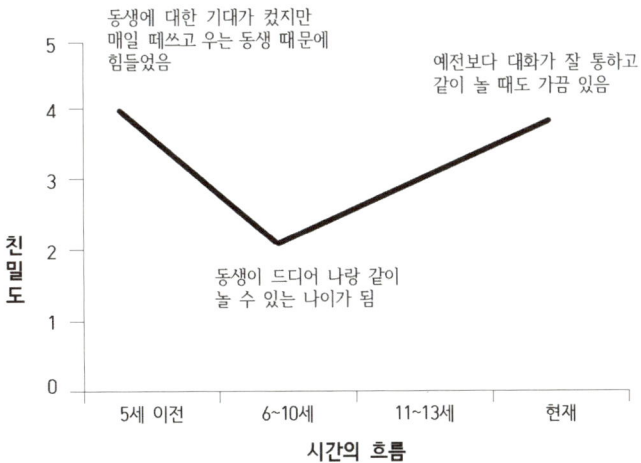

형제자매 사이의 역사

3. 《걷는 사이》를 읽고 떠오르는 대상에 관해 쓰기

형제자매가 없는 학생들은 교사가 따로 준비한 그림책 《걷는 사이》를 읽었다. 매일 함께 시간을 보내면서 서로 닮아가는 개와 소년의 이야기를 통해 학생들이 자신의 일상에도 가족처럼 가깝게 지내는 소중한 존재가 있는지 생각해 보길 바랐다.

그림책을 읽고 학생들에게 제시한 글쓰기 질문은 다음과 같다.

- 이 그림책을 읽고 가장 먼저 떠오르는 존재는 누구인가요? (반려동물 또는 일상을 공유하는 가족 같은 존재, 가족 등)
- 그와 나는 어디에서 무엇을 하며 주로 시간을 보내나요? 그와 함께한 특정한 하루를 골라 구체적으로 소개해 봅시다.

반려동물을 떠올리는 학생이 가장 많았지만, 그 외에 가족만큼이나 친하게 지낸 선배나 힘들 때 의지가 되었던 이웃을 떠올리는 학생도 있었다. 그와 함께 무엇을 하며 시간을 보냈는지를 구체적으로 적어, 그림책의 제목이기도 한 '걷는 사이'처럼 그와 어떤 것을 함께하는 사이인지를 드러내도록 했다. 특별한 사건이 없다고 걱정하는 학생에게는 일상을 소개해도 충분하다고 안내했다.

학생: 선생님, 저는 특별한 사건은 없는데, 상대방과 같이 한 것들을 죽 적어도 글이 될까요?

교사: 글로 쓸 만한 경험이 따로 있는 것은 아니에요. 대단한 사건 없이

잔잔하게 흘러가는 일상의 순간을 포착해 섬세하게 표현하는 것도 중요한 능력이에요. 다만, 함께한 행동만 단순하게 나열하기보다는 그때 어떤 느낌이 들었는지가 드러나면 좋겠죠.

상대와 함께한 하루를 시간순으로 떠올리거나 매일 반복하는 일과를 소개하고 그때의 감정을 쓰도록 했다. 학생들은 감정을 담으라고 하면 '참 재미있었다.' 또는 '즐거운 하루였다.'처럼 감정 어휘를 내세우며 단순하게 글을 끝맺는 경우가 많다. 감정 어휘를 쓰지 않고도 그런 감정이 절로 느껴지게 쓰는 것이 좋은 글임을 강조하면서 어떻게 표현할지 생각하게 했다.

4. 묘사와 대화를 넣어 글을 생생하게 만들기

학생들은 경험을 글로 쓸 때도 사건을 간략하게 나열하며 설명하는 '말하기'의 서술 방식에 익숙하다. 속도감 있게 내용을 전개할 때는 필요한 서술 방식이지만, 학생들이 익숙하지 않은 '보여주기' 방식도 연습할 필요를 느꼈다. 그래서 이 수업에서는 형제자매나 반려동물의 특징을 떠올려 그림으로 먼저 그리고, 묘사와 대화를 적극적으로 활용하도록 안내했다. 다음과 같은 조언을 하여 생생한 글쓰기를 하도록 도왔다.

☞ 전체 이야기를 진행하려면 '설명'이 필수지만, 특정한 상황이나 대상을 구체적으로 드러내고 싶을 때는 진행을 잠시 멈추고 스케치하듯

표현하는 '묘사'를 해야 합니다. 형제나 자매의 특징을 살려 그림을 간단하게 그린 다음, 그의 외모를 여러 형용사를 활용해 표현해 보세요. (⑩ 덥수룩한 짧은 머리, 헐렁한 검정 재킷에 검은 운동화를 신은……)

☞ 가족의 목소리나 냄새, 촉감, 함께 있을 때의 느낌이나 분위기 등을 유심히 관찰했다가 글에 담아보세요. '좋았다'처럼 감정을 보여주는 단어 대신 인물의 모습을 묘사하여 감정을 표현해 보세요. (⑩ 그가 높지도 낮지도 않은 어조로 담담하게 자신의 인생과 영화와 생명에 대해 이야기할 때, 내 심장 박동도 그의 말투에 맞춰 느려지는 것 같았다.)

☞ 설명만으로 이루어진 부분 중 인물 간 대화로 표현할 수 있는 부분은 대화로 바꿔보세요.

학생 예시 글

내 동생 눈송이

지금으로부터 거의 8년 전의 일이다. 엄마는 어느새 두 번째 아이를 가지셔서 눈이 내릴 무렵에 내 동생이 태어났다. 내가 '눈송이'라고 태명을 지어주었던 동생은 어느새 번듯한 이름도 가지게 되었다. 나는 나보다 다섯 살이나 어린 동생이 생겼다는 우월감과 동생과 신나게 놀 상상에 잔뜩 부풀어 엄마가 빨리 돌아오기를 기다렸지만, 생각보다 굉장히 빨갛고 주름이 자글자글한 동생의 모습에 실망했던 것 같기도 하다.

동생이 태어난 이후, 동생은 내 삶에 스며들어 갔다. 비쩍 마르고 쭈글쭈글하던 동생은 몇 개월이 지나고 굉장히 뚱뚱하게 살이 붙었다. 당시의 나는 동생이 걸신들린 듯 우리 집 음식을 다 먹어서 거덜 나는 건 아닐까 걱정될 정도였다.

그런 동생이 태어나고 몇 년간, 내가 부르면 한결같이 얼굴을 돌려 웃어주던 엄마는 동생이 목을 붙잡아 버리기라도 한 듯 얼굴을 돌려주지 않았다. 엄마가 앉아서 책을 읽어주던 가죽 의자는 언젠가부터 벽면을 보고 있었다. 사실 그때는 내가 가족에서 쫓겨날 궁시에 몰린 상황이라고 생각했지만, 지금 와서 생각해 보면 그전까지 내가 사랑을 참 많이 받았었던 것 같다는 생각이 든다.

하지만 그때는 그 사실을 인정하면 내가 동생보다 더 엄마와 많은 시간을 보낸 사람이 된다고 생각해서 사실을 부인하고 동생을 미워하기 시작했다. 동생을 괴롭힐수록 동생에 대한 미움은 눈덩이처럼 불어갔던 것 같다.

엄마는 실망한 표정을 지으며 "너랑 동생이 서로 의지하길 바라서 동을 낳은 거야."라는 말을 건넸고, 나는 깊은 후회감이 들었다. 동생을 탐탁지 않게 여겼던 사소한 이유조차 잊고 동생을 마구 괴롭히던 게 부끄러워지던 순간이었던 것 같다. 엄마의 꾸짖음 이후로는 동생과 그저 그런 사이로 지냈다. 동생이 생긴 건 나에게 있어 다른 면으로는 호재였다. 엄마로부터 떨어지게 되면서 나 혼자 책을 읽기 시작했고 그동안 배울 필요를 느끼지 않던 한글도 배우게 되었다. 동생은 내가 엄마로부터 일어설 기회였던 것 같기도 하다. 우리 남매는 아직도 티격태격하지만, 어른이 되면 서로 의지하는 날이 올 것이라고 믿는다.

우리 집 강아지 '보노'

보노는 2015년에 우리 집에 왔다. 이모는 언니의 생일 선물로, 입양한 지 한 달이 조금 넘은 작은 강아지를 종이 가방에 넣어 데리고 오셨다.

들기도 겁날 만큼 작았다. 강아지는 털색이 너무 진해 뽈뽈뽈 돌아다니며 자신의 존재를 뽐냈다. 그리고 약간의 꼬순 내와 아기 강아지일 때만 나는 불쾌하지 않은 입 냄새가 너무너무 귀여웠다.

나와 우리 가족은 이름을 엄청 고민하며 지었다. 1시간을 투자해 이름을 찾았다. 인터넷의 추천 이름들을 찾아보며 "초코?", "먼지?" 하면서 하나씩 불러보았다. 그러다 흘리듯이 말한 '보노'라는 이름이 우리 가족 모두의 마음에 들었고, 바로 이름을 보노로 정했다. 귀여운 해달 보노보노는 아니지만 나름대로 또 엄청나게 귀여운 보노가 탄생했다.

그리고 또 고민하던 것은 배변 훈련인데, 아기 강아지일 때 대충이라도 가르쳐줘야 나중에도 배변을 잘할 수 있다는 소리를 들어 간식으로 유혹하면서 열심히 훈련시켰다. 우리의 노력을 알아주었는지 보노는 바로 화장실에서 배변을 잘하게 되었다. 그리고 다른 훈련도 시도했다. 기본적인 것을 먼저 가르쳤는데, 기본 훈련인 '앉아', '기다려'는 잘해주더니 손은 절대 주지 않았다. 어릴 때부터 스트레스 받으면 안 되니까 다른 훈련은 넘겼는데, 나이가 꽤 든 지금까지도 손을 주지 않는다. 고집 있는 보노이지만 나는 '앉아!'만으로도 기특하고 너무 귀엽다고 생각한다.

또 우리 보노는 가끔씩 쓰다듬어 달라고 나에게 찾아온다. 가만히 앉아 있을 때면 조용히 찾아와 내 손을 긁는다. 내가 쓰다듬어 주지 않으면 맑고 초롱초롱한 두 눈으로 나를 빤히 쳐다본다. 그 눈을 보면 자연스럽게 쓰다듬어 주게 된다. 그러다 보면 '나이를 먹어도 역시나 귀여운 것은 변하지 않는구나.'라고 느낀다. 생각만 해도 웃음이 나오는 보노의 행동이다.

올해 여덟 살을 맞이한 보노는 흰색 털이 나고, 검던 코 색깔이 연해지고, 체력도 약해졌다. 그렇지만 귀엽고 멋진 것은 여전하다. 강아지의 수명은 사람보다 짧지만, 지금까지 '가족'이라는 이름으로 8년을 함께 살아온 만큼 앞으로도 계속 행복하게 지내면 좋겠다. 용맹하고 멋진 보노의 삶을 앞으로도 잘 책임져 줄 것이고, 행복하게 만들어줄 수 있도록 열심히 노력할 것이다.

4차시 미래의 가족과 나

'30년쯤 뒤에 우리 가족은 어떻게 살고 있을까?' 이런 질문을 던지면 그렇게까지 먼 미래를 상상해 본 적 없는 학생들은 어리둥절해하기 마련이다. 하지만 미래의 관점에서 가족을 생각할 때 현재의 가족을 보다 잘 이해할 기회가 생기기도 한다. 이번 차시에는 미래의 가족을 상상하며 부모의 보살핌을 받아온 자식이 부모를 보살피는 주체가 될 수도 있다는 점을 생각해 보려 했다.

수업에서는 자신이 어른이 되었을 때 부모님께 돌려주고 싶은 순간을 패러디 그림책으로 만들어본다. 또 부모님의 삶과 자식을 향한 부모님의 사랑을 떠올려 보며 그와 관련된 경험을 글로 써본다. 이처럼 입장을 바꿔 생각해 보고 글로 써봄으로써 부모님을 더 이해하고 자신이 받은 관심과 사랑을 헤아릴 수 있다.

이번 수업에 활용한 그림책은 《자꾸만 작아지는 나의 부모님》과 《커다란 손》이다. 《자꾸만 작아지는 나의 부모님》은 자식에게 자신의 시간을 내어주며 점차 작아지는 부모의 이야기를 담고 있다. 이 그림책을 읽으면 자식을 향한 부모님의 사랑과 헌신을 느낄 수 있다. 《커다란 손》은 아이일 때 부모에게 보살핌을 받던 자식이 커서 부모에게 보살핌을 돌려주는 상황을 그리고 있다. 두 그림책 모두 학생들이 미래를 상상하며 부모님의 삶을 폭넓게 이해하는 기회를 주는 내용이라서 선택했다.

《자꾸만 작아지는 나의 부모님》은 작가의 자전적 경험을 담은 그림책으로, 다른 문화권에서 살며 받았던 상처나 경제적 어려움 속에서도 자식을 위해 애쓰는 부모님의 모습과 노년 이후 부모님의 삶이 잘 드러난다. 부모님의 과거 이야기를 통해 부모님을 더 이해할 수 있음을 깨닫게 된다.

이 그림책을 활용해 '자식을 키우며 부모님이 내놓으신 것 떠올리기, 부모님을 원망한 순간에 대해 작성하기' 등의 활동을 할 수 있다.

《커다란 손》은 글 없는 그림책으로, 어린 아들을 돌보던 아버지가 어느새 노인이 되어 아들에게 돌봄을 받는 모습을 보여준다. 과거에 아들을 돌보던 아버지의 손과 현재에 아버지를 돌보는 아들의 손이 대비되며 묵직한 감동을 자아낸다. 손 모양의 띠지가 인물을 따뜻하게 감싸고 있어 가족의 사랑을 느낄 수 있다.

이 그림책을 활용해 '패러디 그림책 만들기, 가족의 사랑을 받았던 순간에 대해 작성하기' 등의 활동을 구상할 수 있다.

1. 개성적인 표현 방식 이해하기

《자꾸만 작아지는 나의 부모님》은 유년부터 현재에 이르는 시기까지 가족의 삶을 자식의 관점에서 회상하는 그림책이다. 시간의 흐름에 따라 전개되고 있어 그림책을 낭독할 때도 전체 내용을 시간대별로 나누어 읽었다. 가족의 전반적인 상황을 설명하는 부분, 부모가 자신의 키를 내어주며 자식을 뒷바라지하는 부분, 자식이 어른이 된 이후 부분으로 나누고 학생 세 명이 돌아가면서 친구들 앞에서 낭독했다.

낭독한 뒤에는 그림책에서 마음에 남은 장면을 고르고 감상을 나누었다. 많은 학생들이 아들에게 생일 케이크를 주기 위해 부모가 케이크 가게 사장에게 자신의 키를 떼어 주는 부분과 어른이 된 아들이 키가 작아진 부모님을 바라보는 마지막 부분을 인상적인 장면으로 꼽았다. 그림책에서 왜 부모의 키가 점점 줄어드는 설정을 했을지 질문을 던졌을 때, 학생들은 작가의 의도를 다양하게 추측했다.

- 키가 정말로 작아지니까 부모님이 약해지는 것이 더 실감 나요. 부모가 늙어가는 과정을 생생하게 표현하기 위해 키를 줄이는 설정을 했을 거예요.
- 자식에 대한 부모의 헌신을 강조하려는 것 같아요.
- 아이가 부모의 애정을 받으며 점점 자라나 어른이 되는 것을 강조하려는 것 같아요.

두 번째 그림책 《커다란 손》은 글이 전혀 없기 때문에 각자 조용히 그림책을 읽었다. 그림책 왼쪽에는 아버지가 어린 아들을 돌보는 장면이 나와 있고, 오른쪽에는 다 자란 아들이 늙은 아버지를 돌보는 장면이 제시된다. 돌봄의 주체와 대상만 달라질 뿐 손으로 상대를 돌보는 행위는 동일하다. 이런 장면 구성이 '씻을 때, 음식을 먹일 때' 등 많은 장면에서 반복된다. 왜 이렇게 장면을 구성했을지 질문했을 때, 학생들은 다양한 답변을 하며 그림책에 대한 감상을 공유했다.

- 세대를 걸쳐 사랑도 돌봄도 이어진다는 것을 보여주려고 양쪽을 이렇게 구성했어요.
- 그림책을 보고 우리 부모님도 언젠가 제 보살핌을 필요로 하는 연약한 존재가 될 수 있겠다고 처음으로 생각했어요.
- '나도 어릴 때 부모님께 돌봄을 받으며 컸겠구나.' 하고 어린 시절을 돌아보게 돼요.

2. 패러디 그림책 만들기

그림책을 읽고 나서 부모님에게 갖고 싶은 사랑을 패러디 그림책으로 만드는 활동을 해보았다. 《커다란 손》의 반복되는 장면 구조를 패러디하여 개인별로 한 장면씩을 그림으로 그리고, 그것을 합쳐 한 권의 책으로 엮는 재창작 활동이다. 원작의 이야기 구조를 이용하되 자신의 이야기를 담아 그림책을 변주하여 표현하게 했다. 패러디 그림책 만들기는 그림책을 만들어보고 싶지만 본격적인 창작을 하는 것에 어려움을 느끼는 학생들이 가볍게 해볼 수 있는 준비 활동이다. 무엇보다 그림책 전체가 아니라 일부만 창작하는 것이라 학생들이 크게 부담스러워하지 않는다.

부모님의 사랑을 느낀 과거의 순간이 있다면?	부모님에게 그 사랑을 미래에 되돌려 준다면?

　그림책《커다란 손》의 책장을 펼쳤을 때, 양쪽의 장면 구성이 위와 같다고 보고, 학생들에게도 부모님의 사랑을 느낀 과거의 순간을 떠올린 뒤 미래에 부모님에게 그 사랑을 어떻게 돌려줄 수 있을지 적어보게 했다. 학생들이 이 활동을 어려워한다면, 미래에 연로해진 부모님이 혼자 하기 어려운 행동을 내가 돕는 장면을 먼저 상상하고, 부모님이 어린 시절의 나를 비슷하게 도왔을 장면을 떠올리는 반대 순서로 진행할 수도 있다.

　아직 겪어보지 않은 일이라서 장면을 구체적으로 떠올리기 어려워하는 학생이 있다면, '부모님이 어린 나에게 ~ 해준 것처럼, 나도 나이 든 부모님에게 ~ 해주고 싶다.'라는 문장 틀을 제시하여 활용할 수 있다. 언제쯤 뒤의 미래인지 대략적인 연도를 정해주는 것도 도움이 된다. '○○○○년에 나는 ○○살이 되고, 아빠는 ○○살이 된다.'와 같이 미래의 시점을 설정하면, 학생들은 자신이 알고 있는 어른의 모습에 기대어 미래의 자신과 가족의 모습을 구체적으로 상상할 수 있다.

- 보드게임을 할 때 잘 못하는 내게 아빠가 규칙을 계속 자상하게 알려준 것처럼, 나도 아빠가 새로운 전자 제품을 어떻게 쓸지 모를 때 친절하게 몇 번이고 설명해 드릴 것이다.
- 아빠가 어린 나에게 자기 전에 책을 읽어주었듯, 나도 아빠에게 책을 읽어드릴 것이다.

패러디 그림책 예시

패러디 그림책 표지

- 엄마가 새벽에 일어나 내 소풍 도시락을 싸준 게 감동이었다. 나도 엄마에게 내가 만든 음식을 주고 싶다.

학생들은 자신이 쓴 문장을 발표하고 서로 겹치거나 비슷한 내용이 있으면 조정하여 그림책에 담을 내용을 최종적으로 선택했다. 그림책에 들어갈 장면을 그릴 때는 글은 넣지 않고 내용을 두 개의 그림으로 나눠 표현했다. 어떤 장면부터 배치하는 것이 자연스러울지 고려하여 전체 순서를 정한 뒤 표지를 만들어 엮으면 패러디 그림책을 완성할 수 있다.

다음과 같은 질문을 제시하여 패러디 그림책을 살펴보고, 활동 소감을 발표하면서 수업을 마무리했다.

- 의도했던 내용이 그림만으로 잘 표현되었는가?
- 펼침면의 두 장면에서 행동의 유사성이 느껴지는가?
- 전체 그림책의 흐름은 자연스러운가?

3. 질문 활용하여 글 더 쓰기

패러디 그림책 만들기로 수업을 마무리해도 좋지만, 시간이 허락한다면 다른 차시의 수업처럼 글쓰기 활동을 진행할 수 있다. 패러디 그림책 만들기에서 제시한 질문을 글쓰기 질문으로 재활용할 수 있기 때문이다. 또《자꾸만 작아지는 나의 부모님》에는 집안 형편이나 남들과 다른 상황 때문에 부모님을 원망하는 내용이 있어, 이와 관련된 내밀한 이야기를 더 해볼 수도 있다. 부모님의 삶을 전체적으로 살피면서, 원망에서 나아가 부모님을 폭넓게 이해하는 기회로 삼을 수 있다.

- 어떤 순간에 부모님의 사랑이나 희생을 느꼈나요?
- 부모님을 부끄러워하거나 원망한 적이 있나요? 지금은 당시 상황을 어떻게 생각하고 있나요?

부모님을 부끄러워하거나 원망한 순간에 대한 이야기는 학생들에게 민감한 주제다. 거리를 두고 바라볼 만큼 겪은 일에서 시간이 많이 흐르지 않았거나 현재 진행 중이라 감정에 매몰된 상황일 수 있으므로 교사도 글쓰기를 할 때 쓸 수 있는 만큼만 쓰도록 강조하는 게 좋다.

또 가족에 관해 쓴 글을 다른 사람들과 공유하기를 불편해하는 학생들도 있기 때문에, 원하지 않으면 전체 글을 공개하지 않아도 된다고 미리 알린다. 글은 자유롭게 쓰되 공유는 일부만 하는 방식이나 애초에 다른 이와 공유할 수 있는 범위까지만 쓰는 방법 등 선택지를 제시하여 편안한 분위기 속에서 자신의 경험을 꺼낼 수 있도록 격려한다. 또한 비슷한 주제로 쓴 교사의 글이나 작가의 글을 먼저 보여주고 학생의 글쓰기를 이끌 수도 있다. 누군가의 내밀한 사연을 읽으면 자신의 이야기를 솔직하게 꺼내기도 쉬워지기 때문이다.

다음과 같은 글쓰기 조언을 더해 학생들이 글을 완성하도록 했다.

☞ 그림책 속 인물처럼 부모님과의 지난 기억을 돌이켜보는 글을 써보

세요. 과거의 일이라도 방금 막 생긴 일처럼 서술하면 현장감이 높은 글이 됩니다.

☞ 부모님을 원망한 순간에 대해 적을 때 부모님이나 자신에 대해 부정적인 감정이 많아진다면 잠시 글쓰기를 멈추세요. 제삼자처럼 거리를 두고 인물의 삶의 이력을 소개하는 것도 도움이 됩니다.

학생 예시 글

고기만두

김이 모락모락 나는 만두가게를 지날 때마다 나는 어린 시절의 아빠가 생각난다. 그때 나는 초등학교 3학년쯤이었다. 지금 생각하면 정말 사소한 고민이지만 당시 어린아이였던 나는 학원 때문에 인생 최대의 고비를 겪고 있었다. 학원의 가르치는 방식이 나에게 맞지 않아서 항상 나머지 공부를 해야 했다. 3시에 학원을 가면 7~8시에 수업이 끝났는데, 어렸을 때의 나는 그게 너무 힘들어서 매일 울었다.

그때마다 나는 아빠에게 전화를 했다. 내가 전화하면 아빠가 퇴근길에 학원으로 바로 오셔서 나와 같이 집에 가곤 했다. 그러던 어느 날 학원이 끝나고 여느 때와 같이 아빠에게 전화해서 같이 집에 가고 있었는데 만두 냄새가 진동했다. 막 쪄낸 만두들로 김이 모락모락 나고 있는 만두가게였다. 아빠에게 만두가 먹고 싶다고 했다. 그러자 아빠는 바로 만두가게에 들어가서 자리를 잡고 앉아 나에게 다정하게 말했다.

"우리 뭐 먹을까?"

나는 그 다정한 말에 이상하게 가슴에서부터 울음이 밀려왔다. 나는 울음을 꾹 참고 고기만두가 먹고 싶다고 했다. 아빠는 바로 만두를 시켜

주었다. 그리고 고기만두가 나오기까지 기다리는 동안 나는 아빠와 이런저런 이야기를 했다.

사실은 내가 아빠에게 일방적으로 말하기만 했는데, 아빠가 내 이야기를 묵묵히 들어주어서 너무 고마웠다.

그리고 고기만두가 나왔다. 나는 맛있게 만두를 먹었다. 그때의 만두는 평소에 먹던 만두와는 정말 차원이 다르게 맛있었다. 갓 나온 뜨뜻한 만두가 내 슬픈 마음을 가라앉혔고, 각종 소들로 화려하지만 담백했던 만두의 맛이 우울한 마음을 모두 다 날려버렸다. 나는 눈코 뜰 새도 없이 만두를 내 입으로 다 집어넣었다.

사실 그때를 생각하면 아빠에게 만두를 먹어보라고 권유라도 해볼 걸 그랬다. 아빠에게 한 번도 만두를 권하지 않고 내가 만두를 다 먹은 그날, 아빠와 만두가게에서 나와서 집까지 가는 길에도 계속 여러 가지 이야기를 했다.

세월이 지나 지금 난 그 동네에 살지 않는다. 그리고 그 만두가게도 사라졌지만 나는 아직도 그 길을 지나갈 일이 있을 때마다 고기만두와 아빠가 생각난다.

5차시 가족과의 이별

가족과의 이별을 이미 겪어본 사람도 있고, 미래의 어느 날에 경험하게 될 사람도 있을 것이다. 만남이 있으면 이별도 있는 법. 가족과의 이별은 누구에게나 닥칠 수 있는 보편적인 일이기에 '가족과의 이별'이라는 주제가 자서전의 한 꼭지로 필요하다고 여겼다. 또한 이전에 자유 주제로 경험글 쓰기를 할 때, 가족을 떠나보낸 경험을 글감으로 택한 학생이 꽤 있었고 그 글이 깊은 울림을 주었던 기억이 있어 자서전 수업에서도 다루고 싶었다.

이번 수업에서는 가족과 이별한 경험과 그때의 감정을 떠올려 글을 쓴다. 가족과의 이별은 사별을 포함해 몸이나 마음이 멀리 떨어진 경험 모두를 포함한다. 떠올리기 힘들더라도, 가족과의 이별 경험을 글로 기록해 두는 것이 떠난 이를 오래 기억할 수 있는 방법이 될 수 있다는 것을 강조했다. 또한 가족과 이별한 사건이 자신에게 끼친 영향은 무엇인지, 그 사건에 대한 나의 감정이 어떠한지를 차분하게 살피는 것을 목표로 했다.

이번 수업에서 활용한 그림책은 《옥춘당》과 《우리 집엔 할머니 한 마리가 산다》이다. 《옥춘당》은 소녀가 할아버지와 할머니를 차례로 떠나보내는 이야기로, 가족과의 이별 과정을 담고 있다. 《우리 집엔 할머니 한 마리가 산다》는 함께 살던 개의 죽음을 지켜보는 가족의 이야기를 다루고 있다. 두 그림책 모두 가족과의 이별을 어떻게 받아들이면 좋을지 생각해 보게 하는 내용이라 선택했다.

만화책 《옥춘당》에 좀 더 구체적인 내용을 더한 그림책이다. 할아버지와 할머니의 애틋한 사랑과 이별을 손녀의 시점에서 그립게 담아냈다. 전반부는 할아버지와 할머니랑 행복했던 추억을 따뜻하게 그려내고, 후반부는 할아버지가 떠나고 남겨진 할머니가 말을 잃어가는 모습을 어두운 분위기로 그렸다. 그림책을 읽다 보면 분위기에 빠져들어 절로 눈물이 난다.

이 그림책을 활용해 '감상을 광고 문구처럼 표현하기, 이별한 가족을 떠올리게 하는 물건에 관해 작성하기' 등의 활동을 구상할 수 있다.

《우리 집엔 할머니 한 마리가 산다》는 나이 든 개를 키우는 집에서 반려동물과의 헤어짐을 준비하는 과정을 그렸다. 가족이었던 반려동물이 늙고 병들어 가는 모습을 쓸쓸하게 지켜보는 가족과 이별 후 남겨진 가족들의 슬픔을 아이의 눈으로 여과 없이 보여준다. 비통할 법도 한 내용이지만 경쾌한 그림체로 내용을 담아낸 것이 이 그림책의 특징이다.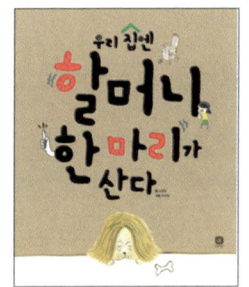

이 그림책을 활용해 '가족과 이별하기까지의 과정이나 가족과 이별한 날의 풍경 작성하기' 등의 활동을 구상할 수 있다.

1. 광고 문구처럼 감상 표현하기

먼저 학생들에게 가까운 가족과 이별해 본 경험이 있는지 물어보며 수업을 시작했다. 학생들은 가족과의 사별 또는 오랫동안 가족과 떨어져 지냈던 경험을 이야기했다. 이별 경험이 없다는 학생들에게는 언젠가 맞게 될 가족과의 이별을 상상해 보자고 말했다. 이별 이야기는 가볍게 꺼낼 주제는 아니지만 그렇다고 해서 너무 분위기를 잡거나 마냥 진지할 필요는 없다. 만남처럼 이별 역시 언젠가는 마주하게 될 상황이기 때문에 삶의 자연스러운 과정으로 바라보는 태도가 필요하다.

《옥춘당》은 이제까지 읽은 그림책 중 분량이 가장 많아서 낭독하지 않고 각자 읽게 했다. 그리고 그림책을 읽고 가장 마음에 남았던 부분을 그림책 표지의 문구 '그리워 돌아보면 그 자리에 있는 노을 같은 사랑'처럼 짧게 표현해 보게 했다. 학생들은 좋았던 문장이나 중요한 소재를 담아 광고 문구를 만들어 소개하면서 그림책에 대한 감상을 나누었다.

- 봄처럼 따뜻해 아련해 맘 아픈 이별의 이야기
- 이백이십 미리 운동화 한 켤레, 달콤한 옥춘당
- 순임 씨 천천히 녹여 먹던 사탕, 그 맛을 기억하네

할아버지의 죽음 이후부터는 무채색이 더 많이 등장했지만, 학생들은 전체적으로 그림책이 따뜻하고 색감이 아름답다고 말했다. 책의 중요 소재인 전통 사탕 '옥춘당'을 실제로 본 학생이 드물어 사탕을 가져와 함께 살피면서 왜 작가가 이 알록달록한 사탕을 제목으로 내세웠을지 추측해 보았다.

한편 반려동물의 죽음을 다루는 그림책《우리 집엔 할머니 한 마리가 산다》를 준비하여 반려동물을 키운 적 있는 학생들에게 권했다. 이

그림책 역시 다른 책들보다 분량이 꽤 많아서 평소보다 긴 시간을 책 읽기에 할애했다.

《우리 집엔 할머니 한 마리가 산다》는 늙은 개가 나이를 먹고 병들어 죽음에 이르는 모습을 구체적으로 보여주고 있어, 학생들은 죽음을 현실적으로 그린 책이라고 평했다. 책에 대한 감상을 나누면서 학생들도 가족의 투병이나 죽음을 지켜본 경험을 꺼냈고, 교사는 그런 이야기를 글쓰기 활동으로 자연스럽게 연결했다.

2. 추억의 물건이나 이별 당일을 중심으로 글쓰기

두 그림책이 할아버지와 할머니의 죽음, 늙은 개의 죽음을 다루고 있고 학생들도 조부모님과의 사별 경험을 꺼내는 경우가 많았기 때문에, 수업의 글쓰기 질문도 조부모님과의 사별과 관련된 것으로 제시했다.

- 할아버지(할머니)와의 추억을 떠올리게 하는 물건이 있나요? 물건과 관련된 일화를 소개하며, 나의 할아버지(할머니)는 어떤 분이었는지 말해보세요.
- 할아버지(할머니)와 헤어지는 당일의 분위기는 어떠했나요?
- 우리 가족은 이별을 어떻게 받아들였나요?

하지만 가족과의 이별을 꼭 사별에 국한할 필요는 없다. 언니가 먼 곳으로 대학을 가면서 오랫동안 보지 못한 경험, 기르던 개를 사정이 있어 다른 집으로 보냈던 일, 부모님 중 한 분과 떨어져 지내게 된 일 등 학생들은 가족과 한집에 살지 않게 된 사연을 다양하게 떠올렸다.

학생: 선생님, 저는 부모님이 이혼하셔서 평소에는 엄마랑 살고 주말에만 아빠를 만나는데, 이것도 이별로 볼 수 있나요?

교사: 받아들이는 사람의 마음에 달렸겠죠. 이전처럼 매일 볼 수는 없으니 이별로 볼 수도 있고, 그래도 자주 보니 이별이 아닐 수도 있을 것 같아요. 그런 이야기를 꺼내줘서 고마워. 네가 이야기해도 괜찮은 만큼만 써보세요.

학생: 오래전 일이라서 괜찮아요. 처음에는 속상했는데 어쩌겠어요. 안 맞으면 헤어질 수도 있죠. 같이 살지는 않으니까 아빠랑 이별한 것으로 봐야겠어요.

학생들은 교사의 예상과 달리 개인적인 가정사를 수업에서 공개적으로 꺼내기도 했다. 교사도 지나치게 조심스러운 태도보다는 적절하게 대응하며 학생이 편안하게 이야기할 수 있게 격려했다.

《옥춘당》에서 '옥춘당'은 제사상에 올리는 사탕으로, 가족들이 돌아가신 할아버지를 추억하게 만드는 소재이다. 학생들도 떠난 가족을 생각나게 하는 물건을 하나씩 떠올리고 그와 함께했던 일화를 소개하는 글을 썼다. 가족이 즐겨 먹던 음식이나 내게 선물한 물건, 마지막 기억이 담긴 물건 등 특정 물건을 매개로 삼아 떠난 가족과의 추억을 떠올리게 했다.

가족과 관련된 이야기를 쓸 때는 가족의 인생사를 짧게라도 소개하면 좋다. 명확히 기억나지 않는 일을 쓰고 싶을 때는 대략적인 얼개만 쓰고 집에 가서 부모님 등 다른 가족에게 물어보고 내용을 더 채워 오게 했다. 내용을 구체적으로 쓰기 어려워하는 학생에게는 구체적인 사건이 담긴 일화를 제시하고 이를 통해 짐작할 수 있는 가족의 됨됨이나 성격을 덧붙이도록 했다. 그런 다음 비슷한 맥락의 일화를 하나둘 더 떠올리면 내용이 풍부한 글이 될 수 있다.

가족과 헤어진 당일의 이야기를 쓸 때는 '언제, 어디서였는지', '함께 있었던 사람은 누구였는지' 등의 상황이 간략하게라도 포함될 필요가 있다. 대부분의 이별이 갑작스럽게 닥치거나 어른들 주도로 절차가 진행되는 터라, 학생들은 당시 상황을 거의 몰랐던 경우가 많았다. 나중에 가족으로부터 전해 들은 이야기도 자신의 경험으로 보고 '~했다고 한다.'라는 형태로 적도록 했다. 또한 자신이나 다른 가족들이 그 이별을 어떻게 받아들였는지를 떠올려 보도록 했다.

3. 친구의 이야기에 공감하며 감정 쏟아내기

학생들의 격한 감정이 많이 분출된 수업이었다. 특히 가족과 사별했을 때의 일을 쓰면서 울음이 터진 학생들이 몇 있었다. 그림책을 읽을 때부터 눈물을 보인 학생도 있었는데, 당시를 떠올리다 보니 슬픈 마음이 차오른 듯했다.

수업에서 학생이 울면 난감할 수도 있지만, 가족 그림책을 읽고 감상을 나누거나 글쓰기를 하다 보면 흔히 있는 일이다. 가족이 연관된 일에 대해서는 그만큼이나 농도 짙은 감정이 함께하고 눈물샘이 쉽게 자극된다는 것을 글쓰기 수업을 통해 알았다. 학생들은 이제 볼 수 없는 가족이 그리워 울었고, 생전에 잘해드리지 못했거나 짜증을 낸 것이 미안해서 울었다. 멀쩡하게 잘 지내다가도 가족과의 추억을 떠올리게 하는 물건을 보거나 가족과의 추억이 담긴 음식을 먹다가 갑자기 눈물이 난다고 했다.

여학교에서는 웃음뿐 아니라 울음도 잘 전염된다. 경험을 이야기하는 글을 공유할 때는 유독 친구의 감정에 더 깊이 몰입하는 모습이었다. 한 명이 글을 읽다 울면 그 이야기를 듣다가 옆의 친구도 울고, 뒤의 친구도 울고, 결국 모두가 함께 우는 장면이 연출되곤 한다. 교사는 학생들이 슬픈 감정을 충분히 꺼내놓고 감정을 가라앉힐 때까지 천천히 기다려준다.

교사: 《떠난 후에 남겨진 것들》에서 장례준비사인 작가는 죽음은 아름답지만은 않지만 그렇다고 추한 것도 아니라고 말합니다. 가족 중에 누군가가 떠나면 남은 가족이 충격과 슬픔에 빠지는 것은 당연합니다. 있는 그대로 이별을 받아들이며 그가 우리에게 남겨준 추억과 의미에 집중해 보는 것은 어떨까요?

울고 나면 개운해진다. 감정을 한껏 꺼내놓고 나면 자신의 감정과 상황을 글로 써볼 힘도 생긴다. 수업에서 그 과정을 격려하고 이끌어주니 학생들은 어느 때보다 더 진솔하게 자신의 이야기를 꺼내는 모습이었다.

다음과 같은 글쓰기 조언으로 학생들이 글을 완성할 수 있게 했다.

- 특정 물건, 음식, 장소, 음악 등 가족을 떠올리게 하는 소재가 있다면 그것을 중심으로 글을 전개해 보세요. 어떤 것을 볼 때 가족에 대해 할 말이 많이 생기는지 생각해 보고, 그것에 얽힌 가족의 이야기를 구체적으로 써보세요.
- 가족과의 이별을 떠올리다가 격한 감정이 드는 것은 자연스러워요. 이것을 인정하고 그러한 감정을 글에 털어놓아 보세요. 이별한 가족에 관해 글을 쓰면 오랫동안 그를 기억할 수 있어요.

학생 예시 글

안녕, 뽀얌

해가 쨍쨍 내리쬐던 7월의 어느 날, 동생의 햄스터 바라기가 한창일 때였다. 벌써 일주일째 햄스터를 키우게 해달라고 조르던 동생과 쥐를 키우는 것은 절대 반대하는 나의 싸움은 일상이었다. 어느 토요일, 느긋하게 일어나니 왠지 모르게 동생의 얼굴이 해맑고 거실이 소란스러웠다. 나는 싸한 느낌이 들어 재빨리 거실로 나가 보았다. 처음 보는 생명체가 있었다. 사실 인정하고 싶지 않았지만 매우 귀여웠다. 엄마한테 물어보니 종은 푸딩 햄스터라고 했다. 가족들과 상의해서 이름도 지어줬는데, 조그맣고 뽀짝해서 '뽀얌'이라고 지었다. 이름도 지어주니 조금 더 가까워진 듯한 느낌이 들었다. 그날부터 내 인생 첫 애완동물 뽀얌이와의 동거가 시작되었다.

뽀얌이와의 일상은 내 생각보다 훨씬 더 행복했다. 학교 끝나고 집에

오자마자 바로 뽀얌이부터 확인하고, 조금이라도 밥을 잘 안 먹은 것 같은 날에는 내가 직접 해바라기 씨도 먹여줬다. 동생보다도 더 햄스터에 진심인 나를 보고 엄마는 코웃음을 쳤다. 명절에 할머니 댁에 가서도 뽀얌이 생각만 나고, 사진첩도 뽀얌이로 가득 차고, 어디 여행이라도 가는 날에는 혼자 외로울까 봐 걱정돼서 먹이도 잔뜩, 물도 넉넉히 넣어주며 작별 인사까지 하고 나왔다. 사실 나도 내가 이렇게 뽀얌이에게 진심인지 몰랐다. 점점 시간이 지나며 뽀얌이는 우리 가족의 일부가 되었다.

한 살 생일이 지나자 점점 뽀얌이의 노화가 시작되었다. 사실 푸딩 햄스터의 1년은 사람으로 치면 50년이기에 노화가 시작되는 것이 이상한 것은 아니었다. 내 손가락 두 마디만 했던 뽀얌이는 어느새 내 가운뎃손가락만 해졌고, 우리 집에도 잘 적응했다. 그런데 노화가 시작되니 점점 몸집이 작아지고, 먹이도 잘 먹지 않는 것을 느꼈다. 나는 새끼 때부터 봐오던 뽀얌이가 점점 늙어가는 것을 직접 내 두 눈으로 보니 더욱 마음이 아팠다. 나는 옛날처럼 해바라기 씨도 먹여주고 밀웜도 줘봤지만, 더 빨리 더 많이 먹으려고 버둥대던 아기 뽀얌이와 달리 지금의 뽀얌이는 먹이에 관심이 없어 보였다. 나는 처음 느껴보는 감정에 당황스럽기도 하면서 서운했다.

그러던 어느 날, 내가 독감에 걸려서 하루 종일 집에 있던 날이었다. 나는 가족들과 격리하기 위해 혼자 방에 들어가 있었다. 그런데 학원에 다녀온 동생이 갑자기 엄마에게 전화하며 울었다. 순간 나는 직감했다. 뽀얌이가 죽었다는 것을. 나는 재빠르게 거실로 나가서 뽀얌이를 확인했다. 뽀얌이는 몸이 단단하게 굳은 몸으로 눈을 감고 케이지 정중앙에 누워 있었다. 나는 애써 자고 있는 것이라고 믿고 싶었지만, 죽었다는 것을 부정할 수 없었다. 나는 처음에 믿기지 않아 눈물이 나오지 않았다. 그러나 점점 시간이 지날수록 뽀얌이와의 지난 1년 5개월간의 기억이 주마등처럼 스쳐 지나가며 눈물이 나왔다. 나는 동생 앞에서 안 운 척했지만 몰래 방에서 훌쩍훌쩍 울었다. 그렇게 나와 뽀얌이의 인연은 끝이 났다.

　나는 내가 지금까지 살아오면서 애완동물을 이렇게 진심으로 키우는 사람인지 몰랐다. 그러나 지금 생각해 보니 내가 애완동물 키우기를 반대했던 이유는 동물이 싫어서가 아니라 내가 키우는 동물과의 이별을 예상하고 슬플 것 같아서 못 키웠던 것 같다. 지금도 종종 사진첩을 정리하다가 뽀얌이의 사진을 보면 마음이 아프다. 앞으로도 뽀얌이는 내 마음 한편에 너무너무 행복했던 추억으로 자리하고 있을 것이다.

6차시 나의 사랑하는 독립생활

독립은 가족의 품을 떠나 자신만의 삶을 주체적으로 꾸린다는 점에서 인생의 큰 전환점이라 할 수 있다. 대부분의 사람들은 어른이 되면 자의든 타의든 독립을 경험하게 되는데, 살아가면서 거쳐야 할 하나의 관문이기도 하다. 가족과 관련된 자서전 쓰기의 마지막 차시에서는 어른에 대해 정의해 보고, 미래의 홀로서기를 어떤 마음으로 준비하면 좋을지 생각하고자 했다.

학생들은 종종 어른이 되었을 때의 모습이나 일상을 그려보기도 하지만, 대체로 설렘이나 기대만 앞세울 뿐 독립생활에 대해서 진지하게 생각하는 일은 드물다. 이번 수업에서는 먼저 그림책을 읽고 학생들이 혼자 용감하게 도전해 본 어린 시절의 경험을 떠올린다. 그리고 어른과 십대에 대해 정의해 보고, 가족으로부터 독립하기 위해 필요한 것들은 무엇일지 생각해 본다.

이번 수업에 활용한 그림책은 처음으로 혼자 버스를 탄 아이의 경험을 그린 《나 홀로 버스》와 인생을 운전에 비유하며 독립을 위해 필요한 태도를 일깨우는 《내 차를 운전하기 위해서는》이다. 《나 홀로 버스》의 주인공 아이가 처음으로 혼자 버스를 탄 것처럼, 누구나 어린 시절 겪었던 홀로서기 경험이 있다. 이 그림책을 통해 학생들은 그때의 상황이나 느낌을 떠올리고, 이미 혼자서 할 수 있는 것들이 많아졌음을 깨달을 수 있다. 《내 차를 운전하기 위해서는》은 인생에 첫발을 내딛게 될 자녀에게 전하는 부모의 마음과 가르침을 담고 있다. 학생들이 언젠가 가족의 품을 떠나게 될 때, 막막함에서 나아가 자신의 독립생활을 그려 보는 데 도움이 된다.

《나 홀로 버스》는 아기 돼지가 처음으로 엄마 없이 버스를 타고 할머니를 만나러 가는 이야기다. 아기 돼지는 늑대 아저씨가 자신의 과자를 먹고 있는 것을 발견하고 겁에 질리지만, 그것이 오해였음을 깨닫고 안도한다. 처음으로 버스를 탄 아이의 두려움이 만들어내는 상상이 재미있다. 버스를 혼자 탄 일이 별것 아니었듯, 앞으로 어떤 일을 하더라도 잘할 수 있다는 격려를 얻을 수 있는 그림책이다.

이 그림책을 활용해 '처음으로 혼자 도전한 일 소개하기', '깨달음을 명언으로 만들기' 등의 활동을 구상할 수 있다.

《내 차를 운전하기 위해서는》은 아버지와 아이가 차를 타고 가면서 대화하는 형식의 그림책이다. 운전에 대한 이야기일 것이라고 생각하기 쉽지만, 인생을 운전에 비유해서 이야기하고 있다. 자신만의 차를 갖고 큰길에 나서기 막막한 이들에게 인생 선배인 아버지가 건네는 다정한 응원의 말이 가득하다.

이 그림책을 활용해 '어른과 십 대 정의하기, 나만의 차 그리기, 수필을 참고해 독립생활 상상하기' 등의 활동을 구상할 수 있다. 마음을 울리는 문장을 필사하고 나누며 진정한 어른이 된다는 것은 무엇인지 생각해 보는 것도 좋다.

1. 홀로서기의 경험을 바탕으로 나만의 명언 만들기

《나 홀로 버스》를 읽기 전에 표지를 함께 보며, 나 홀로 버스를 처음 타본 것이 언제였는지 물어보았다. 주로 초등학교 2~3학년 때 보호자 없이 혼자 버스를 타보았다고 했지만, 네다섯 명 정도는 최근에 버스를 처음 혼자 탔다고 했다. 경험한 나이를 떠나 혼자 버스 타기는 생각보다 도전적인 일이었는지, 학생들이 너도나도 자신의 경험담을 꺼냈다. 누구나 인생에서 한 번은 겪는 보편적인 사건이라는 점에서 버스를 혼자 타본 경험은 홀로서기의 경험을 나누기에 좋은 시작점이었다.

《나 홀로 버스》는 글이 많지 않은 그림책이라 그림에 집중하며 각자 읽고 가장 재미있었던 장면을 골라 발표하며 감상을 나누었다.

- 아이가 늑대 아저씨를 무서운 괴물로 부풀려 상상하는 장면이 재밌었어요. 처음으로 혼자 버스를 타면 한 번쯤 할 법한 상상이거든요.
- 저는 늑대 아저씨가 아이의 과자를 가져간 범인이 아니라는 것을 아이가 깨닫고 안도하는 장면이 재밌었어요.
- 혼자 버스를 타는 첫 장면과 나중에 비행기를 혼자 타는 마지막 장면이 제일 기억에 남아요. 설렘과 두려움이 버스, 비행기를 탈 때나 앞으로의 인생에도 계속 반복될 거라고 알려주는 것 같아요.

그림책을 읽고 학생들이 꼽은 장면이 유난히 다양했다. 그림책에 대한 감상을 '홀로 시도해 본 경험 전반'으로 확대해 생각해 보기 위해 수업에서는 다음 질문을 제시하고 짧게 답하게 했다.

- 처음으로 혼자 해본 일 중 기억에 남는 것이 있나요? 홀로 해본 그 경험에서 무엇을 느꼈나요?
- 가족이 해줄 수 없는 일이 있다는 것을 깨달은 순간이 있나요? 그때의 깨달음을 17음절 내외로 표현하여 나만의 명언을 만들어봅시다.

학생들은 첫 심부름, 처음으로 혼자 잔 날, 혼자 머리를 감은 날, 혼자 학교에 간 날, 혼자 책 한 권을 스스로 읽은 날 등을 떠올렸다. 처음 시도할 때는 긴장되고 무서운 마음이 컸지만 무사하게 끝내고 나면 별 것 아니라는 마음이 들었다는 점에서 깨달음이 통하는 바가 있었다.

한편 학생들은 가족이 도와줄 수 없다고 느낀 순간으로 '친구 관계나 공부에서 어려움을 겪을 때'를 꼽았다. 그런 순간을 떠올리며 인생의 깨달음을 담은 명언을 만들어보기로 했다. 일본 정형시 '센류'를 예로 보여주며 참고하도록 했다. 센류는 5·7·5조의 음수율을 갖고 있고, 재치와 익살을 담아 일상을 표현하는 것이 특징이다. 수업에서 예시로 보여준 '실버 센류'는 어르신 세대의 일상과 애환을 담고 있어 학생들도 웃으며 공감할 수 있었다. 학생들은 어르신들 같은 연륜은 없지만 지나온 삶을 통해 깨달은 점을 짧은 문장으로 표현했다.

손을 잡는다	남은 날 있다고
옛날에는 데이트	생각하며 줄 서는
지금은 부축	복권 가게 앞

– 실버 센류 모음집 《사랑인 줄 알았는데 부정맥》에서

센류의 형식과 딱 맞지 않더라도 20자 내외의 짧은 분량으로 홀로 서기의 경험에서 얻은 깨달음이나 인생의 통찰이 담기면 된다는 것을 강조했다. 예시를 참고하도록 한 것은 창작의 부담을 덜기 위한 것이기 때문에 적절하게 활용하는 것이 좋다. 학생들은 독립에 대한 경험을 바탕으로 자신의 명언을 발표했다. 미래에 나이가 들면 또 어떤 내용을 담게 될지 기대해 보는 학생도 있었다.

- 초등 입학식 / 자기 소개하며 안 것 / 인생은 혼자
- 친구 관계는 / 실컷 하소연해도 / 결정은 내가
- 혼자 하는 일 / 손에 꼽았었는데 / 지금은 반대

2. 어른과 십대를 사진 카드를 활용해 정의하기

그림책《내 차를 운전하기 위해서는》은 한 쪽씩 돌아가면서 전체 낭독으로 읽고 가장 마음에 드는 구절을 꼽아보게 했다. 많은 학생들이 아들에게 아버지가 해주는 말이 마음을 울렸다고 말했다.

- 독립을 해도 가족과 영 헤어지는 게 아니고, 다른 길을 가다가도 교차로에서 만나기도 한다는 말이 기억에 남아요.
- 독립을 생각하면 설레기도 하고 기대감도 있지만, 한편으로는 막막하기도 하거든요. 마음이 헤어지지 않으면 가족은 헤어지지 않는다는 구절이 힘이 되었어요.

학생들은 그림책에 나오는 '차'의 의미를 물었을 때 인생이나 관심사, 진로라고 추측했다. 다음과 같은 질문을 제시하여 부모님과 함께 사는 지금에 대한 생각을 물었고, 어른과 십대에 대해 정의를 내려보게 했다.

- 내 진심에 가까운 것을 고르고 이유를 말해봅시다.

  부모님 차를 타고 있는 지금,
  | 나는 부모님 차에 계속 함께 있고 싶다. ( ) |
  | 나는 빨리 내 차를 혼자 타고 싶다. ( ) |

- 빈칸에 어울리는 말을 사진 카드에서 하나씩 골라봅시다.

  어른이 된다는 것은 (   )라면 지금은 (   )다.

내 차로 혼자 운전할 날을 꿈꾸는 학생, 즉 빨리 독립을 꿈꾸는 학생이 훨씬 많을 줄 알았지만 학생들의 의견은 반반이었다. 부모님 차를 계속 타고 싶다고 말한 학생들은 혼자 살면 외로울 것 같다거나 독립하려면 돈이 많이 들 것 같다는 현실적인 이유를 들기도 했다. 한편 혼자 운전하길 원하는 학생들은 나만의 공간에 혼자 있고 싶다고 답하거나 가족의 참견 없이 혼자 힘만으로 의사 결정을 하고 싶다고 말했다. 지금에 대한 학생들의 다양한 생각을 엿볼 수 있는 점이 좋았다.

나아가 사진 카드를 고르며 어른과 십대에 대한 생각을 알아보고자 했다. 학생들은 어른과 십대에 대한 자신의 생각과 가장 비슷한 사진을 각각 고르고 이유를 들어 사진을 소개했다.

사진 카드 예시 (출처: 학토재)

자신이 고른 사진을 소개하는 수업 장면

어른이 된다는 것은 '목적지를 향해 가는 지하철 속 사람'이다. 지하철에서 노선을 찾아서 원하는 곳으로 나서는 것처럼, 어른이 되면 나와 세상을 잘 알고 스스로 결정해서 목적지로 나아가기 때문이다. 지금은 '주사위'다. 던지기 전까지는 어떤 수가 나올지 모르는 주사위처럼 나도 미래가 어떻게 될지 모르기 때문이다.

어른이 된다는 것은 '새로운 망원경을 갖는 것'이다. 왜냐하면 어른이 되면 지금과는 다른 시각으로 세상을 멀리 바라볼 수 있을 것 같아서이다. 지금은 '돌탑'이다. 어른이 되기 위해 돌을 하나하나 쌓아 올리고 있

기 때문이다.

어른이 된다는 것은 '돈이 많은 상태'이다. 어른이 되면 스스로 돈을 벌고 원하는 것에 돈을 자유롭게 쓸 수 있기 때문이다. 지금은 '목장에 모여 있는 양떼'이다. 울타리 안에서 보호받으며 어린 양들이 자라듯, 우리도 어른들의 보살핌을 받으며 크고 있기 때문이다.

발표를 바탕으로 학생들에게 어른이 되는 날은 언제라고 생각하는지 질문했다. 주민등록증을 발급받는 '만 17세'라는 나이를 언급하는 학생, 스스로 돈을 버는 경제적 독립이 진정한 독립이라는 학생, 혼자 음식을 만드는 등 집안일을 책임질 수 있을 때를 말하는 학생, 알고 싶지 않은 씁쓸한 세상사를 알게 될 때를 말하는 학생 등 다양한 답이 나왔다. 나이만을 언급할 것이라는 예상과 달리 다양한 기준이 언급되는 것이 놀라웠다. 학생들이 미성년이지만 세상에 대한 관점이 뚜렷하고 자신만의 세계가 이미 있다는 것을 새삼 깨달은 시간이었다.

3. 내 차의 모습 상상하고 그림으로 표현하기

《내 차를 운전하기 위해서는》에서는 어릴 때의 차는 투명해서 부모님 차에 겹쳐 있지만 이내 자신만의 모습을 드러내며 큰 도로에 합류하게 된다고 말한다. 수업에서도 자신이 꿈꾸는 인생을 차의 형태로 시각화하며 상상을 구체적으로 표현해 보기로 했다. 이 과정에서 온라인 자동

생성형 도구를 활용하여 어른이 되어 이루고 싶은 진로나 지향하는 가치, 관심이 드러나는 차 그림을 만들도록 했다. 이때 학생들에게 다음과 같은 요소를 두루 고려하라고 했다.

- 차의 색이나 형태, 종류
- 옆이나 뒷자리에 태우고 싶은 대상
- 차가 가는 길 등의 배경

학생들은 여러 핵심어를 조합해 그림으로 생성하고, 온라인 자동 생성형 그림 도구가 만든 그림 후보 중 하나를 골라 자신의 목적에 맞게 더 변형하는 과정을 거쳤다. 그렇게 만든 차 그림을 그림의 의도를 설명하는 문구와 함께 온라인에 게시하고 함께 감상했다.

차 그림의 의도를 설명하는 문구

책을 가득 실은 차가 바다를 건너는 모습이다. 배나 비행기를 타고 세계 여행을 많이 다니고 책도 읽는 삶을 살고 싶다.

나의 꿈은 메이크업 아티스트와 운동선수여서, 메이크업 도구를 실은 차가 운동장에 있는 그림을 만들었다. 가장 되고 싶은 것은 돈 많은 사람이기 때문도 돈도 추가했다.

은하수처럼 신비롭고 어두운 스포츠카이다. 누구보다 빠르게 성공하고 누구보다 신비롭게 살고 싶기 때문이다.

따뜻한 주말 오후에 친구들과 캠핑을 할 수 있는 캠핑카이다. 직장에서 각자 열심히 살다가 좋아하는 사람과 만나 쉬기도 하는 삶을 바라기 때문이다.

책, 그림, 돈, 친구 등을 태우고 바다, 숲, 거친 길, 운동장 등을 달리는 미니카, 캠핑카, 스포츠카 등의 그림이 학생들이 지향하는 삶의 모습을 생생하게 보여주었다. 생각을 짧은 시간 내에 구체적으로 표현할 수 있다는 점에서 온라인 도구를 활용하는 것도 편리하지만, 차 그림을 손으로 직접 그리는 방식도 좋다.

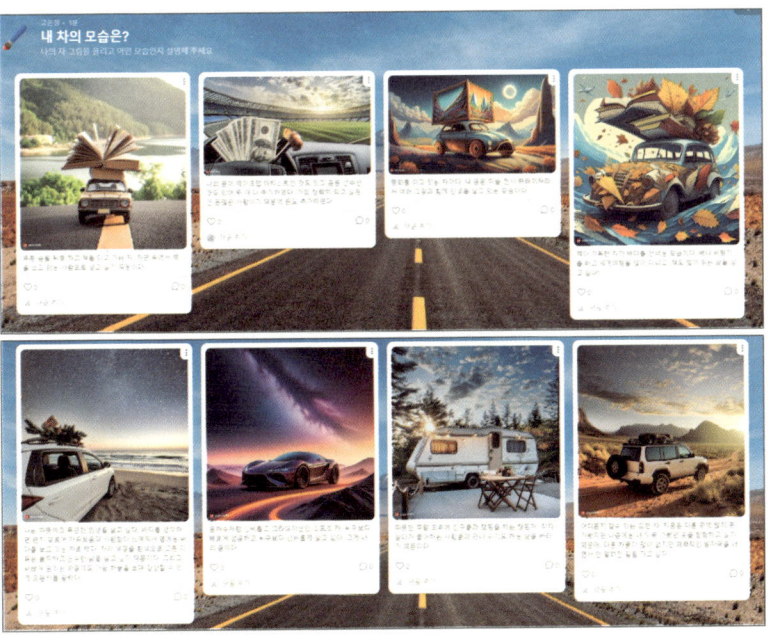

학생들 결과물

4. 수필을 참고해 '나의 사랑하는 독립생활'에 관해 글쓰기

어른이 되었을 때의 모습을 상징적인 차 그림으로 표현해 보는 활동 후, 이를 구체화하여 10줄 내외의 짧은 글을 써본다. 자신이 원하는 독립의 모습을 담되, 피천득의 수필 〈나의 사랑하는 생활〉 속 구절을 참고할 수 있도록 했다. 완전히 자유롭게 글쓰기를 하는 것보다 약간의 힌트를 주면 학생들이 더 편하게 자신의 생각을 글로 표현할 수 있기 때문이다.

피천득의 수필 〈나의 사랑하는 생활〉은 '~하는 생활을 사랑한다.' 같은 짧은 문장을 반복하여 자신이 지향하는 삶을 보여준다. 글쓴이만의 세계가 개성 있게 드러나면서도 비슷한 문장을 반복하여 누구나 따라 쓰기 좋다. 이 수필은 돈이 생기면 하고 싶은 것, 좋아하는 볼 것이나 먹을 것, 집의 모습, 가족과 함께하고 싶은 것 등의 내용을 담고 있어 학생들이 자신의 미래 독립생활을 상상할 때도 참고하기 좋을 것이라고 보았다.

다음과 같은 글쓰기 조언으로 글을 완성하게 했다.

- ☞ '나의 사랑하는 독립생활'이라는 제목으로 성인이 된 미래 모습을 상상하고 10~20줄의 줄글로 표현해 보세요.
- ☞ '~하는 생활을 사랑한다' 또는 '~하고 싶다', '~하는 것을 좋아한다'의 형식을 활용해서 문장을 만들어보세요. 10분간 쉬지 않고 최대한 많이 써보세요.
- ☞ 성인이 되어 돈이 생겼을 때 하고 싶은 일, 반복될 하루 일과 또는 주

말에 특별히 하고 싶은 일, 친구나 동료와 하고 싶은 일, 가족과의 왕래나 관계 등을 담아보세요.

학생 예시 글

나는 아침에 여유롭게 일어나 오레오가 듬뿍 올라간 음료를 사 먹는 삶을 살고 싶다. 아침부터 눈치 보지 않고 쿠키를 사서 웹툰을 보고 두근두근하면서 고속도로에 끼어드는 것 같은 삶을 살고 싶다. 평범하게 그러나 임박하게 회사로 이동하면서 끊임없이 경쟁하는 삶을 살고 싶다. 회사 사람들과 일에 관한 얘기를 한 후 함께 점심을 먹으면서 일 같은 건 완전히 잊은 것처럼 즐겁게 수다를 떠는 삶을 즐긴다. 근육을 만들고 싶어서 헬스장을 끊었는데도 귀찮거나 피곤하다는 갖은 핑계를 대면서 헬스장에 끝내 가지 않는 자신을 싫어하면서도 관대하게 용서하는 자신을 보며 호탕하게 웃는 것을 좋아한다. 회사에 안 가는 주말에는 일찍 도서관에 가 여는 시간부터 마감 시간까지 도서관에 죽치고 앉아 있는 삶을 살고 싶다. 자취 집에서 나 혼자 '점심은 뭐 먹지? 설거지하기 귀찮은데 어떡하지? 쓰레기 비우는 건 어떻게 하는 거지?' 같은 많은 질문을 던지며 우왕좌왕하는 삶을 살고 싶다. 매주 주말에는 가족들과 만나 공원에서 운동하고, 운동 후에 모여 맛있는 밥을 먹으러 가는 삶을 즐긴다. 내킬 때면 아침 일찍 일어나 차를 몰고, 가족이나 친구를 다 태운 뒤 부산으로 당일치기 여행을 떠나는 것을 좋아한다. 여행을 가는 도중에 휴게소에 들러 호두과자를 사 먹는 것을 좋아한다. 돈을 모아서 틈틈이 부모님의 선물을 사주고 행복해하는 부모님의 얼굴을 보는 것을 좋아한다. 나는 내 삶의 모든 것에 감사해하면서 완벽하지 않더라도 내 모든 것을 좋아하는 나를 사랑한다.

나는 평범하게 살면서 소박한 즐거움을 얻는 삶을 사랑한다. 그 평범한 삶이 맨날 똑같은 건 아니고, 조금씩 차이점은 있다. 그 차이점이 좋은 것 같다. 독립을 해도 이런 삶을 이어가고 싶다. 아침에 적당히 일어나서 시원한 물을 마시고 씻고, 오늘의 할 일을 다 하고 퇴근해 저녁밥을 먹고, 거품 목욕도 하고 개운한 상태로 친구들과 새벽까지 아무 신경도 안 쓰고 전화하다가 다시 아침이 되면 일하는 삶을 반복할 것이다. 주말엔 운동해서 건강한 몸을 만들고, 남자친구도 만나고 큰 소리로 전화도 하고 싶다. 무엇보다 조금씩 저축해서 10억을 스스로 모으고 싶다. 매우 큰 돈이지만 몇십 년이 걸려도 스스로 모으고 싶다. 부모님한테 항상 잘해 드리고 싶다. 엄마랑 여자들끼리만 여행도 가고 부모님과 한 달에 열 번 이상은 만나고 싶다. 부모님 집과 바로 근처에 살고 싶고 조금 떨어져 살더라도 연락은 맨날 하는 삶을 살고 싶다.

나는 스무 살이 되면 내가 하고 싶은 일을 치열하게 하면서도 자유로운 삶을 살 것이다. 메이크업 자격증을 취득해 친구들에게 화장을 해주고 싶다. 그러면서 밤새 이야기를 하며 놀고 싶다. 메이크업 일도 즐겁게 하며 돈을 벌고 싶다. 번 돈으로 부모님께 비싼 안마 의자를 사드리고 싶다. 또 내가 먹고 싶은 음식을 먹고 내가 가지고 싶은 물건을 사며 살고 싶다. 언니와 같은 방을 쓰지 않고 내가 좋아하는 스타일로 집을 꾸미고, 내가 좋아하는 스타일의 옷, 한 번도 입어보지 못한 스타일의 옷도 입으며 놀고 싶다. 주말에는 집에서 드라마를 보며 양념치킨 한 마리와

시원한 맥주 한잔을 기울이며 쉬고 싶다. 운동 경기를 보러 갔다가 키 큰 운동선수와 눈이 맞아 사귀고 함께 운동도 하며 건강을 지키고 싶다. 독립을 한 나는 사람들과 놀고 나만의 일을 하느라 부모님과는 잘 못 만날 것 같다. 그래도 속상한 일이나 기쁜 소식이 생기면 가족에게 가장 먼저 전할 것이다.

수업 후기 **자서전 쓰기를 끌어가는 원동력, 댓글 합평**

자서전 쓰기 수업의 막바지에는 온라인 공유 문서에 완성한 글을 올리고 함께 글을 읽는 시간을 가지는 것이 좋다. 시간이 되면 모든 글을 읽기도 했지만, 대부분은 수업 시간에 서너 편 정도의 글을 뽑아서 공개적으로 읽었다. 먼저 읽은 학생들이 추천하는 글이나 교사가 추천하는 글을 골라 낭독했다. 초반에는 자기 글이 읽히는 것을 부끄러워하는 학생들이 있어, 글쓴이를 밝히지 않은 채로 글을 읽고 글쓴이가 누구인지 추측해 보게 했다. 하지만 시간이 지나면서 글을 낭독하는 것에 익숙해진 학생들은 자신의 글을 읽어달라며 친구에게 부탁하거나 직접 읽는 일이 많아졌다.

한 명이 글을 낭독하는 동안 다른 친구들도 공유 문서를 열어 속으로 글을 따라 읽으며 공감을 표하는 이모티콘을 달았다. 또한 글의 좋은 점이나 아쉬운 점을 댓글로 달았다.

> **교사:** 친구의 글을 읽으며 내용이 마음에 들거나 공감되는 문장 옆에 공감하는 이모티콘을 남겨주세요. 글에서 좋았던 점과 아쉬운 점을 댓글로 남겨주세요. 칭찬을 받으면 글을 더 잘 쓰게 되는 법입니다. 아쉬운 점에 대한 조언도 필요하지만 좋은 점에 대한 칭찬을 더 많이 해주세요.

수업 초반부에는 친구의 글에 칭찬이나 공감의 댓글만 달도록 권했고, 글 공유에 익숙해지면서 점차 아쉬운 점에 대한 조언 댓글도 한 개 정도는 달도록 하여 친구가 글을 수정하는 데 도움이 되게끔 했다. 지적하고 싶은 내용이 많더라도 글의 개선에 도움이 될 만한 중요한 것 하나 정도만 조언하고 긍정적인 평가를 많이 할 것을 강조했다. 글쓰기 수업에서 중요한 것은 '이렇게 쓰면 되겠다'는 자신감과 '또 쓰고 싶다'는 마음을 갖게 하는 것이라고 여기기 때문이다.

사실 교실에서 만나는 학생들의 글쓰기 실력은 천차만별이다. 어떤 학생은 교사가 지도하기 전에 이미 글을 잘 썼고, 어떤 학생은 한두 문단 쓰는 것조차 오래 망설였다. 여러 학생이 한데 모인 자서전 쓰기 수업의 합평은 한 편의 글을 온전하게 쓴 것에 대한 칭찬과 격려가 주가 되어야 한다. 조금 짧아도 괜찮으니 글을 끝까지 쓰도록 했고, 긍정적인 피드백을 아끼지 않았다. 공개적으로 낭독하는 글 외에도 교사가 별도로 댓글을 달아 피드백을 남겼다. 자신이 쓴 글이 교사와 친구들로부터 긍정적인 평가와 관심을 받는 경험이 누적되면서 학생들의 글이 더 좋아지는 것을 발견할 수 있었다.

그래서 매시간 글을 쓰고 나면 잠깐이라도 시간을 내어 댓글 합평을 진행하는 것이 필요하다. 댓글 합평은 타인의 글에 대한 의견을 제시하는 것을 망설이는 학생들의 참여를 이끌어내기에 좋았다. 학생들은 독자로서 댓글과 이모티콘을 달며 친구의 글에 관심을 표했고, 필자로서 다른 사람들의 반응을 확인하며 다음에는 더 잘 쓰고 싶다는 욕심을 내곤 했다. 모든 글을 공유하지는 않더라도 완성한 글에 대한 합평을 짧게라도 하는 것이 필요한 이유다.

교사가 남긴 댓글

글을 읽으며 그립고 찡한 마음이 들었어요. 나에겐 이런 가족이 있나 떠올려 보게 되네요. 인생에서 그런 사람 한둘만 만나도 세상을 보는 시선이 달라지게 되는 것 같아요. 지윤이가 긍정적이고 따뜻한 분위기의 집에서 자란 경험이 잘 느껴지는 글이었어요.

조금 불편할 수도 있는 이야기를 진솔하게 써주어 좋았어요. 선생님도 칭찬을 잘 하지 않는 집안에서 커서 윤지가 쓴 글에 공감이 많이 되었어요. 대화를 많이 인용해서 당시 상황이 잘 그려지는 점이 장점이에요. 부모님께 하고 싶은 말을 적은 뒷부분도 마음을 울렸어요.

학생들이 남긴 댓글

음악이 이렇게 정은이 삶 곳곳에 영향을 미쳤구나. 나도 지난 일을 생각하면 그때 들었던 음악이 그 장면과 함께 재생되곤 해. 편안하게 글을 시작하는 첫 부분부터 몰입이 되었어.

정은이만이 할 수 있는 멋진 표현들이 드러나 정말 좋았습니다. 자신의 경험을 독자가 잘 이해할 수 있게 적어준 것 같아요.

나도 비슷한 이유로 음악을 좋아해요. 내 마음이랑 비슷하다 보니 공감하면서 글을 읽을 수 있었어요. 노래를 좋아하는 이유를 자신의 경험과 함께 써서 좋았어요.

거의 모든 문장에 공감했어요. 엄마에 대한 고마움, 음악을 사랑하는 마음이 고스란히 나타나 있어 좋았던 것 같아요.

노래 가사와 제목을 세세하게 달아서 글쓴이의 경험과 연결해 이해하니까 더 와닿았어. 노래 찾아서 들어볼게.

에필로그

정유정

 교사로서 올해 만날 아이들에게 내가 줄 수 있는 것은 무엇일까? 학생들의 성장을 도울 수 있는 방법을 고민할 때 '그림책으로 그리는 자서전' 모임을 만났다. 모임 때마다 어린 시절, 앞으로의 계획, 가족, 실패, 만남, 죽음 등 인간이라면 삶에서 한 번쯤 의문을 가질 주제를 다룬 그림책을 읽고, 그 내용을 나의 삶과 연결하여 한 바닥의 글을 작성했다. 그리고 한 학기 동안 쓴 글을 모아 각자의 자서전을 쓰기 시작했다.

 자서전을 쓰기 위해서는 인생을 통째로 살피며 과오를 마주 보아야 한다. 깊이 묻어둔 아픈 기억을 일부러 꺼내는 일은 참으로 고약하다. 글을 쓰는 기간이 계획보다 지체되는 경우가 많았다. 어떤 시절은 떠올리겠다는 마음을 먹는 순간부터 도망가고 싶다. 예상하지 못했던 감정들이 휘몰아치거나 나를 고통스러운 그 순간으로 끌고 간다. 남들에게는 알리고 싶지 않은 이야기와 후회스러운 기억들, 변명을 잔뜩 써 놓고 지우고 쓰기를 반복했다. 자기 치유의 경험이 되기도 하지만, 부정적 감정에 압도당하는 느낌이 들면 잠시 멈추고 쉬어 가야 했다. 며칠은 컴퓨터를 덮어버리고 보지도 않았다. 이때 힘이 되는 것은 다른 이들의 응원이었다. 함께 쓰고 있다는 사실과 잘하고 있다는 격려가 나를 컴퓨터 앞에 다시 데려다 놓았다.

이렇게 몇 달에 걸쳐 긴 이야기를 완성한 것은 처음이었다. 다시 읽을 자신이 없어 한쪽에 밀어놓고 꽤 긴 신경전을 벌였지만, 끝맺음을 한 뒤에는 교사로서 또 인간으로서 성장했다고 확신한다.

이전에 학생들과 자서전 쓰기 수업을 한 적이 있다. 인생 곡선을 그리고, 과거의 경험, 현재의 생활, 미래의 계획을 바탕으로 한 편의 글을 완성해 제출하는 5차시의 수업이었다. 잘 쓴 학생들도 있었지만, 감정만을 토로하거나 단순한 사건을 나열한 글들이 대부분이었다. 그때는 실패의 원인을 학생들 개인의 역량 차이라고 판단했다. 솔직하고 진지하게 참여했더라면 더 좋은 결과물이 나왔을 것이라며 학생들에게 책임을 돌렸다.

그러나 자서전을 직접 쓰면서 이전의 수업이 교사의 욕심으로 마지막까지 버틴 활동이었다는 것을 깨달았다. 큰 줄기만 보느라 과정에서 놓친 작은 부분들이 보였다. 고백적인 글을 쓰면서 학생들이 마주할 심리적 어려움을 고려하지 못했다. 글로 소통할 준비가 안 된 학생들에게 내밀한 이야기를 드러내라고 강요하고 힘든 기억을 떠올리게 만드는 배려 없는 수업이었다.

이제는 쓰기 단원이 시작되면 자서전을 교실에 한 권 들고 가서 일부분을 낭독한다. 용기를 내어 행복했던 기억, 상처로 남은 기억, 교사로서 중요하게 생각하는 가치, 앞으로의 계획 등을 학생들과 공유한다. 학생들이 바빠서 상담할 시간이 부족하다 보니 교사가 학생들을 파악할 시간도 절대적으로 부족하지만, 학생들도 교사가 어떤 사람인지 알기가 어렵다. 내가 쓴 자서전을 읽어주고 소소한 생각을 나누다 보면 학생들은 교사에게 내적 친밀감을 느낀다. 교사의 삶을 어느 정도 알게 되면 학생들도 자신의 이야기를 더 많이 하게 된다.

교실 밖을 나서려는데, 한국어가 가능한 러시아 학생이 교탁 앞으로 나와 특유의 말투로 말했다.

"당신은, 참 좋은 사람 같아요."

'내 글을 다 이해했을까?'라는 의문이 들었지만, 국어 교사가 되기를 잘했다는 생각을 오랜만에 했다. 부끄럽게도 이제야 글을 쓰는 일에 대한 두려움이 없어졌다. 교사로서 학생들에게 수천 번도 더 이야기했던 글쓰기의 힘을 비로소 확신할 수 있게 되었다.

고은정

　자서전 쓰기 모임을 만난 것은 2021년의 여름이었다. 그림책을 읽고 자기 인생 이야기를 한 권의 자서전으로 써보자는 뚜렷한 목적을 가진 국어 교사들의 모임이었다.
　그림책을 읽은 뒤 감상을 나누고, 글쓰기 질문에 답하는 글을 썼다. 이름에 얽힌 사연으로 시작해서 죽음을 앞둔 시점을 상상하며 기억하고 싶은 과거의 한순간을 떠올리는 마지막 글까지 20여 편의 글을 쓰고 나자 책으로 낼 만한 글모음이 되었다. 이것을 자서전이라 부르며 책 형태로 출간했다.
　자서전을 출간하고 나자 뿌듯했다. '이게 뭐라고.' 싶으면서도 완성된 형태의 책이 주는 기쁨은 상당했다. 이제까지의 삶을 한번 정리해 보았다는 개운함과 함께 쓰고 싶은 글감이 자꾸 떠올랐다. 모임에서 각자 쓴 글을 낭독할 때마다 서로 칭찬과 격려를 주고받았는데, 그러고 나자 더 잘 쓰고 싶은 욕심이 생겼다. 또 내 삶을 거리를 두고 하나의 서사로 바라보는 여유가 생겼다. '이 인물의 서사는 앞으로 어떻게 흘러갈까, 그 끝은 어떨까?' 하며 남의 인생 보듯이 미래를 상상해 보는 일도 즐거웠다. 글을 쓰면서 과거의 경험을 떠올리고 그때의 내 마음을 세심하게 살피고 나니 왠지 더 좋은 사람이 된 것 같다고 느꼈다. 그래서 학생들도 이러한 경험을 하게 해주고 싶어서 그림책을 활용한 자서전 쓰기 수업을 계획했다.
　중학교 1학년 국어과 교육과정에는 경험이 담긴 글을 쓰는 성취기준이 있다. 어떻게 보면 이 수업은 그림책을 활용하여 경험 글쓰기를 연속하는 수업인 셈이다. 경험 글쓰기를 할 때 가장 난감했던 부분은 글감을 못 정하고 고민하는 학생들이 많다는 것이었는데, 그림책 수업에서는 그런 어려움이 없었다. 작중 인물의 이야기는 '나도 저런 경험이 있는데.' 하는 공감과 함께 경험을 끌어내는 좋은 매개체가 되어주었다. 좋은 이야기는 읽고 나면 늘 내 이야기를 하게 만드는 법이다. 그림책은 누군가의 이야기를 솜씨 좋게 응축하고 있을 뿐 아니라 짧은 시간 안에 읽을 수 있는 텍스트였다.

학생들에게 국어 교사 모임에서 썼던 내 자서전의 글을 예시로 보여주곤 했다. 학생들은 선생님의 인생사가 담겨 있다는 이유만으로 예시 글에 큰 관심을 보였고, 선생님이 쓴 글쓰기 질문으로 자신들도 글을 쓰고 싶다며 적극적으로 의견을 내기도 했다. 교사가 먼저 써보고 학생을 지도하니, 글을 쓰며 학생들이 느끼는 어려움을 이해하고 실제로 도움이 되는 조언을 해줄 수 있었다. 또 교사도 글쓰기의 고통을 경험하고 나니 예전처럼 '그냥 쓰면 되는데 왜 못 쓰지?' 같은 오만함을 거두고 낮은 자세로 글쓰기를 어려워하는 학생을 이해할 수 있었다.

무엇보다 이 수업의 매력은 경쟁적이지 않고 편안한 분위기 속에서 그림책을 읽고, 자신의 이야기를 좀 더 편하게 할 수 있다는 것이다. 자기 이야기를 털어놓고 다른 친구들과 선생님이 자신의 이야기를 귀담아 들어주는 시간이 학생들에게도 귀했다. 처음엔 짧게만 쓰던 학생들도 수업을 해나가면서 더 능숙하게, 더 길게 쓰게 되었다. 16차시 수업의 마지막쯤에는 가장 소극적이었던 학생도 자신의 이야기를 술술 쓰는 것을 보며, 사람은 누구나 자신에 관해 이야기하고 싶은 욕망을 가지고 있다고 생각했다. 수업 결과물로 상당히 괜찮은 수준의 글 모음이 만들어졌고, 뿌듯해하는 학생들을 보며 감동을 느꼈다.

　이 수업의 또 다른 매력은 교사가 수업하기에 부담스럽지 않다는 점이다. 글쓰기 수업이라고 할 때 느끼는 일반적인 부담감과 달리, 정해진 그림책 목록과 질문만 있으면 글쓰기 수업을 어려워하는 교사들도 쉽게 할 수 있다. 내 이야기를 절로 꺼내게 만드는 그림책의 매력을 믿고 의지하기만 하면 된다.

손잡고 국어수업 05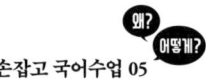

그림책으로 쓰는 자서전 수업

1판 1쇄 발행일 2025년 3월 24일

지은이 호민애 정유정 고은정

발행인 김학원
발행처 (주)휴머니스트출판그룹
출판등록 제313-2007-000007호(2007년 1월 5일)
주소 (03991) 서울시 마포구 동교로23길 76(연남동)
전화 02-335-4422 **팩스** 02-334-3427
저자·독자 서비스 humanist@humanistbooks.com
홈페이지 www.humanistbooks.com
유튜브 youtube.com/user/humanistma **포스트** post.naver.com/hmcv
페이스북 facebook.com/hmcv2001 **인스타그램** @humanist_insta

편집책임 문성환 **편집** 윤무재 **디자인** 장혜미
용지 화인페이퍼 **인쇄** 청아디앤피 **제본** 민성사

ⓒ 호민애 정유정 고은정, 2025

ISBN 979-11-7087-308-2 04370
　　　979-11-6080-987-9 (세트)

- 이 책은 저작권법에 따라 보호받는 저작물이므로 무단 전재와 무단 복제를 금합니다.
- 이 책의 전부 또는 일부를 이용하려면 반드시 저자와 (주)휴머니스트출판그룹의 동의를 받아야 합니다.